RICH AND POOR

富国的贫穷

(德)卡特琳·哈特曼◎著

李明瑶◎译

人民日报出版社

图书在版编目（CIP）数据

富国的贫穷 /（德）哈特曼著；李明瑶译. —北京：
人民日报出版社，2014.11
ISBN 978-7-5115-2901-5

Ⅰ. ①富… Ⅱ. ①哈… ②李… Ⅲ. ①贫穷－研究－
德国 Ⅳ. ①F151.66

中国版本图书馆CIP数据核字(2014)第268926号

书　　名：	富国的贫穷
著　　者：	（德）哈特曼著；李明瑶译
出 版 人：	董　伟
责任编辑：	袁兆英
封面设计：	三鼎甲
出版发行：	人民日报出版社
社　　址：	北京金台西路2号
邮政编码：	100733
发行热线：	（010）65369527　65369846　65369509　65369510
邮购热线：	（010）65369530　65363527
编辑热线：	（010）65363105
网　　址：	www.peopledailypress.com
经　　销：	新华书店
印　　刷：	北京中新伟业印刷有限公司
开　　本：	710mm×1000mm　　1/16
字　　数：	237千字
印　　张：	16.5
印　　次：	2016年1月第1版　2016年1月第1次印刷
书　　号：	ISBN 978-7-5115-2901-5
定　　价：	42.80元

目 录

第一章　文明的厌恶 / 001

为什么消费社会通过排斥性来保障它的持久？为什么中产阶级向下流动却向上看齐？

中产阶级的聚餐时间—消费社会中的贫穷—对"相对贫穷"的误解—社会寄生虫的传奇—对无用者的设计和穷人的犯罪—中产阶级的堕落—社会斯德哥尔摩综合症及其后果

第二章　"……让他们吃蛋糕好了！" / 023

剩余的东西给多余的人——食品银行的运转方式和功效

救济取代再分配—剩余的东西给多余的人—废物变食物—没有权利的顾客—富裕社会的垃圾：义务和非义务清除者—超市是食品浪费的受益者—膳食破坏和全球饥饿—贸易公司的道德战略—德国的饥饿性贫穷—食品银行以其创造的"经济奇迹"掩盖贫穷—食品银行和政治—谢绝批评—贫民救济厨房的最后出路—为什么经济精英提倡食品银行理念—关在门外的人被再度排斥—对穷人的处罚—感恩就是货币

第三章　从城市绅士化到封闭式社区 / 073

在城市中穷人如何被富人排挤，而政治又为何对此起着推动作用

小市民朋克的起义——生活方式的冲突——排挤的最后阶段：超级城市绅士化——以好住址对抗社会阶层降级——围墙后的世外桃源——在"问题地区"居住更好——当布景变得有生命力——将城市当作企业——法兰克福：来自采购天堂的驱逐

第四章　精英们的权力 / 103

为什么这些富人告别社会？他们如何为保障自己的利益而不遗余力

富人们为"他们的"高级中学而毫无顾忌的斗争——保护财产对抗平民——以中产阶级的恐惧作为武器——"造就精英"取代教育机会均等——以成就论英雄的神话——政治精英化——政治如何优待富人——通过政府批准的骗税致富——"捐赠誓言"：财富的慈善化

第五章　终于有人说话了 / 133

报纸副刊如何维护创办者的权利

编辑部里的中产阶级小孩——多米尼克·布鲁纳尔——慕尼黑索恩车站的勇士：一次大众传媒界的突然行动——审判和判决——高级中学学生和下层社会的怪物——零容忍战略

第六章　团结互助的终结 / 151

政治如何为了经济利益损害就业、压制百姓

二等劳工——社会福利商店——"穷人的乐园"？——"就业奇迹"的赢家——劳务派遣：现代奴隶交易——为经济增长过早牺牲——富翁的奴仆

第七章　世界援助的私有化 / 173

是社会化商业还是利用穷人赚钱

超级明星穆罕默德·尤努斯：市场经济的救世主　—有良知的企业经济学家—受欢迎的国际企业达能—她们究竟去了哪里？—寻找达能女推销员—把糖给穷人吧—对抗贫穷的工业化食品—假借服务社会开拓市场—"商业慈善家"：阿迪达斯、巴斯夫和奥托—谢绝批评—社会化商业和小额信贷的德国版本：一人公司—未来的"社会化精英"

第八章　小额信贷：有计划的疯狂 / 217

来自孟加拉国的报道

社会排斥取代妇女力量—耻辱经济学—以扶贫的名义没收财产—童话村庄：乔布拉村和"希拉里村"—非政府组织充当资本的帮凶—私人债务作为发展援助—小额贷款造成的饥饿和童工劳动—饥肠辘辘地跌入债务陷阱—盲目的经济学—巨星的陨落—"贫民银行"的体系—小额信贷与气候变化—紧急救援用作还贷—从华尔街到铁皮屋—印度和孟加拉的自杀事件—劳动力市场的奴隶

第九章　把美好生活拿来 / 253

为什么只有我们作为一个社会整体才能为公平的富裕而斗争？

彻底抛弃病态制度才是关键—绝望的愤怒

"如果我们走进房间时没有人回头，如果我们说话时没有人应答，如果没有人察觉我们做了什么，如果我们被所有人忽视仿佛根本不存在，那时，愤怒和无力的绝望就会在我们心中升腾，与此相比，最难以忍受的身体之痛也仿佛是一种拯救。"

威廉·詹姆斯，美国心理学家，写于1890年

第一章　文明的厌恶

为什么消费社会通过排斥性来保障它的持久？为什么中产阶层向下流动却向上看齐？

企业主管办公层宽敞明亮的走廊，看上去像一间有时尚创意的LOFT，如同我们在时尚杂志里看到的那种。

靠墙白色的餐具柜上放着一台浓缩咖啡机，另一面贴着图案壁纸的墙前摆着浅色沙发，并搭配亮白色家具，休息厅和客厅的混搭风格。摄影师们装好器材，找好角度，很快，我在这里的采访便开始了，访问对象是一家年销售额数十亿的跨国企业的女性新闻发言人。

采访在轻松随意的闲谈中开始，我讲了写这本书的创意，谈到在那些专门把超市剩余食品分发给穷人的食品银行①我所做的调查。

---

① 食品银行，在德国叫做Tafel，其实和银行没有关系，而是一种公益组织，可以理解为捐赠食品店，主要目的是为基本生活有困难的人士提供膳食援助。超市把即将过期或过季但仍有用的食物捐赠出来，经过志愿者的分类处理，运送到各地的食品银行。目前在德国已有超过900家，欧洲许多国家以及美国都有类似的组织，通常笼统称之为Foodbank。（译者注）

"有意思。"新闻发言人回答道。

接着她也表达了自己的看法,"我常常想,我们能做些什么?可以使大家学会珍惜食物。"

"是的,"我说道。同时想起了那些堆满整箱食物的超市货物装卸台,那些食品仅仅因为看起来卖相不够好就要被淘汰掉。在德国,每年有2000万吨食物要被扔掉——这是名副其实的丑闻。

然而,新闻发言人想的和我并不一样。

"我认为,我们应该让那些在食品银行领取食物的人必须做公益劳动。"新闻发言人口气强硬地说。

她的话,让我想起了那些针对少年犯的劳动改造!让这些没有捐赠的食物便无法过活、穷得走投无路的人做公益劳动?再说,大多数食品银行的受益者根本已经了解这些食品的价值,因为他们在超市里几乎买不起这些东西。为什么单亲父母、领养老金者、最低收入者还要为了填饱肚子去清扫大街和捡狗粪便?

对于我的质疑,新闻发言人是这样说的,"因为不付出劳动的话,他们就会轻易地把食物丢进垃圾桶。"

我曾和许许多多食品银行的常客交谈,陪他们回家,观察那些分类处理捐赠食品的志愿者,并且和他们一起去各个超市取货。在这个过程中,看到了一个充满羞耻和痛苦的令人震惊的世界;认识了一些尽管每天面对屈辱,但为了能过上有尊严的生活而竭尽全力的人们,在这个社会,他们既得不到承认,也得不到尊重。

像新闻发言人那种想法,认为某个人为了剩余的食物而勉强自己去排队,仅仅是为了随后把它们丢掉的想法,简直荒唐。那么,像新闻发言人这样标准的中产阶级女性,不会出入被救济人群的圈子,何来这样的想法呢?她的回答是,从一位教师那儿听说的——来自"哈茨四家庭[①]"的孩子

[①] 哈茨方案(Hartz-Konzept)是德国政府针对失业人口实施救济的社会福利方案。以方案制定小组负责人彼得·哈茨(Peter Hartz)的名字命名。从2003年1月实施Hartz I,之后不断修改,到2005年1月推出Hartz IV方案,即"哈茨四"。通过"哈茨四"长期失业人员可以领取最低限度的失业救助金,通常称为哈茨四救助金。靠这类救助金生活的家庭称为"哈茨四家庭"(Hartz-IV-Familie)。(译者注)

更愿意把披萨饼丢进垃圾桶，而不是分一小块给他们的同学。

有一次，我去市郊看朋友。那是个初夏的暖日，太阳能蓄电池在这栋新建的生态屋顶闪闪发亮，我们坐在阳台上，喝着加了有机牛奶的咖啡。房子的女主人是城市里的普通中学①的见习教师，那是一所所谓的"问题中学"。

这位未来的教师对她的学生非常恼火。如果这些年轻人得不到工作，她是不能理解的。在她看来，餐饮业和酒店业几年来都在"急迫地"寻找培训生，"问题是他们根本就不想工作，这是他们自己的错。"

真的是这样吗？据食品饮料餐饮联合工会（NGG）对实际情况的公开批评，2010年，想要接受职业培训的年轻人中，有三分之一得不到培训岗位；培训岗位的供应量下降到了十年来第三低的水平。而且，这之中有50%的工作岗位是月工资在450欧元以下的低收入工作。

由此看来，常常被人们说的劳动力短缺和所谓的培训岗位供过于求，纯属传说。

听了我的介绍，这位年轻的女主人固执地回应道："学生们对我说，工作没劲，他们更愿意领哈茨四救助金。"是的，这是一种中学生惯用的挑衅，尤其那些对制度已经没有期待，而且也不允许再期待什么的学生来说。作为中产阶级的成员，教师距离无产者的日常生活非常遥远。他们也许每天都必须处理那些因歧视性社会福利政策而产生的后果，但对待这类政策的受害者们，始终存有偏见。

根据奥尔登堡大学2009年的一项研究，教师甚至可以通过名字辨认出学生之中行为独特和成绩不佳的："凯文（Kevin）不是名字，而是一种诊断"，在针对教师对名字的偏好以及由此衍生的属性联想的调查中，一位女教师是这样说的。

---

① 这里指（五至九年级）的普通中学（Hauptschule），毕业后不参加高考而是进行职业培训。如果想上大学就要到高级中学（Gymnasium）或者综合型学校（Gesamtschule）。（译者注）

中产阶级的聚餐时间

晚餐时，一群中产阶级人士在饭店小聚，在座不是记者就是学者，酒过三巡，菜过五味，谈话投机，一如既往，大家都是同一阶层的人，对很多事物的看法是一致的。其中一位突然说道："哈茨四救济金受领者只去食品银行，是为了能给自己买最新款的苹果手机。"

显然，他这样说，不过是为了表现自己，并没有挑衅的意思。在座的无人反驳，也无人对此令人愤怒的诋毁感到反感，还有一人点头附和。

怎么会这样？

在座的每一位都有份不错的工作，工作中他们获得满足也得到认可，有些人的收入甚至高于平均水平。每一位都受过高等教育，对政治和文化充满兴趣，平日至少读一份跨地区的日报。其中某些人早先也许是左翼人士（而今他们会说，他们已经变得"现实"了），必须承认，在一些基本的道德问题上，大家是有一致认同的。如果有人发表针对另一族群的歧视性言论，类似"外国人夺走了我们的工作岗位"或"黑人都是毒贩"，那么在座的这些中产阶级，多半如鱼鲠在喉，谈话气氛瞬间凝结。

然而，就哈茨四受领者只去食品银行是为了给自己买苹果手机这个问题上，在座的记者却表示赞同。另一个人还说："是，他们总是有新款的手机。除此之外，他们去食品银行时，总是穿得很好。"

一个人继续补充说："我听说，自从取暖费报销以来，他们疯了似的烧暖气。"估计是听蒂洛·萨拉辛说的："哈茨四救济金受领者在家的时间更多，其次，他们喜欢把暖气开得很热，另外很多人用窗户调节温度。"

人们不禁要问，谁会只为压榨政府而当真把暖气烧得过热？事实上，哈茨四救济金受领者和其他贫民，大多居住在偏远的社会福利房。取暖费的报销额度由地方政府负责做决定，政府规定，多大的居住面积花费多少取暖费是"合适的"。而一旦超出报销额度，就得自己支付，这对于贫民意味着挨冻或搬家。电、天然气和热水的使用已包含在补助标准中。如果实际使用超出标准额度，比如有可能因为能源价格上涨，超出的费用，哈茨四受领者仍就必须自掏腰包。这意味着关灯、关灶、洗冷水澡和欠债，为了支付电费账单，有些人甚至得挨饿。

在德国，贫民忍受着能源贫困之苦。与此形成鲜明对照的是，环保精英以补贴的形式，得到安装在自家房顶上的太阳能蓄电池，从而节省天然气和电的使用，如果把它们输入电网，还可以赚到钱。人们应该了解这些事实。

还有最后一个问题，我不禁问："你们从哪里得到的这些信息？你们认识这样的人吗？"

"是的，当然"，在座其中两位立刻答道，"我们可是生活在柏林的。"

这倒是件值得注意的事。无论如何我确实得寻找一些所谓的"下层人士"，和他们谈谈。找到他们，要去食品银行以及城市边缘的慈善商店。

在德国，各个社会阶层彼此疏离，几乎没有什么交集，也没有一个能使来自不同阶层的人遇见和交流的地方。反正工作场合是办不到的，因为长期失业者已经被职场拒之门外了。他们的"工作场所"是职业介绍中心，而他们的任务似乎就是将全部生活开放，给国家查阅以便调节安排就业，写无数次求职申请以及忍受压制。在日常消费生活中，彼此是不会碰面的，因为新贫民是靠另一个世界而生活的，那是一个在综合书店、葡萄酒专卖店、时装店、周集市、有机食品商店以及时尚购物中心之外的平行世界。很多贫民靠慈善商店、衣物回收店或者食品银行的食物分发站养活自己。他们并不生活在同一个城区，因为考虑增值效益的城市政策旨在使穷人离开他们所熟悉的环境而搬到价值相对较低的区域，即"问题地区"，在那里没有任何人会迷失。当劳工局不再负担最便宜的市中心住房的房租，理由是那么低的房租好像"不合适"，这个时候想不搬家也不行了。如果他们真的还有朋友和熟人，他们将会竭尽全力隐瞒自己变穷的现实——如今贫穷不再是令人同情的状况，不会有人四处兜售。他们不会出现在健身房、剧场、音乐厅、电影院或酒吧和饭店——每月364欧元根本就没有参与文化和社会活动的可能。因而，很多穷人是过着隐居生活的。

当一个人跟不上社会，成了落伍的人，当他不再闲侃新书和电影；当他对社交圈不再有任何有趣的贡献，讲不出任何自己生活里的新鲜事，因为日复一日的单调和苦恼；当他觉察老朋友对待自己如同躲避传染病似的；当他发觉周遭的人认为，变穷是他自己的错，当这一切发生了，他将迅速失去和这个社会的交集。

哈茨四不仅造成贫穷，而且导致失语。主要是，大声表达成见的人是新闻发言人、记者、教师那样的意见领袖。他们的愤怒，不是表达对在一个富裕国家里仍有人要靠食品捐助为生这一现实的不满，而是针对这些受捐人拥有手机，以及在冬天烧暖气的现象愤愤不平，这种态度说明了，中产阶级对穷人的排斥，以及中产阶级对比穷人，彰显自身优越感。

消费社会中的贫穷

手机，很说明问题。它不是一件简单得像饭勺那样的日用品。移动电话承载着象征意义：通过它，人们可以在任何地方和任何人交流，可以随时拍摄并通过互联网实现视频，用一个关键词形容——互联网时代来临，而且它还代表着自由地讲话，代表言论自由和民主。

近90%的德国人使用手机，平均每一个德国人拥有1.3份手机合约。但是，只有20%的德国人认为，手机对于哈茨四救济金受领者是属于基本需求。

剥夺穷人使用手机的权利无异于：你们再不能发表意见，你们再不属于这里。遗憾，你们得在门外等着。

"在信息时代，隐形或多或少意味着死亡，"澳洲文学教授吉曼·基尔如是说。

在一个拥有隐蔽的等级制的社会，归属性是通过地位象征符号来表现的。手机始终是参与社会的象征，也是体现差别的神器。早期，装在大箱子里的移动电话代表着情报机关、政客和警察，即权威机构的特权。此后，富人让自己享受到了车载电话的奢侈，它当时的技术设备，填满了他们运动型轿车的后备箱，以至于几乎装不下高尔夫球袋。通过苹果手机，一群所谓

"文化创意"人士得以实现身份认同；黑莓手机曾经是商界老板和证券经纪人的标志。恰恰是通过黑莓手机，英国青少年曾约定了他们的一系列抢劫活动①。一群无用之人利用看起来不可或缺的技术，得以"实现"他们自信应有的权利——具有强烈象征作用的景象。同样的，至少报纸专栏很快注意到，那些掌握经济权力的人，是怎样以合法方式肆意用我们的钱，他们买液晶电视和品牌运动鞋这样的消费品，也是权力象征物。如此看来，英国首相卡梅隆的做法倒也合乎逻辑，他不仅用削减社会救济，以及把他们赶出社会福利房来威胁闹事者，而且还考虑对这部分人关闭公共媒体和黑莓服务。

"穷人被推入这样的境地，要么把其少量的钱和有限的可支配资源花在一些无意义的消费品而非生活必需品上，以避免绝对的社会降级，要么准备接受讥讽和嘲笑。"南达·莎瑞斯特拉如此描述穷人在全球化消费社会中绝望的归属努力。

在像德国这样的富裕国家里，穷人同样被轻视。当他们为了领取超市捐赠的食物排队时，他们至少穿上体面的衣服，这是他们保持尊严的方式，而即便如此也会遭到责怪。在德国，难道穷人得先有饿瘪的肚皮，才相信他们的贫困？穷人为了得到我们的同情，非得衣衫褴褛？还是我们对贫穷有着错误的想象？

对"相对贫穷"的误解

贫困研究者克里斯托夫·布特威格，在其著作《一个富国的贫穷——贫穷问题如何被轻视和排斥》②中这样写道："我们对于贫穷的想象，是由大众传媒所宣传的发展中国家的绝对贫穷和困苦而塑造的"。"人们错误地

---

① 2011年8月6日在伦敦开始的一系列社会社会骚乱，起因是2011年8月4日在伦敦北部的托特纳姆，一名29岁的黑人男性平民Mark Duggan被伦敦警察怀疑非法持有枪械而枪杀，民众上街抗议警察暴行。骚乱蔓延到其它城市，参与骚乱的年轻人通过黑莓Blackberry Massage组织和协调袭击活动。（译者注）

② Christoph Butterwegge: Armut in einem reichen Land. Wie das Problem verharmlost und verdrängt wird.

认为，贫穷问题在卡门茨、卡尔斯鲁厄或者卡塞尔①，没有在加尔各答、开普敦或卡拉奇那样棘手，所以不值得谈论。"换言之，人们认为贫穷问题在德国并不严重。本来嘛，"这里并没有显现出惊人的贫困"。

事实上，贫穷这个概念并没有被清楚定义。"贫穷是一个多义、含混，承载道德和情感属性的术语。"贫穷取决于其存在的社会环境。只有在一定条件下可通过数字来理解。

"绝对贫穷"这个说法，用来定义缺乏生存必需品，如食物、衣服、住所和医疗保障。按照世界银行的标准，每人每日少于1.5美元可支配花费，即属于绝对贫困。全世界范围内有12亿人生活在绝对贫困之中。据世界卫生组织和经合组织的标准，月可支配收入低于其所在国国民中等收入一半的人，属于相对贫穷。在德国，联邦统计局2009年算出，每月的等值化家庭所支配所得共计每人1549欧元，只达到这个数字60%的人，按欧盟的定义，已在贫困线边缘；只达到40%的人，即拥有月可支配收入619.53欧元，属于相对贫困。上世纪九十年代德国贫困人口占11.3%，而今已达14.5%。

据估算，在德国有20万至80万人涉及相对贫穷。1150万德国人，即七分之一的人口生活在贫困线边缘或低于贫困线。在德国，多数穷人是失业者，超过贫困人口的一半，即670万人领取哈茨四救济金。

相对贫穷，听上去无伤大雅。仿佛德国穷人并非真穷，而只是不富，尤其相对世界其他地方饿死在大街上的人而言。俗话说：保时捷可能没有，但德国没人挨饿。我们在这儿过得还不错！也正因为如此，穷人在富裕国家多被冷漠对待，通常遭受的是厌弃和轻视。

"所有在物质富裕国家生活的人衣食无忧，每个人都有栖身之所。同样，所有人都享有教育、医疗和文化服务。就贫困这个词的根本含义而言，无人承受其苦，"新保守主义社会学家迈因哈德·米格尔下此断言。

此言差矣。米格尔还认为，如果把在德国生活的人视作贫穷，"则是对数亿的真正贫苦人民的讽刺性轻视，他们缺失的不仅是社会地位，而是基

---

① 德国城市。（译者注）

本的生存必需品。"毕竟哈茨四救济金受领者可能达到了某种生活标准，它高于甚至部分远远高于当今世界四分之三人口的生活水准，或者好于那些活在类似上世纪五十年代德国生活水准的国家的人。另一方面，这又是对富裕国家穷人的生活现实的讽刺性忽视：我们当然不能拿德国长期失业者的贫穷，和埃塞俄比亚的饥饿难民的贫苦相比较，毕竟他们生活在两个完全不同的国家。

相对贫穷不等于相对非洲，而是与社会环境相联系的。贫穷在德国的严重性并非仅仅由物质不足引起，还在于缺乏参与和承认。因此消费社会中的贫穷可能比穷国的贫穷更令人沮丧。

毫无疑问，战后，德国曾有一大批极度贫穷的人，很多人几乎一无所有，那时的贫穷并不是社会污名，没有人需要为此自我辩解。我在为写此书而做的调查之旅中，亲见的孟加拉的贫穷，可谓触目惊心，令人深感悲痛，然而那里的人不会因贫穷而受人指责。他们既不孤独也不沉默，很多穷人走上街头表达他们的不满。在德国和其他欧洲富裕国家，穷人无权表达个人痛苦。人们甚至遮住他们的贫穷。

因此，在德国，贫穷是衡量日趋严重的社会悬殊性的标尺。凡事皆有两面，没有富裕也很难想象贫穷。在德国，人们越穷，财富本身就越会关注到自身的流失。宏观经济与经济状况研究所（IMK）发现，2000年至2006年，濒临贫困的社会阶层占德国总人口的比例，从18.9%增长到25.4%，同时，高收入阶层所占比例，从18.8%升至20.5%。

当我和那位女性新闻发言人告别时，她说，她曾亲自体验过哈茨四。我心生疑问感到吃惊，在我看来，哈茨四受领者晋升为企业发言人是件不可能的事。根据劳工局2007年的一项调查，在1000名哈茨四受领者中，只有34人能够得到一个有社保的工作岗位。那么，如何才能够"体验"哈茨四呢？女性新闻发言人说，在大斋节①期间，她参加了一个福音派州基督教会

---

① 大斋节（或大斋期；天主教称四旬节），是天主教和基督教教会年历一个节期。整个节期从大斋首日（圣灰星期三）开始至复活节前日止，一共四十天。（译者注）

的所谓的哈茨四斋戒。

哈茨四斋戒的意思是，在大斋期（或只要四周），其参与者自愿地按照哈茨四生活标准度日。活动的初衷是希望参与者通过对哈茨四的亲身体验，进而关注穷人生活境况并消除偏见。大多数参与者在体验后确定的是，靠哈茨四救济金生活，首先意味着放弃。然而，贫困的真正程度是没有人能体验到的，比如绝望，关乎生存的威胁，因为没有取得相关部门的允许，便不可以离开城市超过一天，丧失个人自由，全部生活在劳工局面前暴露无遗。

为了好玩去尝试哈茨四的人，最后无非就是呆在家里，或者不开车去上班，车子停在家门口，然后开始期待下一次度假。哈茨四斋戒者不会被迫到衣物回收店买二手货，不会到食品银行领吃的，也不会因为洗衣机坏了就绝望；他们不会有忧郁苦闷，也不会因为没钱而在每月最后几天挨饿；不会因为填错申请表而被怀疑有犯罪企图；不会因为拒绝了"可承受的工作"而受制裁或被扣钱；"业余哈茨四受领者"不必在朋友面前感到羞愧。相反，他们还能就这份业余生活津津乐道。那些过度消费到觉得花钱好累的人，或许还把暂时放弃原来的生活方式当作净化心灵的方式。

女性新闻发言人说："钱的确是不多，但过日子是可以的。只是我不得不放弃有机橙子了。"是啊，看来这一切也不是那么糟嘛！

人们有理由认为，通过哈茨四体验者的努力，并没有产生更多的相互理解和团结，他们无非证明了社会各阶层之间的交集和理解是少之又少。而且，这种初衷良好的活动有可能对偏见起推波助澜的作用，因为就此情况而言，哈茨四的最终解释权不属于它的受用者，没人问他们的意见，而有权做出说明的是那些衣食无忧、饱食终日而去"体验"了一把生活的人，只是为了证明他们的怀疑——穷人对富人的错误抱怨。

社会寄生虫的传奇

"社会公益对抗贫穷——救济厨房能填饱肚子吗？"这是安娜·维尔脱

口秀2010年5月一期节目的主题,同样使人觉出弦外之音,剩余食物对穷人而言已经够多了。(2008年一期节目的主题:"这里不该有人挨饿——一个国家的贫困自白。")尽管经历过各种危机,德国仍是当今世界最发达的国家之一,在这样的国家,支援穷人是非常必要的,但显而易见的是,民众的不满并非针对这一事实,而是针对穷人本身:"他们可以安分地做点事赚点钱,而不是闲呆着,然后一直发胖,"这是一位衣着体面的女士在节目的街头调查中说的。

"我当然不会整天跷着二郎腿等着拿钱,"她的穿着昂贵大衣的先生这样认为。

另一位街头受访者说:"人们应该请他们帮忙,把这儿的这些东西清走,"他还保证,没有投票给自由民主党。"他们"说的是哈茨四救济金受领者,"这儿的这些东西"指的是,经过一个冬天在柏林街边留下的一堆堆灰尘和垃圾。对于受访者而言,街道垃圾和长期失业者的区别充其量就是,垃圾对人下的指令是没有反应的。

外交部长吉多·韦斯特韦勒(自由民主党成员)在2010年的寒冬2月里,提议强迫哈茨四受领者去铲雪。联邦参议院议长汉内洛蕾·克拉夫特(社会民主党成员)想让他们清扫大街。柏林土生土长的绿党人士克劳迪娅·亨梅尔林的主意是,让哈茨四受领者去追捕那些不把街上的狗大便清走的狗主人。

把对社会无益的行为强加给穷人是一种处罚,以上种种要求,至少"清垃圾"的要求,并不比这种处罚来的轻。即:惩罚那些在"哈茨四的庇荫下"花社会的钱过自己舒服日子的人。

"这个社会不提供懒惰的权利,"此观点是前德国总理格哈特·施罗德2001年在《图片报》上发表的,该报是煽动社会弱势群体的主要媒体。失业者懒惰的歪曲描述有助于红绿联合政府,通过《2010议程》[①],将联邦德

---

① 《2010议程》是德国社会福利体系与劳动市场改革的计划,2003至2005年间由红绿联合政府大力推动。"哈茨方案"是其中一项重要内容。(译者注)

国战后历史上规模最大、影响最深远的重大改革付诸实施："今后不允许任何人偷懒，而加重集体的负担。拒绝接受合理可承受工作的人，一定会受到相应制裁。我们也将修改可承受标准。"通过这番话，施罗德推出了他的《2010议程》。

因此，他不仅无视导致失业的结构性原因，也忽视了在实现劳动和财富更公平分配上的政策性失效。他用业绩公平这个概念取代社会公平，从而导致受害者成了罪魁祸首。只有做出"成绩"的人，才有权利对社会提出要求。或者用弗兰茨·明特菲林斯的话说："不劳动者不得食。"这些社会民主党人究竟说出了多少百姓的心声呢？

对穷人懒惰的指责其实早已被驳斥。纽伦堡就业市场和职业研究所[1]的一项研究证实，哈茨四受领者比起其他居民有着更高的工作积极性。他们之中三分之一的人是有职业的，只是收入达不到基本需求。每5个领救济金的人中，有4个已经做好被大材小用的准备。

该研究所2010年发现，一半哈茨四受领者每周至少花20个小时从事一项有用的工作。有义务去找工作但不愿努力争取工作机会的哈茨四受领者充其量有35万人，而他们之中多数是上了年纪的和健康有问题的人。此外，常常被提及的（救济资源）"滥用"也只是个别现象，大约占1%。2009年，哈茨四受领者必须清还7200万欧元，外加370万欧元因迟报失业或逾期登记而产生的罚金。与此相比，偷漏税者不受任何惩罚地从德国政府骗走了34亿欧元。专家估计，德国人至少有2500亿欧元，仍然囤积在卢森堡、列支敦士登和瑞士这类避税天堂的账户里。

对无用者的设计和穷人的犯罪

为什么社会寄生虫的传说顽固地延续着？为什么如此多的人想要了解社会寄生虫，尽管他们实际并不存在？为什么全然不考虑那些人贫穷背后的

---

[1] Nürnberger Institut für Arbeitsmarkt- und Berufsforschung (IAB).

命运，便把他们纳入"社会寄生虫"这一概念？

穷人的贬值和他们的犯罪已有相当的历史，其开始正值市民阶层的上升期。在中古时代，穷人被看作是"上帝的孩子"，为了拯救他们的灵魂，富人给予救济。在近代，对贫穷的认识已经改变，区分为"有尊严的穷人"，即那些无辜地陷入危机境地并需要帮助的人，和"没有尊严的穷人"，指以不道德方式比如做小偷或骗子榨取他人帮助的人。后者自然被鞭笞或驱逐出境。随着资本主义的发展，雇佣工作者变得重要了，监狱和劳教所拆下了它们的刑柱，"劳教所"用来对穷人进行再教育和实施惩处。社会教育学教授克里斯蒂安·马尔察恩将劳教所的引入描述为对贫穷的经济化，因为这类"劳教所"必须施放贫民救济基金并帮助正在上升的市民阶层壮大自身的经济和社会利益，也就是培养塑造受惩处的雇佣工作者。同时，劳教所通过劝诫和对偏离道德行为的惩罚，有助于起到社会监督的作用。

通过诋毁让穷人为自己服务，精英们早已深谙此道。显而易见，高收入者在推进业绩公平论的传播时，只有通过"业绩公平"和"社会寄生虫"这对概念才能为这个世界持续扩大的贫富差距进行辩解。长期失业者能做什么？他们做了多少工作？他们实实在在地为这个社会贡献了什么？比如在被解雇前，他们是纳税人，或者作为修理人员一直工作到身心俱疲……然而这一切，在针对社会寄生虫的普遍指责前都已变得微不足道。

这样的普遍指责唯独使一件事成为可能，即把不同的人合并纳入"下层社会"这个被贬低的概念。事实上，除了将这些所谓的"下层社会"成员，如长期失业者、移民、残疾人、退休者、单亲父母、精神疾病患者、依赖症患者和流浪汉，以无用者和多余的人这样的种姓制度进行污名化之外，他们几乎没有什么共同点。穷人无用只是表面辞令，因为穷人在别处为经济创造利益：他们组成了一支成本低廉的工业后备军。通过只给付微薄薪水的雇佣劳动，或者其他"措施"，长期失业者被迫去做无薪工作，而且，面对经济掌权者压榨他们的工资和其一系列中饱私囊的就业政策性措施他们毫无招架之力。

中产阶级的堕落

比勒菲尔德大学，其中一栋大得可怕的水泥塔楼里坐落着"冲突和暴力的跨学科研究所"。这30年来，威廉·海特迈尔（Wilhelm Heitmeyer）能从他办公室的观景窗看到条顿堡森林。时值秋季，树叶已变成黄色或红色。

几个月前，海特迈尔主持了10年的"群体关联性人类敌对"长期研究刚刚结束。在此项研究中，这位比勒菲尔德的社会学者调查的内容是，来自不同社会、宗教以及种族的人类群体，是如何以其各自不同的生活方式在社会生存的，他们如何融入，尤其是他们蒙受何种程度的偏见和歧视。海特迈尔和他的同事分析研究了一系列社会现象的发展变化，包括种族主义、反犹主义、伊斯兰恐惧症、排外情绪、性别歧视，对流浪汉、同性恋者和残疾人的歧视以及突出本土优先权。这是一项世界范围内规模最大的对偏见进行调查的科研项目，从2002年起每年在德国选出2000名有代表性的调查对象进行采访，每隔两年，这2000人将再度接受同样的访问，以便发现，他们的观念发生怎样的改变。

海特迈尔介绍说："我们对社会议题进行调查。当关于社会寄生虫和哈茨四救济金受领者的争论开始时，我们密切关注并提出了相关的调查问题。"2007年学者们终于发现，长期失业者从被歧视受害者中分离形成了一个新的群体，超过一半的德国人对他们持贬损态度。"对长期失业者的贬低态度再度膨胀。这是一种顽固的敌对意识，"海特迈尔在研究结束时这样说道。

"如果长期失业者占用社会资源过上舒适的生活"，61.2%的德国人感到愤怒，52.7%的德国人确信，大部分长期失业者对找份工作没什么兴趣，超过四分之一的德国人认为，长期失业仍旧找不到工作的人，问题一定出在他们自己身上。多一半德国人相当认真地将金融危机归咎于那部分榨取国家福利的人。仿佛哈茨四受领者成了这样一群人，他们把用来买鞋的救济金拿去炒股，然后输光了，于是导致金融市场崩盘；仿佛穷人们从企业和经济精英们制定的无耻政策中获得了巨大利益；仿佛穷人对福利国家的瓦解负有责任，因为他们把自己的救命钱弄到了瑞士。

为什么明明是输家，却被塑造成赢家？为什么偏偏是弱者被嫌恶？在过去几年，海特迈尔和他的同事主要研究的是，像哈茨四和金融危机这样的社会重大事件对"群体关联性人类敌对"的影响。海特迈尔说："一方面赢得资本可控，另一方面产生国家政治的资本失控。后者从社会一体化中得到认证时，资本对社会融合根本是没有兴趣的。"在他看来，贬低穷人的首要原因是经济化："在一个资本化的系统中，高效和可利用性的观念，不断侵蚀着那些并不按经济原理运行的地方，比如家庭、学校和社会关系。一旦用这种经济化的标准去评估残疾人、移民和长期失业者这类弱势群体，他们则自动成为被贬低的焦点。"

与此相应的是，20%的德国人认为，"没有任何社会能负担得起那些没多大用的人。"同样也有20%的人持这样的观点，在经济危机时期，人们没法再关注和保护某类少数分子。33%的德国人认为，"在经济危机时期，我们无法做到给予所有人同样的权利保障。"这就是"群体关联性人类敌对"长期研究在2010年得出的令人担忧的结果。当时，对社会弱势的怨恨并非全新的社会现象。

几年来，《图片报》不断推出谴责"社会寄生虫"的专刊，比如"佛罗里达·罗尔夫"、"卡利毕克·克劳斯"，还有阿尔诺·迪贝尔——"德国最厚颜无耻的失业者"。然而新的现象是，不仅仅《图片报》这类好挑事的媒体、一帮恶名昭彰的煽风点火者如吉多·韦斯特韦勒、以蒂洛·萨拉辛为代表的右派民粹论者，在不断表述这种针对穷人的反感情绪，连收入中等者和有教养的中产阶级也加入了这一声讨行列。令人吃惊之处在于，多数德国人对社会分化加剧这一事实供认不讳：63%的人对这一社会变化感到害怕。46%的人觉得他们的生活是持久的战斗。59%的人担心财政上受到限制。49%的人害怕现有生活水平不保。71%的德国人说，这个社会在不断分裂。61%的人认为，中间层已然不再，只有顶层和底层。51%的人说，尔虞我诈的社会，让他们感到难以应付。

从2000年起，德国中产阶层的比例从66%下降60%；近四分之一的联邦公民属于低收入阶层。社会差别越小，社会状况恶化的可能性越大，就会有更多的人被划分到下层。海特迈尔说："人们觉察到了这种分化，但这并没防止对他人的贬低。困难的点在于，这种贬低他人的敏锐性并没有和理解产生连接。经济的逻辑既坚固又无情。一方面，我们目前的政策，符合使下层流动到上层的再分配原则；另一方面，我们又有着粗鄙的不计后果的阶级观念，因为在各种各样的、无法看清的危机面前只有这样的信条起作用——能者得救。"

社会斯德哥尔摩综合症及其后果

斯德哥尔摩综合症适用于形容小康阶层。据海特迈尔的研究项目2010年得出的令人担忧的结论，战胜危机的人群中有一个群体的比例在提高，他们的共同点是，总认为自己得到的少于应得的。比起较低收入阶层，收入稍好的人对长期失业者的贬低更为严重。这种不满无非在于，社会精英紧抓住他们的固有特权不放。富人认为，他们愿意吃亏让穷人占便宜，这本身就是令人惊讶的歪曲真相。

再次回想以下数据：2007年的德国，富人拥有全部财富的23%，10%的顶级富豪占据财富的61%；三分之二的国民近乎没有财富占有量，较低层的70%占有财富少于9%；最低收入阶层的比例占到全部人口的近四分之一。全世界范围内，收入分配两极化的程度愈发加剧：2%的家庭拥有多于一半的全世界的金钱和私人财富，最富有的10%财富拥有量高达85%。

"没有富有就没有贫穷，没有贫穷也不会有富有。贫穷和富有相对共生，如同黑与白、光与影、日与夜，"克里斯托夫·布特威格如此写道。一方的利益最大化和另一方的贫困化息息相关，使政策变得对穷人有益，显然不是富人的志向。他们的兴趣是，维持贫穷。

然而不可思议的是，本身受到降级威胁的中产阶级把自己同精英分子等量齐观。

《日报》①的经济版编辑乌尔里克·赫尔曼在她的著作《嗨，买吧！》中将此现象形容为"中产阶级的自欺欺人"。他们不质疑一个让富人越来越富的制度，不向他们索税，反而更愿意与富有的统治阶层团结一致。因此，中产阶级不是在为自救而工作，而是为了自身的降级。因为，社会斯德哥尔摩综合症以及参与和分享只与个体的经济可利用性挂钩这一默许共识，使有利于富人和精英们的全部政治和政策性决策，得到合法认证，尽管它们对集体只有危害。换言之，糖果再一次分配给了富人。

穷人越来越穷，富人越来越富，可以说是尽人皆知的事实。不应该只是对不公正进行痛斥，单纯地要求政治改革似乎太过简单了。因为在一个致力于服务富人的体制中，改革充其量意味着阻止退步。而且我也不想只是呼吁更多地团结和唤醒社会良知——我们可不是在过世界青年日。

我想更多呈现的是：精英阶层用何种卑鄙的战略剥夺全部人的财产以确保其自身生存；谁靠贫穷发财；为什么政治不对抗贫穷而是穷人；为什么富人慷慨捐赠却不是行善者；为什么企业所称道的"社会企业家精神"和"社会化商业"没有改变贫穷的结构反而使其更加坚固。

在看起来理性的经济布局背后，隐匿着一种越发被认同的危险的不等价价值观。一旦人们没有创造财富的使用价值，被贬低和轻视的群体便不断壮大，除了指向我们犯了太多错误别无其他解读。蒂洛·萨拉辛在《德国自取灭亡》②一书中，把这种消灭论思想浓缩成为经济种族主义。非常令人困惑的是，在萨拉辛粗劣的煽动性著作一夜之间登上畅销书榜首之前，"群体关联性人类敌对"研究2010的结果已经出版，当时还没有关于"禁止思想"和无用人群的激烈争论。长期研究的2011年结果证明，种族主义和对游民的贬低显著提高。悬殊性对民主是重大威胁，非等价性则威胁着安全、自由和幸福。

---

① Die Tageszeitung，缩写taz，是一份全国性的报纸。
② Thilo Sarrazin: Deutschland schafft sich ab.

"我们别无选择"——掌握经济大权的人用这句经久不衰的名言,将我们所有的恐惧和担忧、所有公平分配的要求抹掉了,我们不能再相信它。什么是公平?我们想要共同生活在一个怎样的社会和世界?寻找问题答案的人必须是我们自己,因为精英们绝不会认真地提出这些问题。

"两辆不同的载重汽车日复一日地从工厂开出——一辆驶向货仓和商场,一辆驶向垃圾场。"

齐格蒙·鲍曼:《废弃的生活——被现代性排除的人》

第二章 "……让他们吃蛋糕好了！"

剩余的东西给多余的人——食品银行的运转方式和功效

伊丽莎白·米勒[①]每周一去购物时，对离家最近的超市视而不见。这家超市早已不属于她的世界，尽管它就在自家住所的一层。她带着一个发出咔哒声的购物拉杆包、一堆旧塑料袋、一辆大的自行车拖车和三个孩子穿过慕尼黑东部一条通往城外的交通干线的十字路口。接着，消失在了一个入口处。那是在一座荒僻的混凝土基督教堂的庭院矮树篱间开出的进口。

树篱边摆放着长长一排简易长桌，上面放着装有水果、蔬菜、各种生菜、婴儿食品、速食面、罐头汤和甜食的绿色箱子。一辆打开的货车前堆放着装有面包和点心的箱子，地上有一个装着鲜花的纸箱。桌子后面站着几位中年男女，他们身穿印有白色小花的蓝色围裙，面带和蔼温暖的微笑。乍一看，你会以为这里是每周集市，如果没有那一长队看上去并非自愿排队等候的人——穿着破旧大衣的退休者、手持助行器或拐杖的人、移

---

① 非真名。

民、推着破旧不堪的婴儿车和拉杆包的妇女,他们低着头,眼神疲惫,带着几个包,拿着一堆从超市和平价商场购物时代遗留下来的已经磨损的购物袋。这里是慕尼黑食品银行所属24个食品分发站中的一个,可以为18000人提供食品服务。全德国共有877家食品银行,超过百万人在2000家食品分发站每周领取一次食物。

按照德国食品银行协会颂扬的口号——"史上最伟大社会运动",其原则简单得令人神往:义工在超市、平价商店和一些大的商户那里,把不再出售但仍能食用的食品收集起来。它们大多都是一些容易腐烂变质的食物,如水果、蔬菜,还有即将或已经过期的奶制品。这些原本会被扔掉的剩余食品被分配给那些没足够的钱养活自己的穷人们。

救济取代再分配

救济取代再分配的理念源自美国。

上世纪60年代初,在美国诞生了第一批食品银行(Foodbank)。以此为参照,德国于1993年在柏林建成了第一家食品银行,1994年慕尼黑紧随其后。在10万以上人口的德国乡镇中,接近四分之三拥有自己的食品银行。从前为流浪汉和瘾君子等各类社会失足者提供的紧急援助,如今已成为一个供应系统,为那些因就业市场改革而跌入贫困,以至于不得不依靠食品捐助的居民提供服务。

2003年至2009年,德国食品银行的总数翻了3倍。2005年是其跳跃式增长的标志性年份,哈茨四方案也刚好是在这一年生效的。

伊丽莎白·米勒把自行车拖车和把手贴着灰色胶布补丁的拉杆包存放在庭院的草地上。一个让她镇定下来的短促地动作过后,这位苍白纤瘦的妇女从她已经洗褪色的帽衫兜里拿出一张塑封卡片,把这张资格证挂在脖子上,然后开始做一件这个社会对像她一样的这类人所期待的事:她站到了队伍后面。

一位矮小丰满的女性,身着彩色荧光马甲,手持记录板夹,巡视队伍并记下在场每一位的证件号码。只有能证明贫困的人才能在食品银行得到一个名额。贫困的定义，指靠哈茨四或所谓的低保生活，涉及群体是那些终生工作后拿到的社保金不够生存的人。证件上面印有有效期和必须接受食物供给的家庭成员数。这个数字越大，袋子里的食物就会越多。

伊丽莎白·米勒的证件上写着：1加5。这位46岁的女性是有6个孩子的单亲母亲。大女儿22岁已搬出去自立，最小的男孩3岁。"自从我丈夫决定不要这段婚姻"之后，米勒一家开始靠哈茨四为生。6个孩子；单亲；哈茨四——好像商业电视台报道多子女的蓝领母亲的陈词滥调。事实上，伊丽莎白·米勒从前过着和食品银行最早的倡导者、前德国家庭事务部部长乌尔苏拉·冯·德莱恩类似的生活：伊丽莎白·米勒大学学医，是一位受过良好专业训练的医生。从事了20年医学会议主办者的工作，收入不错。在她的前夫不再支付赡养费之后，为了照顾孩子们，米勒不得不放弃事业。这就是贫困生活的开始，她身后无数依靠食品银行供给的单亲父母大致经历相同。在德国，有41%的单亲父母是哈茨四救济金受领者，其中多数是女性。"我们此前还无所不能，然后有一天就突然站在这了，"米勒痛苦地说道。三年来，她为了生计打拼。被丈夫抛弃时，她已经怀了第六个孩子。没过多长时间，她就绝望地坐在了青少年福利局，因为她不知道怎么才交得上房租。从那时起，全家依靠救助和食品捐赠为生。

"我曾经在无数个星期一骑车经过这里，然后想着：希望不要破产到来这儿站着的地步，"米勒说。最终是她在食品银行领食物的姨妈说服了她。"愚蠢和骄傲往往一茎而生，"姨妈当时是这么说的。如今她为自己克服骄傲而感到高兴。"我真的感激这样的供给。如果没有它，我们无法渡过难关。"

"你好，米勒女士，您过得好吗？您今天需要点什么？菜花？西兰花？球芽甘蓝我们今天也有，"克里斯蒂安·利比希问。四年来，他志愿为食品银行工作，为有需要的人装满袋子。米勒并无羞涩地微笑道："谢谢，最近还行。如果可以的话，这些我都要。"队伍继续向前推进。多数志愿者尽量不给顾客造成他们是乞讨食物的感觉。整整八位志愿者为每次的食品分发忙前忙后，几乎占据一天时间，从开始到结束，大约六小时。投身于志愿服务的主要是，退休者、家庭主妇和本身就是食品银行用户的穷人。"我们像个大家庭，"利比希说。每周一他都在食品分发站度过，并且对这份志愿者的工作感到充实。无论晴天、雨天还是雪天，他都会摆好桌子，拣出蔫掉的生菜，把菜花和西兰花切成等份，尽可能保证公平地分送蔬菜。当利比希说"我想让他们知道，我为你效劳，你值得我为你站在这儿"的时候，常常慷慨激昂。利比希曾在一家大的汽车企业从事市场营销多年，但几年前被解雇，而后作为自由职业者从事生活顾问工作。他形容食品银行的志愿者工作是"供给生活的团结"，几乎和所有食品银行工作者、政客还有食品银行协会所强调的理念如出一辙。"这里捐赠的不是食品，"他继续说道，"食品只是一个载体，通过它人与人之间的相互关系得以捐助传递。"

  对食品银行用户而言，食品绝不是粗浅的博爱和团结的象征。所有光顾它的顾客再次说明，他们迫不得已才在这里领食物，否则别无它法渡过难关。没有人喜欢站在那儿。贫穷是一个即便食品银行也无法抹去的烙印，相反，一幅幅由排在食品分发站等候救济的长队构成的画卷，成为了富裕社会的象征——一个充其量把自己的面包屑赠送给不断壮大的贫困者队伍，却拒绝他们参与其中的社会。

  这就是所谓的"渗漏效应"的可怕现实。渗漏效应是经济增长论捍卫者们鼓吹的，以国家在经济进程中得以脱身为基础。这一极端自由的经济理论，旨在让富人的财富增长逐步渗透到下层社会，即发展富裕以惠及贫困阶层，带动其脱贫。遗憾的是，这种堪称最无耻的对私人财富增长的合理化粉饰——或多或少被掩盖的——是西方世界执政纲领的最本质部分。它被批评者们更加形象地形容为"马粪理论"：要想为麻雀做件好事，就得给马喂食最好的燕麦，这样麻雀才能从马粪中啄出一些谷物。

  自从伊丽莎白·米勒在一家城市杂志的图片故事中告诉大家，她在食品银行领取食物，她的孩子们便在幼儿园和学校被取笑："真恶心，你的课间餐是从垃圾里来的！"因此，她对孩子们说，周一是"购物日"。

德国15岁以下孩子，有20%生活在哈茨四家庭，在柏林，这一比例甚至高达35.7%。靠食品银行的食品捐助为生的人群中，儿童和青少年的比例占到15%至40%。哈茨四救济标准规定，6岁以下(包括6岁)儿童每日的伙食标准2.62欧元；14岁以下（包括14岁）儿童每日为3.21欧元；青少年的标准是每日3.52欧元。在从事儿童营养研究的玛蒂尔德·凯尔斯廷10年前就已明确指出，通常抚养一个健康的15岁青少年，在平价超市每日得花费4.68欧元，在中等超市得花费7.44欧元。对此，那些权威的沾沾自喜的阔绰学者们帮不上任何忙：新保守主义历史学者、大学教授保罗·诺尔特（Paul Nolte）佯装行家断言："贫穷并非下层社会的主要问题，而是大量消费快餐和电视。"他曾用"狼吞虎咽"这样相当玩世不恭的说法，作为文章题目论述堕落的文化根源，这篇文章2003年刊登在德国《时代周报》上，其中说道："健康理性的膳食更贵，我们常听到的说法，就好像大家了解物质状况和再分配需求似的，然而这只是个传说。每一顿在家用土豆和蔬菜、全麦面包和奶酪烧饭，比许多下层孩子期望的餐餐吃小吃店和快餐厅的生活要便宜。应该充分意识到，不是企业造成的，而是他们自己的父母。"

剩余的东西给多余的人

伊丽莎白·米勒的袋子已经装满蔬菜和面包，尽管这次没拿到奶酪面包，奶制品今天也没有。"那也只能带这些回家了，"她嘀咕着。时值月末，现有的钱不够去超市购物。米勒说，如果可以的话，她最希望自己和孩子吃有机食品。她说这话的样子，好像别人痴迷于一辆自己永远也买不起的运动型轿车。

随后，这位46岁的妇女走进大厅，排队等候分发午餐。只要库存充足，部分慕尼黑食品银行的食物分发站会提供免费午餐。多数情况下，午餐由一些公司的员工餐厅提供，有些公司还专门为食品银行做饭，比如巴伐利亚宴会餐饮行会，作为子公司隶属于巴伐利亚银行——一个国家曾花300亿欧元救活的银行。如今这家公司每月赞助数千欧元，并在社会赞许声中赞助对这个国家已不抱期待的贫民救济厨房。

今天的午餐是鱼配菠菜。"这个非常可口",米勒女士和她的姨妈一致认为。她们吃得慢条斯理。来得越晚,午餐的分量越小。一位上了年纪的女士,看上去对午餐并不感冒,吃了几口,她便把整个塑料盘丢进了垃圾桶。

这是件稀松平常的事情,无论在饭店、食堂还是西方富裕社会的家庭餐桌上,都不会打扰到别人。据联合国粮农组织2011年公布的一项调查,全世界生产出的食品有三分之一被扔进了垃圾桶。丢弃食物是消费社会成员的特权。

"消费性的经济体系依赖销售为生。越多钱易主,经济就越兴旺,更多钱易主的同时,一些消费品就会流动到垃圾桶,"社会学家齐格蒙·鲍曼在他的著作《生活即消费》[1]中写道。他将消费主义形容为"剩余和垃圾的经济"。换言之,食品和其他物品的丢弃是消费社会的基础。只有大量地清除,才有大量的销售。然而在这个简陋昏暗的社区中心的前厅里,刚刚搞到一点剩余食物的食品银行用户们得救般地纷纷窃窃私语。在食品银行的平行消费世界里,即只分配剩余产品的世界里,并非只有商品,还应该有公平性和选择自由。穷人之间几乎不会产生团结,他们更像竞争者。

克拉拉[2]这时也来了,她是伊丽莎白·米勒13岁的女儿。她环顾四周,你会发现,她在这里感到不自在。这位非常漂亮的苗条少女穿着一条膝盖处有洞的棉缎裤子。"你刚才在那儿做什么了?"姨妈问道,女孩失落地望着地板。"没关系的,大家现在就是这样",姨妈试图安慰她。

克拉拉在高级中学读书,她忍受着家庭状况带来的巨大痛苦,比弟弟妹妹们承受得要多很多。社会认同取决于你的穿着和所拥有的手机,她的弟弟妹妹们对此还无概念。克拉拉愿意结为朋友的同班同学,大多来自没有金钱困扰的中产阶级家庭,她们的父母能在女孩儿们想要逛街然后吃顿麦

---

[1] Zygmunt Bauman: Leben als Konsum.
[2] 非真名。

当劳时，往她们手里塞50欧元。这是伊丽莎白·米勒办不到的。所以她很少让克拉拉参与这样的午后活动。"超过5欧元就给不出来了，"她说。

对米勒自己而言，放弃倒不是很困难，但是她能给孩子的却如此之少，"这真令我痛苦"。即便她明白，对别人而言，理所当然的大多数东西在她们这儿是不可能的，这种痛苦很难消失。米勒女士常常从图书馆借来许多书籍和DVD，试图尽力让孩子们了解最新资讯，并且懂得酷装、购物逛街和快餐不是生活中最重要的。尽管如此，仍旧绕不开无法躲避的现实：不能维持一定生活水准，依靠救济为生的人，即被社会排斥在外。因此，克拉拉在夏天从不敢去露天游泳池，即便在慕尼黑它对穷人免费开放。一旦克拉拉在售票处出示她的慕尼黑通票，旁人就会因为这张"流浪汉通票"而嘲笑她。

保罗·诺尔特在《南德意志报》的一篇采访中讲述，他是在牧师家庭长大的。"每天我家门外都会站着流浪汉，想要得到一马克或吃的东西，那时我会停在厨房里，并且抹完一片黄油面包。"

诺尔特说，他从家庭中切身体会到了"移情作用"。这位牧师的儿子已成长为精英阶层的布道者，如今对他起移情作用的是精英阶层的怨恨，因此他哀叹的是一种"进取心"的缺失。

原西德联邦州中，有15.8%的失业者拥有高等教育学历，在原东德地区则是13.8%。80%的人文学科学生毕业后找不到稳定的工作，而是靠收入很差的打零工勉强维生。1.2%的失业者是年龄在25岁至35岁之间的、大学毕业必须直接申请哈茨四的知识分子。像伊丽莎白·米勒这样的人，他们的问题绝不是缺乏"进取心"，而是生活迅速滑坡，以及如同诺尔特一样的，渴望向上进取的中产阶级对滑坡的恐惧。米勒女士说，她希望可以再度工作。但带着6个孩子、没有生活费，她每月至少赚5000欧元，才能不依赖援助过上正常生活。以平均收入2000欧元的现实估计，工作后的她境况可能更糟，因为那时她的所有资助将会被一笔勾销，也不可能再去食品银行，因为她已经失去入场资格。

"如果谁家客厅的名牌玻璃果盘里摆着3公斤糖果，你可以对他说，把钱投资到别处，比如水果、蔬菜或书籍"，诺尔特竭力赞成，他说，他"希望可以往伤口上撒点盐"。无论如何，他在穷人伤口处剌的洞已经够深了。

"我觉得这些话与我无关，我每天从早到晚为孩子们忙活，"米勒女士说。尽管如此，她去食品银行的事从没透露给哥哥。"他视我们这类人为社会寄生虫。"米勒女士的桌子上没有装满3公斤糖果的玻璃果盘，而是一盘葡萄。旁边放着她8岁儿子得了满分和小星星的数学作业，米勒女士骄傲地签上名字。房间布置得挺漂亮，墙上挂着从前的照片，有孩子们小时候在海边的相片，全家在南欧一些城市的风景名胜前的留影，还有身着职业装的伊丽莎白·米勒和同事的合照。"来自食品银行的葡萄"，米勒女士说着便把一颗葡萄塞进嘴里，然后笑着摇了摇头。米勒说，像这类奢侈品，如果没有食品银行的话，她是消费不起的。当问到什么样的奢侈是她可以享受到的，她近乎倔强地说道："咖啡，没错。有时候我会买给自己。"这时，她给自己倒了杯热花草茶。今天咖啡只给客人。

废物变食物

将近7点钟，清晨的阳光将慕尼黑批发市场边的火电站高塔染成了红色，货架车驶过安静的大街，送完货的空货车驶在回程的路上。只有火电站前的停车场上生机勃勃，这是慕尼黑市政府提供给食品银行的免费场地，可供15辆货车使用。发动机轰鸣着，关车门的砰砰声，女调度露特·施塔克对司机们喊出指示时，她的手机不停地响着。当批发市场的主要交易结束，新鲜的食品摆上超市的货架，食品银行的工作便开始了，他们的目标是超市和平价商店的后面。那里的货物装卸台上摆着装满食品的箱子，都是一般顾客挑剩的食物。司机迪米特里[①]，41岁，慕尼黑食品银行11位固定员工之一。几年来的运转，越来越多的穷人蜂拥而至，食品银行

---

① 非真名。

必须实现自身的职业化。每天早上7点开始工作，数次提货和送货行程，一共8小时——这是将近400位志愿者无法完成的工作。

迪米特里来自乌克兰，是一位受过专业训练的牙科技师。10年前他怀揣着改善生活的美好希望来到德国，却没能找到工作。于是，他接受了成为系统管理员的再培训。然而投递了150封求职信后，他还是没能找到工作。最后，迪米特里以志愿者的身份来到食品银行，跻身进一欧元工作者[①]的行列。迪米特里的一些同事最先也是食品银行的用户。食品银行的固定工作意味着事业发展的终结，虽然得以摆脱个人贫困，但仍然生活在贫穷世界里。迪米特里现如今的工作是为穷人供应免费食物，其他失业者没有他这么幸运。

迪米特里将货车倒对着，停在货物装卸台前。他穿过店里朝后门走去，两边的货架上摆满等待着顾客的新鲜食品，一位工作人员一言不发地指了指纸箱压缩打包机的旁边。坡度装卸台的下面有几只大垃圾桶，它们被放在上了锁的栅栏里。

迪米特里戴上他的工作手套，把放在箱子上的垃圾袋清到一边，这些箱子里装的都是为食品银行准备的食物。有大量的香蕉、袋装甜椒、生菜和橙子；一只装着新鲜土豆的木箱他必须留下，土豆中间混进了两瓶过期啤酒和三张冷冻披萨。接下来的一家平价超市里，没有员工露面；锁着的卷帘门前立着箱子堆成的塔。一只箱子里的火鸡肉已经轻微变质；另一只箱子里，杯子破了的过期酸奶渗到了装着破鸡蛋的盒子上，苍蝇落在垃圾上。这只是因为疏忽造成的？还是销售额达百亿的食品企业认为，反正穷人有变质的食物就够了？

对此，1994年创办了慕尼黑食品银行的汉内洛雷·基特（Hannelore Kiethe）说，要使超市习惯货品回收并不等于简单的出让垃圾，是需要一段时间的。"人们常常给我们发霉的、无法食用的垃圾，我们成了商户的垃

[①] "一欧元工作"（Ein-Euro-Job）政策是哈茨四计划的一部分，始于2005年，旨在通过国家补贴创造就业机会。按照规定，长期失业人员必须接受得到政府财政资金补助的"一欧元工作"，否则就领不到救济金。（译者注）

圾处理公司，"基特在慕尼黑食品银行成立15周年之际出版的画册上这样写着。

商人将成袋的变质土豆或者一箱箱臭鱼转让给食品银行，这样厚颜无耻的做法被写成有趣的轶事："然而高尚的女士们坚持住（将变质的食品吃）了，证明自己是坚韧顽强的女性。商人发出惊叹。这一讽刺揭露出尊敬来自蔑视。"如今商人们应该庆幸，他们可以用捐助食品银行的社会义务，为维护自身企业形象做广告。

连锁企业已经意识到，他们从合作中获利最大。他们为自己节约了一部分垃圾清理费用，这笔费用转嫁给了食品银行：慕尼黑食品银行每月要在货盘、硬纸板、打包和生物降解垃圾上投入数千欧元，尽管有赞助和慕尼黑废弃物管理的优惠。柏林食品银行每年必须为垃圾清理筹集2.6万至4万欧元。平价连锁超市里德尔（Lidl）至今还把柏林食品银行称为"废物清理工"，这令创办人扎比内·韦特（Sabine Werth）非常愤怒。

迪米特里撕开包装，把可食用的、没有瑕疵的食品放进绿色的箱子。食品银行必须遵守食品工作条例并接受相应的监督。他们着重强调，这是件不言而喻的事，"我们不会拿出我们自己也不吃的东西"，有关人士诵经似的不断重复。如果人们追求食品银行这样的壮志，当然不想被理解成垃圾传送。也就是，至少要同时和我们这个时代的两大问题斗争：贫穷和过剩。正因于此，食品银行的理念才能在这个社会得到认同。

越来越多人受贫困折磨的同时，德国每年有2000万吨食品被丢掉，超过1100万人生活在贫困线边缘或以下。食品银行似乎填补了贫穷和过剩之间的空隙。"在德国食品过剩，尽管如此，仍有许多人存在食品匮乏，食品银行力求平衡，"食品银行协会的宣传品上是这样写的。在橙色字体"食品银行"和盘子配刀叉的标志下面印有口号："食品，该放到这里。""分配取代销毁"是慕尼黑食品银行的信条。这听起来像是公平分配原则和"行动代替抱怨"。然而，这被道德粉饰的实用主义掩盖了一个事实：食品银行正朝着一个方向运动——将多余的食品分给多余的人。

没有权利的顾客

午后,一位食品银行女性工作者亲切地提供给一位穷人配有黄油和细香葱的咸面包圈,而这位操着俄罗斯口音的女性毫不客气地拒绝了。志愿者的表情瞬间垮了下来。"这绝对是新鲜的好东西,"她生气地大声喊道,所有排着队的人都听到了。"不要正好,"她在后面嘘了一声,并且示威性的自己把面包咬了一口。也许这位俄罗斯女人不喜欢咸面包,也许这位特意为今天化了浓妆、穿上裘皮领大衣的中年女性,只想用笨拙的方式给人一种自信的印象。这样的情景时有发生。每当穷人们把苹果、生菜、土豆放在手里掂分量,对变色的部分或枯黄的叶子挑剔嫌弃,志愿者们多半的反应是敏感的,他们会说:"这些是可以切掉的,"或者"您在超市购物也会有这样的菜"。唯一的区别是,食品银行使用者依赖这些普通顾客在超市挑剩的食物为生,他们没有选择。于是想要显示一点点剩余尊严和顾客身份的绝望的努力,常常被解读为不知感谢和贪得无厌。

大多数德国食品银行的确称其用户为"顾客",并且让他们象征性地付一点钱,以便让食物保有"价值"。在消费社会中,分享和个人尊严受其客户身份的约束,自由在消费社会中意味着,拥有看似无限丰盛的选择并名义上地做出个人购买决定。施特凡·洛伦茨,耶拿大学的社会学家,从事消费、剩余、饮食方式、环境和可持续性方面的研究。他主持了一个为期两年的针对食品银行的研究项目,还是《食品银行社会——重新对待剩余和排斥》[①]的编者。他说:"顾客身份的伪装恰巧标明:你们并非'成员'。这不是市场外的供给,而是市场的附加供应。""普通"顾客突出身份的方式是,他们的需求可以以独立自主的方式得以满足。如果他们是真正的顾客,就不必去食品银行。"顾客是上

---

① Stephan Lorenz (Hrsg.): Tafelgesellschaft. Zum neuen Umgang mit Überfluss und Ausgrenzung.

帝，不是乞丐，"洛伦茨说。

　　真正的顾客可以提出要求，食品银行用户不可以。一方面，因为供给常常是随意的，比如没有面粉、面条或大米这类基本主食，而是成箱的1公斤罐装洋葱汤粉。而食品银行顾客对此不该抱怨："食品银行顾客不能有要求。这是一个问题。我们的确注意到了要求的存在。我们也曾有这样的情况：我在这儿付了钱，就有提出公平正当要求的权利。我们就曾把钱退还给一个大声抱怨的男人并且说：去阿尔迪（超市）吧，买你喜欢的，"柏林食品银行创办人扎比内·韦特这样说道。你也可以说：吃掉它或者饿死。

　　食品银行用户一贯被想象成非顾客身份，尤其通过供给的食品——这里存放的东西是别人不想要的。人们能够通过一种令人惊诧的方式辨认出，什么是第一消费品市场中风行的，什么不是。如果因为素食主义流行，大家不太想吃肉，食品银行就会得到很多香肠和猪排；草莓在冬季堆积如山，如果报上说草莓的种植危害环境，所谓有责任感的消费者出于环保原因而对草莓不予理睬；直到二月份，在食品银行还可以吃到元旦的分装拉可雷特乳酪；普通顾客购买复活节兔子和巧克力彩蛋时，食品银行用户就得庆幸在四月还能吃到圣诞节饼干和巧克力圣诞老人；"二恶英事件"后，鸡蛋供过于求，受了惊吓的顾客们更愿意把它们留在超市里；2011年5月德国爆发肠出血性大肠杆菌疫情，病菌被认为可能来自生菜和黄瓜，在一些食品银行理所当然地囤积着整箱整箱的来自德国北部的生菜和西班牙黄瓜——显然是还没分配过的。

富裕社会的垃圾：义务和非义务清除者

　　食品银行用户把富裕社会的垃圾，顺带着消费社会的内疚，一起清理走——这似乎是他们唯一能作出的贡献。格尔德·霍约泽尔（Gerd Häuser），食品银行协会的首席执行长，甚至从中看到了重大社会责任。他说，他为食品银行用户争取更多自信而努力："我希望他们能说：我为这个社会尽了个人力量,因为我为环保做了贡献。这一成绩我们必须承认。他们不是接受施舍的人,而是食品工业轮盘上的一个齿轮,不可或缺。如果没有他们,很多东西就得被丢掉,这显然不是解决办法。"

这听上去绝对是一派讽刺之言。因为没有人出于环保原因光顾食品银行,而是受迫于困境和贫穷。而且可以肯定的是,假如食品银行用户自信地公开谴责生产过剩,连锁超市和食品企业甚至食品银行是不会满意的。

还有一群人也做着垃圾清除工作,他们是所谓的"反消费主义者"(Freeganer)①。它诞生于20世纪60年代中期,是纽约反全球化人士的产物。该名称由两个英文单词组成:"free"代表自由,"vegan"的含义是不食动物制品。它是一种拒绝妥协资本主义市场原则的政治化生存方式。食品银行用户和反消费主义者的膳食来源是一样的。区别只在于,反消费主义者需要什么就去拿什么——无序且混乱。他们深夜动身,从超市后面的垃圾桶中搜集还可食用的食物。他们给自己的行为冠之以时髦的称号:"垃圾搜索"或"扒垃圾桶的人"。有贴满收获照的博客,有大量论坛,在里面他们相互交换意见和给出建议;他们成立许多"扒垃圾地区小组",以便大家相互交换食物;甚至还有为反消费主义信奉者定制的T恤;有些信奉生态社会主义的合居者,完全依靠从垃圾中搞来的食物过活。

他们不只将此看作个人的消费抵制,而是社会运动——对资本主义制度的抗议,这个制度以剥削、生态破坏、食品生产中伤害人权为基础,并且生产贫穷。正是出于这个原因,连锁超市成了他们的眼中钉。而超市则因此不让他们的垃圾在外面过夜或者给垃圾桶缠上锁链;就像传说中那样,有些超市会把烂掉的食物丢在垃圾的最上面,这样一来好的食物就吃不成了,或者把食品染上色。

在柏林,有机食品店的垃圾桶一度格外受欢迎,这和有机食品的发展密切相关。自从有机食品兴盛起来,进入大众市场,有机食品顾客的要求逐渐提高,希望全年都能买到各种季节食品,有机蔬菜成为环保达人的特征

---

① 也译作"免费素食主义者"。(译者注)

之一，那些符合环保蔬菜传统形象的干瘪胡萝卜便失去了生存权利。有机食品同样存在生产过剩的问题，这意味着，一大批食品要进到垃圾桶里。几年前当一位有机食品经销商发现，每天夜里，有高达30个反消费主义者来洗劫垃圾桶，他便贴上"小心灭鼠药"以示警告。垃圾中的好食物——这不符合有机食品店干净、高贵、可持续发展的形象，昂贵的蔬菜水果应该被买走。一旦有人贪图免费，把它们从垃圾里捞出来，这些优质商品就会失去它的价值。

2004年，连锁超市雷韦集团（REWE）的一位分店女店长举报了一位女性反消费主义者。在德国，连垃圾都是财产，偷盗垃圾可能受到法律惩罚。那位女性从垃圾箱里设法搞到几个剩面包和两瓶过期酸奶，然后，因"在极度困难情况下的集体盗窃"而上法庭受审，理由是她和"作案同伙们"爬过了栅栏。这在德国不是唯一一桩针对反消费主义者的刑事告发。判决结果是，这位女流浪歌手必须支付律师费，并进行60小时的公益劳动。而另一方的雷韦集团（作为德国第二大食品经销商销售额达530亿欧元），自1993年起，便成为食品银行的最大捐助商，而且还为联邦食品银行年会提供支持。从垃圾中贡献食品是其反复宣传的"可持续发展精神"的一部分，靠着这个理念，这家企业获得了2010年的德国国家可持续发展奖。约施卡·菲舍尔也是雷韦集团企业顾问中的一员，他曾作为红绿联合政府的副总理公开为哈茨四做宣传："哈茨四不会导致大规模的贫困化，而是为拿社会低保的人群提供更多进入就业市场的机会。"这就是菲舍尔在哈茨计划生效的前一年所讲的。

在一年一度的联邦食品银行夏日庆典上，雷韦集团曾与联邦总统克里斯蒂安·武尔夫握手说定，"今后继续每天为食品银行提供捐助"。这也可以翻译成：今后继续每天把可利用的食品丢进垃圾桶。

超市是食品浪费的受益者

生产过剩和浪费是连锁商业利润的基础，当然与可持续发展无关。食品生产商通常生产出多于实际需求20%或40%的产品，以便抵消缺货、销售波动、运输损坏或其他问题造成的损失。食品总量的至少四分之一是有意识地为垃圾而生产的。

这是食品银行体系众多无法消解的矛盾中的一个。虽然食品银行宣称克服剩余，但剩余同时又是经营原理。食品银行、食品企业和超市处在一个相互共生的体系里。施特凡·洛伦茨说："人们不会阻止垃圾产生，否则食品银行会失去兴趣，可分配的东西会越来越少。"食品银行的原则并没有刺激到人们同无休止的经济增长理念告别，对改变造成浪费的结构性根源也没有贡献，它只是介入了价值创造链条的最末端——垃圾桶。尽管如此，联邦食品银行协会在自我标榜上没少花费：在会刊《反馈》中，霍约泽尔将协会的工作赞许为"可持续商业的典型范例"。

食品银行每年将13万吨食品分配给生活在德国的穷人，听上去数字巨大，但比起德国每年2000万吨被丢进垃圾桶的食物，可谓九牛一毛。德国消费调研公司计算出，以家庭为单位，德国每年有等价200亿的食品被当作垃圾处理，其中很多食品尚未开封。连锁商家通过极低的售价和某些商品荒谬的过度供应相互竞争，以便引诱消费者们购买大量最终只会在冰箱里变质的商品。一家雷韦集团超市就有多达4万种的商品。仅10年间，德国超市的商品供应量增长了130%，产品种类甚至增多了430%。自上世纪70年代以来，垃圾堆放场的数量增长了50%。

多数食品根本到不了超市的货架，它们还在田地里就已经被销毁了，或者根本没被收割，因为食品商只接受视觉上符合标准的产品。其原因有时乏味得令人错愕：有的箱子里只能放笔直的黄瓜，这样便于码放整齐。这样的标准由商业独自决定，商业贸易借助其强大的力量，使欧盟水果蔬菜标准符合它的条件。

粗略估计，在工业国家，有一半加工食品被清除掉，与此同时，全世界有10亿人在忍受饥饿，每天有至少2万人死于营养不良。欧洲和北美销毁的大量食品足以养活3倍多的世界饥饿人口。

全年供应一切商品是每一家连锁企业的策略。如果和超市负责人探讨这个问题，他们会耸耸肩膀，然后睁大无辜的双眼解释说，是"消费者"的需求，他们询问这些商品，"否则我们不会把这些东西放上货架"。或者"如果我们没有这些东西，人们就会去别的地方"。

　　对于把顾客的选择自由当作人权对待的消费社会，商品的供过于求是基本要素。然而在一百种酸奶中做出选择，这真的是理论上的顾客心愿，因为实在难以想象。在超市购物早就不再仅仅关乎填饱肚子，于是销售商和食品企业为了被关注就必须做出其他承诺，而非仅仅一个填饱的胃。他们必须让吃饱的人重新获得饥饿感，即，唤起新需要。食品企业如联合利华、达能和雀巢因此转向，将所谓的"功能性食品"带入市场：低胆固醇的人造黄油，能增强免疫系统的酸奶，富含多种维生素的麦片。

　　这意味着，能在至少400平方米的购物空间里，提供多达4万种不同产品的超市，必须和只低廉出售1000种商品的平价超市有明显区别。因此，"品种齐全"变成了供过于求，它将消费者们高尚化为讲究的且"成熟的"。举个最能说明这一问题的实例：火龙果。它有粉色果皮，果肉好像掺了巧克力屑的冰激凌，看上去非常诱人，所以超市很喜欢用火龙果装饰他们的水果分区。而实际上这种在拉美和亚洲种植的水果只是被拿来当作招牌，没有人想买它。施特凡·克罗伊茨贝格尔和瓦伦丁·图尔恩在为他们的著作《食物消灭者：为什么我们一半的食物被丢进垃圾桶以及谁应对此负责》[①]所做的调查研究中发现，在昂贵超市能卖到5欧元一个的火龙果，有80%是被扔掉的。从1月到12月，这种怕挤压的水果源源不断地从拉丁美洲和亚洲飞到欧洲，为了被丢进德国的垃圾桶——食品和能源的巨大浪费。

　　由于昂贵的超市想通过"卓越品质"来销售商品，那么立即淘汰有瑕疵的蔬菜、水果和生菜便成为其最高原则。易腐烂的蔬菜，比如生菜或小红萝卜因而常常只能卖一天。在瓦伦丁·图尔恩的纪录片《垃圾里的美味》[②]

[①] Stefan Kreutzberger, Valentin Thurn: Die Essensvernichter. Warum die Hälfte aller Lebensmittel im Müll landet und wer dafür verantwortlich ist.
[②] Valentin Thurn: Frisch auf den Müll.

中，摄像团队跟拍了一位乐于回答问题的雷韦集团超市女售货员的工作。她说，只要有一片菜叶上有一点变色的斑迹，她就必须把这棵生菜拿下货架。该原则同样适用于一个无瑕疵的缺少叶子的苤蓝。"如果绿叶掉了，没人会买这棵苤蓝。叶子要是在上面，人们会把它揪掉，"女售货员摇头说道。把好的食物直接丢掉是她工作的一部分，这对她而言显然是不愉快的。和食品银行不同，在这里没有售货员或店长会责备顾客说，不应该这么做，切掉苤蓝变色的部分还是可以吃的。相反地，挑选苤蓝甚至可以选择不能食用的叶子是否应该留在上面，是消费主义中"成熟的顾客"得到保障的权利。因此，每两个生菜中、每两个土豆中、每五个面包中，就有一个被丢掉。

雷韦集团女售货员还讲，奶制品必须在过期前的两天淘汰。这本来就是随意的事，因为商品上标注的保质期并不等于实际情况，通常实际保质期可能多出三周。被淘汰的商品会被立刻订购，多数情况下还会订得多些，以避免"暂时缺货"，这样做就是为了让所有货架在任何时候都是货物充足的。我们可不是生活在共产主义："空货架，我们曾经有过那么一次，在东德的进出口商店里。"此言出自德国面包工厂联合会的总干事赫尔穆特·马尔特尔之口，听起来像是威胁。在德国，每年有50万吨面包被销毁，连锁面包店有高达30%的产品是为垃圾桶生产的，因为面包店以及超市的面包架，必须在即将关店前仍然填满面包。

膳食破坏和全球饥饿

艾尔文·瓦根霍费尔的纪录片电影《我们喂养世界》[①]，有一个令人错乱的开篇场景：一辆满载剩面包的火车。我们每天丢掉的面包被直接输送给这个世界的饥饿：小麦需求量越大，出产越多面包，饥饿越发严重。不是因为我们"最终没能把面包运抵非洲"，好像一些人因为巨大的浪费，

---

① Erwin Wagenhofer: We Feed the World.

为自己内心的不安而辩解似的，而是因为需求增加，推高了小麦在原材料市场上的价格。反人权罪的农业投机买卖对极少数人是有利可图的生意，然而对很多人而言意味着痛苦和死亡，因为发展中国家食品价格暴增，在那里生活的人买不起食品。

2008年的夏季小麦价格大约翻了两倍，以至于在许多贫穷国家引起骚乱，部分地区曾受到军事武装的残酷镇压。简而言之，被贫困和绝望驱赶着上街起义的人被击毙，因为高要求的西方顾客，要在晚上将近八点钟时仍能在全麦面包、向日葵面包、马铃薯面包、燕麦硬质面包、意大利拖鞋面包、法式长棍和早餐牛角面包之中做出从容的选择。

把剩余食品分发给贫穷的食品银行用户，归根结底帮助的是生产过剩以及把盈利建立在生产过剩上的连锁商业的经济模式。他们之所以特别强调自身对食品银行的责任和义务，是因为这可以证明连锁超市"尽职尽责地"对待食品。他们促使人们产生这样的想法：他们把全部剩余都捐赠食品银行了。实际上有多少东西被送抵食品银行？有多少仍在垃圾桶里？这些问题，商业社会明智地缄口不谈。"数据是有的，但他们拒绝公开。每一家超市都会扫描进出的商品。差别主要在于被扔掉的数量，"瓦伦丁·图尔恩说。对此图尔恩和克罗伊茨贝格尔向德国食品零售业联邦协会提出质询，其总负责人米夏埃尔·格尔林声称，超市只扔掉了净销售额的1%。据德国贸易联合会统计，每年有150吨食品贡献给食品银行，这大约是慕尼黑食品银行标榜的每周的供给量。食品银行每年总共分发出13万吨食品。二者中必有一个有严重计算错误。

连锁超市通过对食品银行独断随意的捐赠，挽留住那些依靠捐助生活的"废物清理者"。有时一家超市留下的食品少得可怜，只够装满三个蔬菜箱子；有时装着无瑕疵的优质商品的供货箱填满半个运输车，这能避免批评。结果食品银行就要按照自己问询到的情况对过剩现象加以注意。以至于，食品银行把有限的捐赠供应看作是自己的功劳。"我们从公司得到的捐赠非常少，因为他们自己知道，有多少东西根本卖不出去。这事算我们的功劳。我把这个看作是衡量我们功绩的重要标尺，"柏林食品银行的扎比内·韦特如此说。事实上没人知道,超市究竟扔掉了多少东西。

食品银行赞助商除了雷韦集团,还有商业巨头艾德卡(销售额435亿欧元)、麦德龙(销售额306亿欧元)、里德尔(LIDL)(销售额420亿欧元)和阿尔迪(Aldi)(销售额418亿欧元)。这五家连锁超市集团承包了90%的德国食品市场。其中平价超市的市场份额占45%。在一个像德国这样的饱和市场中,获取利润几乎只能通过市场买断或者靠残酷价格战实现的商业排挤。德国作为全球最严厉的市场有着极低的价格水平:市场份额争夺战,是一场争夺低价和最大销售地盘的混战。"谁能把供应商的价格压到最低,或者强迫他们接受不公平的购买方式,谁就在残酷无情的竞争中取得优势。每个商家都尽力使报价低于竞争对手,"由23家非政府组织和工会组成的团体超市这样形容。

销售商的竞争压力直接抵达食品生产商,违反人权是食品生产中第二种常见的问题。在一项名为《终点站——柜台》[①]的调查研究中,援助组织乐施会(Oxfam)以来自哥斯达黎加及厄瓜多尔的菠萝和香蕉,证明了上述五家连锁企业市场权势的可怕影响力,这种影响力不只在欧洲而且扩大到全世界。由于每个企业在长长的供应链中都想为自己实现最大可能的价值创造,食品生产者就可能两手空空。为许多大超商供货的企业金吉达和都乐只给员工两个或三个月的合同,以便减少企业要交的社保费。厄瓜多尔的香蕉工人每周苦干72小时,极端情况下高达84小时,超时工作没有补贴或者根本就是白干。

据乐施会的估计,企业通过这种压榨员工的方式每月至少节省43000美元。工会形同虚设,企业用减少工资和裁员进行威胁,还有工会成员"黑名单"。员工的工作条件是灾难性的:他们每天沐浴着种植地和村庄上空的飞机撒下的农药雨。在这类种植地区,超过一半的居民忍受中毒和疾病的痛苦。由于土地和水被污染,为了巨大的生产过剩,更多土地被征用,农民已经没有机会为他们自己的营养自主种植食物。在恶劣的条件下,他

---

① Endstation Ladentheke.

们被迫在种植园里工作，只为了能够生存。根据施乐会2011年，在厄瓜多尔进行的《苦香蕉》调查，香蕉工人月平均收入237美元，明显低于544美元的国家最低工资。

贸易公司的道德战略

为了不让顾客在购物时有愧疚感，贸易和制造商为自己贴上可持续性发展的标签。可持续性既不是为了环保种植也不是为了公平贸易，可是听起来不错。全球最大的香蕉制造商金吉达公司，和关心工业的美国环保团体雨林联盟（Rainforest Alliance）签署了一份合约，该组织数年来深入香蕉种植园，致力于减少农药投放和以某种方式实现人权。然而现实并无多大改善，许多农民依然没有防护服在农药喷洒中劳作，工会的干预受到阻拦，农民一如从前收入微薄。据一项研究的数据，他们的收入比从事公平贸易的工人收入少20%。

雷韦集团从金吉达和雨林联盟的合作项目中购进一部分香蕉，这是雷韦集团标榜的"可持续发展精神"的体现。为了促进这一精神在大众市场的发展，雷韦集团把印有"Pro Planet"的标签贴在部分选定商品上。凭借这个标签雷韦集团还获得了德国国家可持续发展奖，该奖的倡导者是安格拉·默克尔，赞助商有可口可乐、达能和德国品牌协会。此外，品牌经济的后援会将德意志银行、汉高、联合利华、雀巢、达能、AG施普林格、拜耳、巴斯夫和卡夫食品聚到了同一屋檐下，它们都是从产品剩余和生产过剩中获利的企业。贴有"Pro Planet"标签的商品散发着正能量；人们还能在雷韦集团所属超市买到来自南西班牙的甜椒和番茄，身上贴着"社会状况已改善"字样的标签。

在西班牙安达卢西亚地区的南部，阿尔梅利亚、内华达山和太阳海岸之间，一块面积超过慕尼黑的地方，生长着专供欧洲市场的蔬菜。每天超过1000辆大货车从西班牙最西南端的这个尖角开出，驶向北方。10000名非洲难民在那里，为蔬菜工业工作。他们没有防护服在农药雨中劳作，也从未拿到过工资协定规定的每日43欧元最低工资。其中一些人怀着在欧洲找到更好生活的希望，不顾危险乘坐破旧不堪的木船从非洲一路逃难到此。如今，他们作为收割奴隶，为德国的廉价市场工作。只有把工人成本降到最低，蔬菜老板们才可能为这个廉价市场服务，同时保障自己的富裕。收入已经极低的劳工们，还得支援他们在摩洛哥或塞内加尔的贫穷家庭，以至于连一个稍显像样的住处都负担不起。他们在种植园里隐蔽地方或者残存的松树林中，住在自己修补的棚屋里，过着非人的生活。来自欧洲公民论坛的瑞士人权人士阿尔贝特·维德梅尔（Albert Widmer）不认为西班牙的状况是"非自愿性并发症"，而是"当今世界占统治地位的农工业模式的必要组成部分。只有没有权利、随时可供支配的最廉价临时工才能实现最低生产成本。为了让这种生产方式存活下来，有必要挑唆来自各国的农工相互竞争并创造劳动力的供过于求，即创造出一只后备军"。

雷韦集团为这支后备军想出一个"改善社会条件"的主意，给他们提供三个月干净的住处。比起和工人签署正规合同，并让他们拿到足够自己支付房租的工资，这样做更划算。一开始，为了不强迫工人离开自己的国家，雷韦集团给塞内加尔的SOS儿童村慷慨捐助。目的是，通过改善学校教育让孩子们觉得他们比贫穷的父辈们过得更好，因为企业家们还没准备好，为未来工人的劳动支付薪水。

塞内加尔之所以是世界最贫穷的国家之一，连锁企业是负有责任的。欧洲的蔬菜和奶粉生产过剩被冲到了非洲市场，欧盟给予了高补贴，食品和农产品企业从中再一次获利。在塞内加尔和其他发展中国家的市场上，欧洲蔬菜的售价低于当地农民生产的蔬菜价格，这是塞内加尔这类国家经济不景气的原因之一。因此有些成年的、受过良好教育的塞内加尔人，宁愿作为"经济避难者"溺海身亡，或者作为雇佣兵受雇于全球化的消费资本主义的后备军，也不愿留在国内。

贫穷国家的被剥削阶级和被西方消费社会排除在外的人，被直接联结一起：在发财致富这条路上，第三世界的失败者为第一世界的失败者制造垃圾。

这场经济世界大战的后果多种多样、无穷无尽，但它们有一个根本原因：生产过剩。全世界四分之一的水被浪费，原始森林因不断扩大的耕种土地而被开垦夷平，原住民和农民被驱逐并跌入贫困。应当生长粮食的地方，种植饲养家畜的谷物，为的是用南方土地给北方馋肉的人解馋：全世界57%的谷物收成用于动物的饲料槽。为了生产顾客认为美味的"方便食品"，为了驱动飞机、汽车、发电厂、工厂和农业机械的能源，不可或缺的雨林被开垦，以便为棕榈树开辟更大面积。在马来西亚和印度尼西亚，雨林近乎绝迹。食品浪费导致产生至少10%的有害气体。由于农业只有在大企业才有利可图，于是，在德国的农田里，有许多可以获得很高补贴的东西，如能源玉米、象草和太阳能蓄电池，这意味着一些可以地区性种植的粮食必须要进口。

食品银行理念在全球的传播速度十分惊人。除了欧洲和美国，拥有食品银行的国家或地区还包括埃及、阿根廷、澳大利亚、巴西、加纳、英国、危地马拉、印度、以色列、日本、约旦、加拿大、哥伦比亚、摩洛哥、墨西哥、新西兰、菲律宾、南非、韩国、中国台湾和土耳其。这绝对不是全世界的贫穷正要被消灭的征兆。相反，以剩余和生产过剩为标志的消费社会的出口贸易，使得贫穷大陆如非洲和印度的贫富差距加大，极端贫穷和极端富有都在加剧。

在印度，当富裕的、拥有社会地位的中产阶级毫无负担地把食物丢掉时，他们的同胞却死于饥饿，半数人口正遭受营养不良的折磨。印度的第一家食品银行恰巧落户在第五大城市金奈，这并非偶然：金奈是泰米尔纳德邦的首府，以经济增长为鲜明特征，许多大型跨国企业在金奈设厂，比如戴姆勒、宝马和诺基亚。2011年9月诺基亚曾陷入舆论抨击，这家全球知名手机厂商支付给当地员工的工资只有最低生活保障标准的一半。尽管缺少经济掌权者的论证，并不妨碍"渗漏效应"这一理论执著地传播开来，它不过是显示出，面包屑被送到下层社会。

食品银行自然少不了那些"常规嫌疑犯"的支持，他们中有达能、雀巢、百事可乐、联合利华、家乐仕、卡夫食品、宝洁、制药企业雅培，从事食品制作的美国企业通用磨坊，以及农业原材料生产商嘉吉公司。嘉吉（销售额1160亿美元）与美国阿丹米和邦吉集团同属世界农业市场的隐秘统治者——三者控制着全球三分之一的农业原材料贸易，如大豆、小麦和饲料。他们的直接客户包括可口可乐、麦当劳、家乐仕、卡夫食品、雀巢和联合利华，这意味着他们主宰着世界食品市场。以上所有企业对世界的饥饿负有根本责任。

"嘉吉——全球力量对抗饥饿"，这是全球食品银行网络的杂志《Food》的封面标题。是不是有人写错了呢？其实应该叫作"全球力量导致贫穷"。

德国的饥饿性贫穷

食品银行通过给"过剩"赋予一种意义，从而养活了以浪费为根本动力的消费社会体系：浪费意味着进步、革新和文明。从未干涸的商品洪流展现了在这个世界上存在着的安全保证，而这个世界是一个给不断壮大的穷人群体，提供越来越少的安全保证的世界。食品银行以特定方式，使人们认为这种安全保证确实存在：利用对剩余产品的分配使社会误以为，德国不该有人饥饿。于是食品银行以巧妙的方式粉饰了德国的贫穷丑闻，很多人用国家支援的微薄救济仍旧无法养活自己。这是件很不幸的事情，因为食品银行的名流们掩盖了德国的确存在饥饿性贫穷这一事实。

早在上世纪90年代初，针对食品的社会救济平均每月只够19.5天，可以认为，月底是很多穷人的饥饿时期。施特凡·泽尔克编辑出版的《对德国食品银行的批评：规则定位导致自我矛盾的社会现象》[1]一书中有一篇名为"过剩社会的饥饿"的章节，为了该章的撰写，扎比内·普法伊弗尔（Sabine Pfeiffer）对各种针对援助受领者的饮食行为进行的调查研究做出评

---

[1] Stefan Selke: Kritik der Tafeln in Deutschland. Standortbestimmungen zu einem ambivalenten sozialen Phänomen.

价。她得出的结论是，在极端状况下，穷人每年可能有130天遭遇饥饿或食物匮乏。甚至在10年前70%的社会救济受领者就已经说明，他们要节约着吃饭，三分之二的人无法靠救济金健康地养活自己。来自就业市场和职业研究所的数据显示，2007年将近一半的哈茨四受领者不得不每日放弃一顿饭。同年，一名20岁的患有心理疾病的哈茨四受领者饿死在施派尔[①]，因为这位特殊学校的男学生没有接受一欧元工作，也没有理会随之而来的书面要求，于是他的救济金被削减20%，然后是30%，直到最后一分钱没有。原先，这位有学习障碍的男生，由社会救济管理局通过他们的医疗康复措施进行照顾。即便没有提出申请，社会救济也有义务使其受领人得到救济和关怀。照管人到被救助者的家中探访，以便对他们的日常生活和各种各样的问题有一个基本了解。

哈茨四为他们的用户唯一送上门的服务是，提出威胁和要求的文件。人的命运被操控，这是哈茨四体系的"促进与要求"原则的体现。谁没有提出申请，谁不能证明自己的需求，谁就得不到救助。再次借用弗兰茨·明特菲林斯的话："不劳动者不得食。"来自施派尔的哈茨四受领者履行了他的社会义务。在数月未合理进食之后，他因心脏血液循环停止，死于2007年4月15日。

食品银行以其创造的"经济奇迹"掩盖贫穷

两个小时后，迪米特里略带失望地开车回到批发市场，他的货车厢只填满了四分之一。在一间仓库的装卸台边，停放着其他几辆印有慕尼黑食品银行标志的货车。这间仓库是批发市场管理处提供给慕尼黑食品银行使用的，商品在这里被再次分类，纸盒包装和塑料薄膜被扔掉，生物垃圾被清除掉，然后食品被分配到货车上。今天的成果很可怜，几位女性志愿者返回批发市场大厅，希望商户能把剩余商品送给她们。大多数商户对这些穿

---

① 位于德国莱茵兰-普法尔茨州莱茵河畔的一座城市。（译者注）

着深蓝色印花围裙的女性已经很熟悉，她们被称作"穿围裙的猎人"。她们慢悠悠地穿过大厅的各条通道，四处询问。并不是所到之处都受欢迎，有时她们亲切地询问换来的只是不客气地摇头。其中一位女性志愿者说，这里的商户分为两种：一种人乐意把好的剩下的东西捐赠出来；另一类人对于免费得到食物这件事不能理解，"那些人应该像我们一样去工作"，这就是他们的想法。

装卸台旁边放着批发市场装有水果和新鲜蔬菜的货盘，还有许多袋百公斤装的土豆和胡萝卜。如果易保存的商品和蔬菜大批量地低价供应，慕尼黑食品银行则会定期采购，比如遇到今天这种收获不多的日子，就可以补充存货，以便为慕尼黑的穷人提供足够的供给。夏林[1]曾经是食品银行的顾客，如今这位安静的55岁男子作为司机和仓库工人受聘于食品银行。

他开着货架车，从冷库中拉出一整车库存：速食面、罐头食品、袋装汤、饼干、婴儿食品和咖啡饮料。志愿者们熟练地把这些存货分配到货车上，不久供给护送队便行驶在了前往慕尼黑"问题地区"的路上。随着穷人的不断增多，食品银行的工作必须专业化。为了每天给100万德国人供给食品，他们需要具备中型企业的物流规模。

食品银行成功的同时，批评也不断增多。施特凡·泽尔克是富特旺根大学的社会学教授，他是首位通过调查研究项目对食品银行进行研究的。几乎没有人比泽尔克更了解食品银行，因为他不仅从学术的角度接触食品银行，而且由于几年前的失业，有一年时间，他作为志愿者在不同的食品银行工作。最初食品银行的理念也曾令泽尔克振奋，然而在后来的工作中，他对这种"慈善的地下经济"的疑问不断加重。他把自己的观察记录在了《几乎在最底层：如何在德国通过食品银行的帮助喂饱肚子》[2]一书中。泽尔克说："一场社会运动必须有一个目标。如果这个目标是消除贫穷，食品银行必须设法消灭自己。"

---

[1] 非真名。
[2] Stefan Selke: Fast ganz unten. Wie man in Deutschland durch die Hilfe von Lebensmitteltafeln satt wird.

但食品银行可不认为自己是多余的，他们致力于自身的兴盛发展。每一项业务的拓展，每一家新银行的开业，每一辆新的货车，都是丑闻，这一切使食品银行与它对抗贫穷的主要目标渐行渐远。相反，食品银行将自身的职业化颂扬为成功。被关注的焦点是志愿者、慷慨的赞助商以及汽车的数量；听到的都是新创造的工作岗位、仓库的面积、收集食物的吨数，以及联合超市一起举办的奢侈的筹款活动。每一家新食品银行开业、每一次周年纪念都使社会和政治对食品银行有进一步的肯定。"就这样，救助变成为己所用，贫穷的根源不再是焦点问题。"泽尔克批评道。

很少有穷人出现在媒体里，或者说媒体鲜有报道这样的耻辱——在德国这样的富裕国家，有许多人依靠食品捐助生活。出现在媒体中的是这样的照片：幸福阳光的志愿者站在蔬菜山前、企业代表送交一张尺寸巨大的支票，以及乐于扮演倡导者角色的政客们。柏林市长克劳斯·沃维莱特（社会民主党成员）不采用有针对性的办法对抗柏林日益增大的贫富差距，反而以打赌的方式要求市民为食品银行捐助50吨食品。

这些事例已成榜样，有了他们的追随者。在2011年卡塞尔的第17届食品银行年会召开的五周前，卡塞尔市长贝尔特拉姆·希尔根（社会民主党成员）与食品银行协会的首席执行长格尔德·霍约泽打赌，在年会召开前，卡塞尔市民将会为食品银行捐赠11吨易保存的食品，如米、面条、咖啡粉、婴儿食品或罐头。最后结果是37吨。会后，这些食品被分发给公共活动"长桌筵"，这是食品银行协会的传统庆祝活动。希尔根高兴地表示："我们的城市有很强的凝聚力，赌注的结果超过预期3倍多，令我感到惊喜。"

贫穷和社会凝聚力是两码事。如果你把"贫穷"这个词换成"失业者"或"哈茨四受领者"，你就会觉察到大多数德国人是怎么想的。然后同情心很快就转变成过错指派，这方面"群体关联性人类敌对"研究可以证明。该报告指出，有52.7%的人相信，多数长期失业者对找工作没有兴趣。

为纪念成立15周年，慕尼黑食品银行印制了一份画册。依照这本看上去像"电影制作过程"的介绍，穷人在一部"志愿者大片"中扮演跑龙套的角色。照片中，你会看到勇敢并微笑着的食品银行客户，他们让亲切的食品银行工作人把袋子装满食物。凑合着用的运输工具、破旧不堪的挂着过多袋子的婴儿车，以及用弹力绳绑在拉杆包上的水果箱。在这里，不再像穷困潦倒和绝望无助的明显证据，更像是装饰这本画册的造型艺术品。好一幅风景如画的贫穷，卡尔·施皮茨韦格和他的《可怜的诗人》[①]致以问候。泽尔克脑中浮现的是这样的景象，当他说："贫穷不再是丑闻，而是被食品银行成功消灭了。"

食品银行和政治

慕尼黑市长克里斯蒂安·乌德（社会民主党成员）将食品银行的工作赞许为"社会生活和社会安宁不可或缺的支柱"。安宁主要是为了那些尚未加入到持续壮大的穷人队伍的人。在慕尼黑这样的富裕城市，涉及贫穷并依靠救助生活的人口比例达到13.4%。

如果政客们将食品银行称赞为"不可或缺的"，那么就可把它理解为：政治宣告破产，因为政治的任务应该是保障社会公平。可是城市的管理阶层对这项任务兴趣不高，他们更愿意为食品银行赠送纸箱压缩打包机、提供房子，为食品分发站封锁人行道，为食品银行的工作岗位提供补贴或捐钱。有些乡镇的乡长或镇长甚至自己开设食品银行。在亚琛市，食品银行的设立是由社会救济管理局的负责人倡议的。据施特凡·洛伦茨了解到，莱比锡食品银行，将大楼的全部改扩建工程委托给建筑师事务所，而且得到公费支持，可是莱比锡政府历年来只付给哈茨四受领者极低的房租补贴。

据食品银行协会的首席执行长格尔德·霍约泽尔介绍，纽伦堡市政府将一栋房子转让给了该市的食品银行，虽然食品银行要支付租金，但租金的

[①] 卡尔·施皮茨韦格（Carl Spitzweg），德国浪漫主义画家及诗人。《可怜的诗人》是他的画作。（译者注）

一部分会作为捐赠返还给他们。在慕尼黑食品银行的食物分发站,一位单亲母亲对这些欺骗人的把戏感到愤怒:"为什么我们的市长把钱给食品银行?既然有这样一笔钱,为什么他不给我们?为什么没人问我们,我们真正需要什么?"这位看上去十分疲惫的、无论如何不能为女儿上体育课买双新运动鞋的45岁女性提出质疑。她的同龄女邻居,一位保养得不错的女性,也是单亲母亲和哈茨四受领者,到现在都因劳动局一封信里的训斥口吻气愤难平:他们莫名其妙地多汇给她11欧元,而她没有立即将这11欧元寄回,"我们被当作罪犯对待,"她说。这位不知道该到哪弄钱来置换坏掉洗衣机的女性又附上一句:"您知道吗,贫穷就如同受夹道鞭笞①,有进无回。"

根据在联邦议会上一次对左派政党的询问,2006年联邦政府将食品银行称为"为公民社会尽义务的突出范例"。政府认为,食品银行使那些通过国家社会福利政策无法得到足够资源的人得到帮助。就是以这种方式,政府掩盖了自身的失职。促进公民义务应该对社会福利费用的缩减进行补偿。通过某些法规,比如致力于"加强公民的责任义务感"的法规,政府摆脱了其本身的固有任务,如基本纲领里写到的:政策性地保障参与和分享。

在施特凡·洛伦茨主编的《食品银行社会》的一篇文章中,卡特琳·戈林–埃卡特表达了她对食品银行的痴迷:"食品银行的存在是莫大的幸运。它作为社会运动是市民尽义务的美好例证。"卡特琳·戈林–埃卡特(Katrin Göring-Eckardt)是绿党政客,也是德国基督教福音派教会主席,这篇文章中她还说道:"食品银行对不断增加的贫穷问题做出回应。究竟哪些人靠食品银行为生?他们是那些陷入社会困境、生活中比其他人少许多机会的人。"这和由于红绿联盟政府推行的哈茨四计划而跌入绝望般贫穷的人是同一伙人吗?戈林–埃卡特难道没有参与决策《2010议程》——那个全面毁坏德国人所有社会保障和人权的混合物,就像前任绿党支持者尤

---

① 旧时德国军队中的一种刑罚,受罚者赤背受一百至三百名士兵的夹道鞭笞。(译者注)

塔·迪特富尔特的著作《战争、核能、贫穷——绿党的所言所为》[1]所形容的？答案显然是肯定的。"食品银行也是一个敦促场所，它迫使我们朝这个社会的弱势群体看去，不要让他们脱离我们的视线。它的存在提醒我们，政治要为那些没有强大后援的人做事，"戈林–埃卡特说。至少在这个选民由中产阶级构成的新生精英党派绿党里，他们没有后盾。2003年的旧执政党声明是这样说的："对以《2010议程》为纲领的哈茨三和哈茨四法律草案，我们绝对持批评态度，尽管如此，我们还是同意这一系列法案的通过。它将使其他许多领失业救济的人遭受显著的收入损失，遗憾的是，我们必须忍受。"只是遗憾吗？它可是给我们带来最大伤痛的！

虽然食品银行联邦协会常常在报刊杂志上批评上述政治决策，而且对最低工资表示反对，但是格尔德·霍约泽尔却在该协会成立15周年的纪念册上写道："我们衷心希望，我们能够被政治认可为社会系统不可或缺的组成部分，并获得相应的支持。"

还有一个很糟糕的信号：从各地社会救济管理局那里，穷人得到的不是一笔足够维持有尊严生活的钱，而是一张印有当地食品银行地址的纸条。2011年9月，曼海姆社会法院驳回了海德堡市关于希望缩减申请避难者的社会福利费用的意见，之所以希望缩减他们的救济金，是因为申请避难者可以在海德堡食品银行免费接受供给。海德堡市就驳回决定向巴登—符腾堡州社会法院提出申诉。2005年，波鸿市针对使用食品银行的哈茨四受领者提出建议，缩减他们的救济金，因为实物补助应该算进救助需求中。波鸿市瓦滕沙伊德行政区负责人在电视访问中提出的这一意见引起了愤怒，于是政客们和行政部门迅速息事宁人：食品银行的捐赠当然不能算进救助里，那位先生一派胡言。但是他也指出了一些根本问题，即分配的公正性是国家的事情，不应该由那些随意地把各种"爱心包裹"捆绑在一起的"志愿者"来决定。

食品银行对这类批评的反应非常敏感。食品银行协会的首席执行长格尔

---

[1] Jutta Ditfurth: Krieg, Atom, Armut. Was sie reden, was sie tun: Die Grünen.

德·霍约泽尔就说:"食品银行的主要任务不是搞政治,搞政治是政治家的事。我们不想成为政党。"或者,"只要食品银行还存在,就会有愧疚感。因此政客们才会对我们如此友好。"

然而,政治通过另一种方式从食品银行中获利:食品银行的工作人员中有10%是一欧元工作者。没有他们,食品银行根本无法解决物流费用。"把国家补助的廉价工作者投放到食品银行,不仅美化了失业数据,而且还把贫穷的一系列最严重后果封闭了起来,"路易泽·莫琳在施特凡·洛伦茨的《食品银行社会》中写道。

施特凡·洛伦茨说:"虽然食品银行说,他们是政治性的。但是它体现在哪呢?体现在收集和分配食物?政治主动性究竟在哪?它真的有过吗?"

食品银行的其中一个问题是,它既寻求政治的认可又寻求企业的认可。这样必定无法保持一个可以对二者进行审视、批判的必要距离。洛伦茨认为,"如果人们把自己当作社会福利政策的一部分,那么,他便不再能够对政策提出抗议。"如此这般,食品银行将会与企业和社会福利政策的代理人志趣相投,而非为穷人的团结一致而贡献关怀。一旦食品银行成为某一种政治意见,绝对有可能导致这种后果。柏林食品银行的创办人扎比内·韦特也持相同观点,她称自己为食品银行的批判者,可是她的意见并不受食品银行协会的欢迎。

拜访扎比内·韦特,得先穿过柏林批发市场的大厅。如果你不知道提供给食品银行的食物在这里进行分类,你会以为这儿是个普通的蔬菜交易市场。运货车在蔬菜箱子堆成无边高塔间来回穿梭,许许多多志愿者在这里分类整理食物。穿过一个墙上贴满来自银行、连锁超市和企业的巨大纸板支票的楼梯间,终于来到韦特的办公室。扎比内·韦特是一位社会教育学者,除了食品银行女上司这个身份,她同时也是韦特家的专职护理,在她的照料下,生活有困难的母亲和孩子们可以在家里得到帮助。因为在食品银行的出色工作,她已经获得了联邦十字勋章和柏林十字勋章。

1993年,用她的话说"距哈茨四N多年前",韦特听了纽约组织"城市丰收会"（City Harvest）的一次报告，该组织把剩余下来的食物分发给流浪者，同年她创办了柏林食品银行。当时她参照"城市丰收会"创建的食品银行，主要为柏林的失足者、流浪汉们提供供给。所以，她反驳这样的论断：食品银行是为了哈茨四受领者而创办的。今天，既然人数众多的哈茨四受领者，通过食品银行养活自己，主张无条件地提供基本收入的扎比内·韦特，把食品银行的职责看作是政治的义务："在德国，我们有877家食品银行，这可不再是个小问题，我们必须意识到，我们所拥有的能量。政治必须了解，我们可能是危险的，恰恰因为我们已经得到很大的认同。食品银行向政治方向的转变，我们完全没有看到。"她批评食品银行协会："我们需要的其实是一份正式的食品银行声明。我们已经在小组范围内拟好了声明，还必须得到所有州协会的一致通过。例如，声明中会明确指出，食品银行应该采取政治化的态度。结果支持这份声明的就只有我们自己。"

为什么不动员庞大的食品银行的队伍进行抗议？877家食品银行，100万用户，5万名志愿者，若干社会福利团体，员工数几乎达到食品银行一半的Caritas[①]——我们并不缺少潜在的势力。然而，谈到这个问题，霍约泽尔很愤怒："我们不能说：如果你不抗议，你就得不到吃的。如果我们的顾客能去挑选食物，我已经很高兴了。每天为了生存而奋斗的人根本没心思示威抗议。你认为一个抚养两个孩子的单身母亲有兴致走上街头？"

我们当然有必要亲自问问这位抚养两个孩子的单身母亲。显而易见的是，没有人进行抗议。这表明食品银行距离现实生活和人们的认知还有相当距离。贫穷除了被社会排除在外，还意味着政治的排斥。认为穷人不愿意反抗，不仅约束了他们，而且进一步强化了对他们的排斥。

谢绝批评

---

① 天主教慈善团体。 （译者注）

无论任何时候，食品银行受到批评，他们都搬出志愿者的出色工作和对社会的切实帮助——"我们可是做了些事的！"好像把一面挡箭牌高高举起。霍约泽尔把食品银行描述为"奇迹"，还能再夸张点吗？它以一个组织者的身份让社会各阶层聚在一起。然而，这根本不可能是平等的聚会，志愿做义工的退休法官不会和哈茨四受领者相约去喝咖啡。角色分配很明确：有来拿东西的，有给东西的。志愿者放下自我意识、为食品银行说话，他们面对批评感到委屈。所以韦特说："人们不能从政治角度看待志愿者，一旦大家这么做，他们会对自己的工作产生怀疑。如果我发表一番严酷的政治证词，等于是家丑外扬，而且会传得很快。如果没有这种敏感度，我们能做得更好。"

无论是在经济还是政治方面，食品银行所尽的社会义务都受到认可，因此批评总是最先引起愤怒。社会学家施特凡·泽尔克在媒体中的形象就是个"食品银行批评者"。在类似"安娜·维尔"这样的电视脱口秀中，多数情况下，分配给他的角色都是个牢骚满腹的人，总想给这场"史上最伟大社会运动"搞点破坏并且对志愿工作进行诽谤。在食品银行的镜头里，泽尔克扮演的是敌人。同时，又是迄今为止，唯一一位想把反对者和支持者一起带入讨论的人。为这个目的，泽尔克成立了"食品银行论坛"，这是一个搭建在互联网上的讨论平台，它举办了首次食品银行交流会，受邀参加的既有批评者也有志愿者。在某次为福音派教会杂志《Chrismon》做客座顾问时，泽尔克将食品银行称之为"社会的故障服务"，因为它只是帮助一部分人摆脱贫穷，而不是彻底消灭贫穷。在接下来的一期杂志中，赫尔曼·格洛厄（基督教民主联盟成员），身为国务部长同时也是《Chrismon》杂志的发行人，将泽尔克的批评打回原处："克服我们国家的贫困，不能只通过合法要求依靠国家的给付来实现。"而泽尔克对食品银行的意见从未被刊登出来。

"如何看待贫穷？在认识这个问题上发生的意识形态变化，一部分通过食品银行表现出来，"社会学家泽尔克说，"食品银行正要成为新生的义务社会的样板。"在一个这样的社会中，可诉求的合法权利很有可能渐渐被一种无约束力的救济经济所替代——慈悲心取代公民权利。2009年，哲学家彼得·斯洛特戴克在刊登于《法兰克福汇报》的那篇自认不凡的战斗檄文《放开手脚革命》①中提出要求，甚至不由自主地成了断言：官僚主义的金钱转让是"冷酷的帮助"，它拿走了人的骄傲和尊严。然而富人的自愿和仁慈的赠予把受领者的尊严归还给了他们。

在《时代周报》上乌尔里希·格赖讷②宣传这样的观念：接受社会差异普遍存在的现实。在他那篇标题格外显眼的文章《贫穷的尊严：为什么我们不该继续谈论平等》③中，他写道："人们必须清楚知道，他们现有的政府救济的范围和程度，从历史上看是空前的；贫穷和被剥夺虽然已经淡化，但从未被消灭。"这就是为何有人说"社会福利国家走到头了"。新自由主义启示文学家④如德国雇主联合会主席如迪特尔·洪德(Dieter Hundt)、IFO经济研究所所长汉斯-维尔讷·辛（Hans-Werner Sinn）、德国工业联合会前任主席汉斯-奥拉夫·亨克尔（Hans Olaf Henkel）；右派保守史学者阿尔努尔夫·巴尔琳（Arnulf Baring）或者社民党右派民粹论者伦蒂洛·萨拉辛，他们在过去10年不断重复这个传说："社会福利国家"是根本问题，它的废除是解决问题的唯一办法。

然而新的现象是，社会福利国家消灭论甚至被加以道德化的修饰：社会福利国家危及慈悲和仁爱。"社会福利国家的分配逻辑，是只认得抽象的给予者和接受者，而不认识具体的人，它伤害了最原始的慈善冲动。替代这种冲动的是公民的合法要求权，"格赖讷写道，并且他把这种新的"贫穷的尊严"赞许为：为了今后可以没有愧疚感地接受救济的集体基础。

---

① Peter Sloterdijk: Die Revolution der gebenden Hand.
② 德国记者和文学批评家。（译者注）
③ Ulrich Greiner: Die Würde der Armut. Warum wir nicht mehr von Gleichheit reden sollten.
④ 作者借用启示文学这个概念讽刺文中提到的政客，批评他们不顾现实、用错误的观念为民众洗脑。（译者注）

贫民救济厨房的最后出路

每周三，42岁的卡罗拉·瓦格纳①和36岁的萨斯基雅·菲舍尔②，都会到她们所居住城区的慕尼黑食品银行食品分发站排队，风雨无阻，这对她们来说是件尊严尽失的事情。两位女性总是把购物袋放在一边，但仍旧在视力所及的范围内，然后就好像在街头偶遇一样开始闲聊。堆放食品的桌子和货车就放置在人行道上，用户们听任这附近居民好奇目光的摆布。

他们还得受制于媒体：这间食品分发站似乎像是慕尼黑食品银行的展览室，电视摄制组常常光顾，食品银行的用户们害怕被认出，所以他们的造访常常引起用户们的不快。但是在这里的人行道上，食品银行已成为一个公共活动，电视摄制组不需要征得用户的许可便可进行拍摄。于是，在赞扬义工为主要内容的电视片中，他们再次扮演群众演员。

并非所有电视摄制组都抱有良好的企图：据食品银行协会的发言人说，在食品银行的柏林总部，总有些私营媒体不断打来电话，为他们的现实主义电视片寻找主角，在这类鄙视人的节目中，穷人被描绘成堕落无能的丑角。食品银行协会表示，他们当然不会给这种媒体介绍任何人。但这些"食品银行用户捕捉者"会等在街角伺机而动，用钱作为诱饵，为他们的肮脏节目招募演员，这是无法制止的。

卡罗拉·瓦格纳和萨斯基雅·菲舍尔也很不愿意看见电视摄制组到食品分发站来，她们非常害怕在这儿被认出来。"我们已经考虑过，是否应该戴上头巾，"菲舍尔说。假如人们看不出她的贫穷，就说明她不会站在这里。食品分发站就在菲舍尔儿子学校的附近，"如果同学或父母们知道这件事，那我的孩子在学校会被欺负。"和伊丽莎白·米勒一样，她没有把自己的生活窘况透露给任何一位家人，理由和米勒的很相似："我哥

---

① 非真名。
② 同上。

哥看不起在这儿排队的这些人，认为他们是寄生虫。"她总是紧张地环顾四周。

"我做了五次助跑才敢过来。当看到队伍的时候，我三番两次地转身调头，直到日子实在撑不下去了，"菲舍尔说。这位36岁的女性有两个孩子，她的丈夫由于健康问题不得不放弃工作，失业在家。她自己是受过专业培训的商务管理人员，但工资太低，她必须用哈茨四填补家用。从公司领取微薄薪水，而不得不光顾食品银行的萨斯基雅·菲舍尔，最害怕的就是被老板发现："如果他弄清我的情况，我会被立刻辞退。"如果某位同事打电话说，他想顺便捎点东西过来，菲舍尔宁可立即动身，自己去办公室取，不能让人知道她住哪里。虽然她们一家住在一栋普通高楼里，但"高楼"现如今不再代表住宅，而是低品质生活的标志。"高楼"是一种诊断——和名字"凯文"一样。

在德国，约有150万人同菲舍尔一样，是所谓的"半饱者"。他们虽然有工作但必须利用哈茨四，因为他们的收入不够生活。"半饱者"中的五分之一甚至是有一份全职工作的，为此国家对企业的低工资政策给予补贴，而这些企业付给穷人的越少，获得的利润就越大。

就业政策方面的丑闻，被一种已经得到普遍认同的观点所掩盖：哈茨四受领者是给"贡献者"带来负担的寄生虫。

纽伦堡就业市场和职业研究所在一项研究中发现，大多数"半饱者"的工作积极性高于平均水平并且愿意较长时间地工作；60%的"半饱者"表示，如果有一天，他们不再依靠工资吃饭，也仍然乐于工作；有至少450万失业者为找到一个常规工作岗位而付出努力。卡罗拉·瓦格纳就是个典型的例子，这位面色苍白、身材娇小的女性几乎快消失在她的冬装夹克里了。三年前，瓦格纳女士成了两个孩子的单亲妈妈，她有两个学历，分别是税务专业助理以及家政管理师的职业培训。当她谈到自己想成为家庭救助员的梦想时，显得踌躇满志。但成就梦想还需要获得社会教育学硕士，这是劳动局的说法。

目前，瓦格纳想要考取资格并独立营业。然而这个愿望竟不被她的职业中介所允许，按要求瓦格纳每周必须有5天供劳动局支配，从事无薪的全职实习和一欧元工作。这绝对称得上是强制性工作。"我越来越确信，人们重新从事常规工作这件事是不受欢迎的，"瓦格纳说。当她把自己想独立营业的愿望告诉给一位办事员后，得到的竟是办事员的取笑："这件事您反正是办不到的。哈茨四受领者完全不需要有这种想法。"那一晚，瓦格纳疲惫不堪地坐在家里哭泣，这样的夜晚她有过许多个。她说："如果我真的只想坐在沙发上什么也不干，我可能还会好受些。只要你真心想工作，就准备跳进火坑吧。"

卡罗拉·瓦格纳终于在烹饪学校争取到一个实习名额，但相关费用她得动用救济金自己支付，因为劳动局始终拒绝承担这笔支出。她并没有放弃，这位42岁的女性，在一个大厨房进行强体力劳动的实习，当她有机会做关于节省料理家务的报告时，她感到高兴。除此之外，瓦格纳还义务地给生活遭遇困境的人们出点理财方面的主意，尽管如此，她自己仍旧必须去食品银行，因为再怎么节俭都无济于事。这是体力和精力上多么巨大的浪费啊！人们不禁自问，瓦格纳以及所有像她一样的人，这些不仅仅依靠只能换来屈辱的资助，而是努力重新过上自主的职业生活的人，他们哪来的继续做下去的干劲？

瓦格纳说，最初几次，当她从食品银行回来后，她哭了。和她的朋友萨斯基雅一样，她总是还没到地方就扭头回来了。最终一位志愿者说服了她："这不是您的耻辱，而是社会的。"现在，她每次去都会给志愿者们带一保温瓶热茶，"这样我至少觉得，自己也可以给他们一些回报。"

两位女士都说，她们不喜欢站在这里。她们也说，她们感激这样的供给。瓦格纳可以用节省下来的钱支付劳动局不承担的那部分房租，她担心如果不这样做的话，就得和女儿们搬到更差的城区、住进更小的房子。

"食品银行把我的健康还给我了，"菲舍尔说。她曾经为全家人的生计没有着落而殚精竭虑，因此患上高血压，不久前还被医生诊断出劳累过度；她的儿子曾在艰难时期患了哮喘。现在，用她自己的话说，"至少再次呼吸到了空气"，她还可以给孩子买新衣服，"虽然是在C&A买的，但至少不是Kik或二手店的廉价品"。她还说，如果情况好的话，虽然极少有这样的时候，还可以拿出10欧元去看电影。萨斯基雅·菲舍尔最后一次进电影院看的是埃尔温·瓦根霍费尔的纪录片《让我们赚钱吧！》

据食品银行称，他们希望提供一种附加供给，以便创造经济上的自由发展空间——这是食品银行的一项要求。而这样一来，食品银行虽然可以第一时间减轻贫困，却无法触动贫穷的结构性根源。

食品银行不遗余力地试图弥合供给缺口，通过这种方式，它反而进一步确认了社会福利国家退出历史舞台的合法性。泽尔克说，食品银行的区域覆盖性分布，呈现出一幅貌似问题已经解决的图景，"这与社会和政治现实完全相反"；国家利用食品银行获得的赞誉，花费少量投资外加一点口才，便攒下大笔积蓄，然后把这笔钱用在别处。

为什么经济精英提倡食品银行理念

企业热衷于维持一种能保障其盈利的经济结构，这或许是企业致力于资助食品银行的一个根本原因。削减员工权利是其中一个重要环节，它反过来维持贫穷。使奶农承受巨大价格压力的米勒乳业，同时也是慕尼黑食品银行的赞助商之一，它曾经解雇数百名因濒临贫困而对企业的剥削行为进行抗议的奶农，纯粹的单方解除合同。几年前，这家企业将国家为创造148个就业岗位提供的7000万欧元补贴装进自己的腰包，同时旗下两家工厂的关闭导致165人失业，这些失业者幸运的话还能在食品银行领到一瓶过期酸奶。给社会福利国家造成损害的企业税收优惠也是加大贫穷的重要原因：2000年至2005年，德国企业利润和财富所得增长了31%，相应缴纳的税款反而下降了大约10%。食品银行的德国主要赞助商也包括梅赛德斯-奔驰。这家汽车企业择机捐赠给食品银行一些货车，不过是为了在新闻界引起反响。于尔根·施伦普（Jürgen Schrempp），1995年至2005年期间担任戴姆勒-奔驰和戴姆勒-克莱斯勒公司的执行总裁，同时也是股东价值的坚决代理人，他曾经骄傲地声明，戴姆勒-克莱斯勒不再付税了。随着企业缴税的下降，随之出现的就是股息分配的增加。而几乎只有通过企业缴税社会才能分享其利润。恰恰由于企业在这方面没有尽到义务，对食品银行的需求才会增加，也就是说，贫穷持续增长。

企业管理咨询公司麦肯锡担任食品银行的首位顾问并不令人意外，它恰恰以股东价值为目标，通过解散公司和大规模解聘员工使无数人陷入绝望般的贫穷之中。彼得·卡拉杰克（Peter Kraljic）是顾问经理，他和德意志银行、戴姆勒-克莱斯勒、大众汽车的企业代表们都是哈茨委员会的成员。麦卡锡通过为期两年的项目为食品银行设计了一个组织模型，它最终帮助食品银行成功实现高度专业化的非营利-特许经营权模式。《创办手册》[①]和《食品银行运营手册》[②]是麦卡锡为食品银行撰写的两本内部出版物，不开放给公众查阅。如今食品银行协会不想让自己和这件事发生联系，因此面对询问他们的回答是，这些书大家很多年前就不再用了，而且大多数食品银行根本就不想了解这两本书。

"社会福利国家合法地位的瓦解给一些人创造了空间，企业利用这些空间通过承担一种明确的、自愿的、超出合法规定的社会义务而设法为自己建立一个良好形象，"经济社会学教授施特凡妮·希斯（Stefanie Hiß）在汇编《食品银行社会》中这样写道。通过对食品银行的支持企业还想表明，非官方的有组织救助可以缓解贫穷。企业家责任感这个概念，或者所谓的"企业社会责任"，它的发展兴盛和上世纪90年代中期的社会福利逐渐削减几乎在同一个时期。"企业社会责任"和所谓的"双赢局面"有着密不可分的联系。尤其是通过对食品银行的义务捐助企业可以获得利益。捐赠垃圾的连锁企业不仅节省了废物处理费，还实实在在地赚到了钱。

以雷韦集团为例，该企业定期在全国范围内举办主题活动——"为了食品银行多买一个吧！"以此方式吸引顾客多买一些如咖啡粉、面粉、面条、米、糖、罐头之类的易保存食品或个人清洁保养品，为食品银行做贡

---

① Handbuch zur Gründung.
② Handbuch zum Betrieb einer Tafel.

献。在某些超市，工作人员用的统一的袋子打包5欧元食品包出售，也是为了同样的捐赠目的。2010年圣诞节期间，雷韦集团在媒体宣布："雷韦集团超市和旗下的Toom超市捐赠了价值120万欧元的商品。"当然这其中绝大部分都是仁慈的顾客贡献的，是他们为食品银行贡献了100万欧元。为了以慷慨大方的姿态继续吸引顾客，雷韦集团毕竟还拿出了一张价值20万元的食品银行捐赠收据。

雷韦集团的营销活动实现了节税、销售以及地方报纸的正面报道——这甚至是一场"三赢"。其他连锁企业竞相效仿也就不足为奇了。比如里德尔超市在2011年5月号召顾客参与"捐赠周"活动。近乎讽刺的是，里德尔恰巧是食品银行的主要赞助商：里德尔同所有平价商店和连锁超市一样，通过倾销价格和贫穷国家的极恶劣工作条件获得利润。撇开这点不谈的话，在员工待遇和工资方面这家企业并没有玷污自身名誉。通过许多类似"捐空瓶"这样的活动，企业形象反而得以成功扭转，因为顾客可以选择，是否把空瓶放进退瓶机退回押金或是把瓶子捐出来。显而易见，空瓶捐赠者的收获比起里德尔超市从中赚取的名声和荣誉要少得太多了。

没有任何一家食品银行有黑名单。如果有人问，是否有食品银行不太想合作的企业，协会首席执行长霍约泽尔必须要为此问题的答案考虑很久，"上面有酒精广告的东西我们不愿意接纳，另外战争游戏我们也不提倡，这些产品我们无福消受。"同意，战争游戏玩具并不能吃。他继续说道："我们从未踏进里德尔（超市）半步为了对其传教，资本世界保持不变。我们既不可能改变这个世界，也不可能改变买卖政策。但是我们使里德尔的顾客关注食品银行的问题。"就连柏林食品银行创办人扎比内·韦特都不得不压抑愤怒承认："我们不敢大张旗鼓对企业进行批评，否则我们就得不到货物了。"

麦德龙集团前任首席执行官汉斯-约阿希姆·柯尔伯（Hans-Joachim Körber）指出："社会福利的管理，不是那些戴着红白格头巾的长发空想社会改良家的专业领域，而是精打细算的经营者们的专长。"在涉及私有化问题的时候，经济精英也总是提出同样的论点。如果让穷人们为自己赚钱，每一家企业，哪怕是非公益经营的企业，都会以穷人律师的姿态登场。正如有些企业自从觉察到凭借可持续发展论调可以为自己赢得竞争优势，他们就化身为环保天使了。"公益漂白"和"漂绿"作用一致：二者为企业避开舆论抨击做出贡献，还会帮助企业逃避那些可能限制其利润的法定义务，如缴纳适当的企业税和保障员工权利。而且企业从事能产生公众影响力的社会公益活动还能证明，经济本身可以创造出"改革者"和"创新精神"并且"创造性的"解决问题。

消灭贫穷可不需要太多创造性或创新精神，它纯粹就是个分配问题。用"创造性的解决办法"脱贫反而会使事情迅速沦为庸俗无聊。2009年圣诞节前夕李奥贝纳广告公司（Leo Burnett）（企业口号："大灵感出自大铅笔"）在法兰克福构思的创意就是个非常糟糕的例子。法兰克福食品银行一直以来都在抱怨联络不到空瓶收集者，即在玻璃回收桶和垃圾箱里寻找含押金的瓶子拿到超市换退瓶费的人，他们不过就是以这种方式使自己得到一点自主权。但是钱不能自己给吞了，李奥贝纳公司可能是这么想的。于是这家广告公司制作了一批塑料瓶，瓶子上粘贴的不是饮料商标而是一张醒目的贴纸，写着："捐赠这只瓶子您可以领取一袋食品"；赠券可以在食品银行的食物分发站兑现。这样做人们就会"对空瓶收集者的帮助感到反感"，想出这个主意的创意总监汉斯–于尔根·肯默勒天真地解释道："我们已经在火车站分发了第一批瓶子，甚至已经能观察到几个通过我们的活动占便宜的空瓶收集者。火车站里的大多数人都是在赶路的，下周我们会将整个活动扩展开来，而且市中心几个大站的周围地带都会装备上我们的瓶子。"

这一具有轰动效应的无理性行为令广告界感到巨大振奋：李奥贝纳广告公司没有受到批评而是获得了传媒铜狮奖，一个奖励优秀广告创意的国际奖项。"我们很高兴，高水准的媒体评审们用一只狮子表彰我们的创意。我们也恰巧对这个奖项给予希望，因为为法兰克福食品银行设计这个活动的核心理念的确就是一个传媒理念：人们如何找到那些通常借助广告联系不到的人？我们的团队非常具有创意地解决了这个任务，"李奥贝纳公司的安德烈亚斯·保利在他的致谢词中这样说道。李奥贝纳公司认为，这些"特洛伊的瓶子"（特洛伊这个概念的负面内涵似乎没有引起任何人的注意）对法兰克福食品银行而言是一个巨大的成功。所有报纸都对这次活动进行了报道，而且多数是正面的；拜地方电视台和广播帮忙，贫穷再次成为人们思考的问题。以至于户外广告公司Ströer兴高采烈地欢呼："零欧元的预算可以实现价值90315欧元的新闻报道。"

好吧，如果贫穷对其他人而言是如此值钱的话。空瓶收集者是否真的注意到这项活动并且到食品银行以垃圾换垃圾，相关报道完全没有。而且也没有人询问他们，因为不必询问是人们对待食品银行用户的基本原则。

关在门外的人被再度排斥

自二十年前第一家食品银行在德国诞生以来，以食品银行用户为对象的大规模调查从来没有过。他们对服务的满意程度；他们是否被公平对待；他们是否感受到所要求的"供给生活的团结"；食品银行是否切实为他们创造了一个能够再次实现参与社会的经济自由空间；凭借食品银行的供给他们的生活是否真有起色——这些问题食品银行的用户从没被问过。单方面强调社会投入的义务使人们根本不会怀疑，在食品银行发生的事情可能和公平无关。

至少从数字上便可看出，食品银行与公平分配无关，能够得到食品银行帮助的穷人比例从没超过10%。在德国有超过1100万人生活在贫困线以下或接近贫困线，但只有100万能够进入食品银行，而且还是无法保障地区范围内提供供给的食品银行。原则上说，只要对食品银行的八项基本原则承担责任和义务，人人都能开一家食品银行。结果导致在富裕的联邦州如北莱茵-威斯特法伦、巴登-符腾堡、石勒苏益格-荷尔斯泰因、汉堡和巴伐利亚供给密度尤其高，而在供给需求可能非常高的新联邦州几乎没有食品银行。

慕尼黑食品银行的办公室里挂着一张城市地图，上面布满用大头针固定的各色小旗。在这个城市，食品银行不仅为24个食品分发站的穷人服务，还要为超过85家的社会福利机构以及中小学供给食物，尽管如此也只能勉强照顾到10%的穷人。慕尼黑食品银行办公室位于批发市场旁的一栋属于古迹保护的商务楼中，入口处很显眼的位置挂着一块从前的铜牌"禁止乞讨和推销"。创办人汉内洛雷·基特解释说，事实上当极度饥饿的人绝望地站在门口，她肯定第一时间把他们交给仓库的同事们，在那儿他们可以立刻得到吃的。"这些穷人已经不知道该如何活下去，人们根本无法想象。而且这不是个别现象，即便在慕尼黑这样的富裕城市，"基特非常愤怒地说道。令她庆幸的是，她确实可以帮助他们。然而尽管有良好的意愿和专业性的运作，10%已经是极限了："我们无法供给所有穷人，我们照顾到的这10%肯定也不能满足。但是我们的确有实际行动，而且得到我们供给的人已经感到幸运。很遗憾，这是其他人必须要谅解的。如果可能的话我当然非常愿意接纳所有人。"

"艰难情形"当然会立刻得到供给，基特说，这符合食品银行最初的理念。但艰难情形的定义已经发生变化，比如流浪汉早就不再属于艰难情形，而是深深地跌入贫穷以至于必须依赖食品供给、救济厨房和二手衣店为生的普通百姓。不断有新人想要使用食品银行，等候名单已排成长龙，可只有少数人有替补机会，因为现如今的贫穷并不是一段"插曲"，而是持续状态，对所有人而言都是如此。每天在食品分发站都排着克服羞愧、渴望帮助的人们。他们驼着背，面容疲惫不堪，手拿撕开的信封，里面装着劳动局的通知，就这样站着、等候着，直到"允许光临"；有些人已经自备好提包，仔细地观察着队伍中已经拿到食物的人。

对多数人而言等候名单上只有一个名额，他们已经是被社会开除的人，还要被再度排斥，在所谓的下层社会也存在阶级差别。食品银行的救助没有消除这种阶级差别，反而强化了不公平。对此基特给出的解释是："我们不是行政机关，我们提供义务帮助，我们非常努力在做这件事，但供给要求权目前还没有。大家必须到我们这里来请求帮助。"

谁有资格得到帮助或者谁没有，取决于食品银行负责人的判断。而且一定程度上，他们也决定了救助的具体方式。慕尼黑食品银行的要求是，为用户提供一种"完整供给"。"追加购买"则是归属联邦协会的食品银行所禁止的，它应该适用于分配过剩商品。但慕尼黑食品银行不属于任何协会的成员。"我们知道现在有非常多境况不好的人，依靠我们每星期分发的食品生活。为他们提供供给，让他们一周的生计有着落，是我们的愿望。我们希望把工作做得井然有序，"基特说。但是为用户提供完整供给也有不利的一面：一方面，如果用户感觉到他们可以在食品银行得到一切必需品，就相当于进一步促进他们习惯被动接受；另一方面，食品银行所强调的"需求公平性"本质上默许了这样的规则——穷人需要什么不是由他们自己决定，而是他们的"供养者"。在慕尼黑，食品银行负责人还对基本供给做出决定，好像回到战争年间：土豆配胡萝卜、苹果和面包属于基本供给。

保罗·诺尔应该很喜欢这样的基本供给，他曾经在《南德意志报》上提醒大家考虑，下层社会不应该一直吃薯条和汉堡，苹果和胡萝卜味道也很好。至于洋葱，一位志愿者解释说，它不属于生活必需品，所以不在此列。食品银行收货很少的时候，穷人们可以吃到赠送的罐头汤和速食面，尽管这些食物一贯被社会嗤之以鼻。顺便提一下在食品银行的另一个经历：一位女志愿者抱怨，"很多人现如今已经对正经做饭这件事感到生疏，他们可能自己都不敢相信竟然把钱统统花在了即时菜肴上，"她越说越生气，"从前人们没钱才只好把蔬菜装瓶封存。"那么食品银行分发给用户的即时菜肴是否更好呢？她对此气愤地回答："这是另外一回事。"当然。馈赠之物勿加挑剔。

究竟什么才是更公平的？不准追加购买，把有限的供给作为补充尽可能均等地分给无限的人，或者为一小部分人提供完整供给？这个问题难以回答。主要原因在于，这种想象出来的完整供给只有在库存足够充足的前提下才能成立。"食品银行这一理念败在了要求和权利这两个问题上。救急不救穷的要求与自由意志相违背。因为如果大家认识到，人们依赖于救助，那么就必须坚决支持他们有得到救助的权利，"施特凡·洛伦茨说。

食品银行唯一一件能够公正办理的事情是，尽可能公平地安排分发次序。由于食品有限，有些排在队伍偏后的人没有得到自己想要的东西，所以食品分发总是以不同的证件号开始。尽管如此，有时队伍里还是发生有失尊严的拉拉扯扯，因为人们不能百分之百地相信袋子里已经装满食物。一家面包房特别为慕尼黑食品银行烘烤新鲜面包，这让他们觉得骄傲。一位在某家食品分发站发面包的志愿者说，有些穷人因为没拿到面包几乎快要哭出来。有人把这种眼泪视为自我怜悯："他们现在应该攒下许多钱了，就不能自己买面包吗？"社会学家施特凡·泽尔克认为这是个难题。他在调查过程中遇到过类似的场景，食品银行不断尽力替补缺货的食物，又启发了一些他们根本无法应对的要求。"顾客"的抱怨连连是食品银行绝对不愿看到的。

渴求被怀疑成赤裸裸的贪欲。在某一个供给品极缺的日子，一位女性志愿者嘟囔着："今天没什么东西可真好，他们都慢慢变贪婪了。"另一位在食品银行工作的女员工也同样认为，穷人"很快就会被宠坏"。"宠坏"的意思是，穷人有时候能得到肉或者一瓶沐浴乳，如果下次没有，他们就会很失望。这位女员工曾经也站在领取食物的队伍中，据她叙述，当时如果没有食品捐赠她无法克服经济困难。然而这一切显然已被迅速遗忘，人们最终离开救济队伍站到了"合理的"一面。这位女员工以兵营操场上的训斥口吻补上一句："谁不守规矩就滚出去，我可不管这一套！"仿佛有食品银行这个铁饭碗撑腰便理直气壮。提到她把穷人的证件扣留一周这件事，她也是骄傲的。

对穷人的处罚

遵照《2010议程》提出的"促进与要求"原则，穷人必须接受管教——这样的观点某种程度上也存在于食品银行。具体表现为救助取决于正确的行为，不好的行为举止将受到惩罚。对待志愿者态度不好、大声甚至以叫骂的方式坚持自己的（不存在的）权利或无故多次缺席，有以上行为的人会被取消入场资格。当志愿者打定主意做业余社会教育学者，食品银行里双方的等级差异终会显露出来。

基特说："我们称他们为客人，而不是客户。'客人'的涵义是：我们欢迎他们的到来，但他们也要有适当的行为举止。如果碰上行为糟糕的客人，我们可以对他说：请您不要再来了。"美好阳光的志愿者工作和自由有它的阴暗面，对此基特做了简单明了的描述，虽然他并不情愿：人们被分成"好"穷人和"坏"穷人——贫穷问题被道德化解释。有受害者，还有寄生虫。就这样，食品银行复制并维持了社会权力关系，自上而下，从里到外。谁出钱谁说了算——食品银行就是它的慈善化版本。

顺便想起一件事：达姆施塔特食品银行对在附近从事街头卖淫的妓女实行"禁止入内"。"这一类当事人是我们不想要的，"达姆施塔特食品银行负责人多丽丝·卡普佩尔在《法兰克福评论报》对该措施做出解释。这些领取哈茨四救济金的女性不允许到食品银行吃午餐，因为她们会把皮条客和嫖客吸引过来。一位女性志愿者说，她无法忍受母亲和孩子们与嫖客和妓女吃午饭。另一家位于巴伐利亚某座小城市的食品银行对某位顾客实行禁止入内，因为他把领到的部分食物分送给了几个收获不多的人。谁给谁拿，终究是食品银行的事情。

大多数食品银行并非设立在格外贫穷的地区，而是集中在贫富差距极大的地方，这绝非偶然。因为从不公平的机制中获得利益的富人们要通过食品银行的创办和经营"做一些回馈"。

在慕尼黑东部一座教堂的院子里，食品分发站已经搭建完毕。装卸、分类和摆放摊位，志愿者们已经忙了三个多小时，终于露出疲惫的微笑。距离开门还有一小时，已经陆续有人来排队了，几分钟后这支队伍就会动起来。一辆光亮的黑色高级轿车从队伍边快速驶过停在了简易长桌的旁边，一位高雅的女士走下车来。加布里埃拉·舒尔茨（Gabriela Schultz）身穿深蓝色绗缝夹克、牛仔裤、长统靴，搭配一条丝织围巾，大太阳眼镜几乎遮住了半张脸。舒尔茨是慕尼黑食品银行理事会成员，也是这家食品分发站的负责人。可是她的样子看上去更像待会儿要去马克西米里安大街购物。

许多志愿者来自所谓的上流社会，慕尼黑食品银行创办人汉内洛雷·基特就是其中之一，她的先生领导着一家颇有规模的律师事务所，它在慕尼黑、布鲁塞尔和柏林都有办事处。有了孩子后基特就放弃了自己的职业，现在她的两个儿子都已成人自立，于是她把全部精力都投入到了公益事业——只有像她这样的上流社会人士才可能开创的女性事业。在上流社会，志愿投身公益属于合乎身份的行为。通过自己制定的慈善义务，精英们不仅证明了他们特权地位的合法性，并且最后还能有所"回馈"。

女性经营者们的社会地位当然对食品银行有很实际的用处：她们在政商两界都有很好的人脉，她们比其他人更容易找到赞助商和捐赠者，更容易调动社会积极性。慕尼黑食品银行甚至已经得到了遗产，高尔夫俱乐部慷慨馈赠的汤博拉彩票和扶轮社捐赠的货车，社标就醒目地印在车身上。另一方面，高度的社会认可自然也会提高太太们的社会地位：她们成了企业家，没错，成功的中型企业的女性首席执行官，和她们的先生们拥有等同的身份。慕尼黑食品银行为"她们的"15岁生日隆重庆祝：市政府把市政厅提供给她们办展览，文化部长致词，这都是因为"我们的工作是为慕尼黑这座城市服务的，所以受到尊重和重视"，基特这样说。500位客人参加了庆祝活动，有员工、志愿者和赞助商，当天盛大的自助餐由其中两家赞助商巴伐利亚银行和瑞士信贷—慕尼黑买单。

穷人没有受邀参加庆祝。但是对他们而言，食品银行15周年并不是一个可以庆祝的理由。

统治阶级的意识形态在食品银行中得以表现，在那里面包屑被分给穷人，仿佛我们又回到了19世纪。"我们上层人士照顾你们下层百姓，并且告诉你们，作为规矩的中、下阶层应该如何生活。妇女们生活在各种关系中，它暗含着她们所想象的社会秩序。如果生活在下层社会的人没有理由不满意，最终对等级制社会的秩序维持是有益的，"托姆克·伯尼施在他的专著《太太们：上流社会的女性》[①]中这样形容富裕的女人们志愿投身公

[①] Tomke Böhnisch: Gattinnen. Die Frauen der Elite.

益的企图。改变现有机制使食品银行的存在不再必要，这样是否更有意义呢？比如实行相应的富人税税法？如果就上述问题询问女士们的意见，有些人就会露出惊愕的表情，就好像刚刚的提议是设立斯大林式的再教育基地，接着她们会做出这样的回答："别帮倒忙了。国家为这些人做的已经足够了，再多是不可能的。"所以慕尼黑食品银行不愿意做出政治上的表态，这一条甚至被写进他们的规章中。

感恩就是货币

伊丽莎白·米勒今天又去"购物"了。她还是穿着那件褪色的红帽衫，女儿克拉拉依然穿着膝盖有破洞的黑裤子，另外两个小孩坐在自行车拖车里。当加布里埃拉·舒尔茨看到她们时，笑容满面。她说："单亲母亲和退休者是我格外关心的。"他们显然是极少"做错事"的一群人，他们是"好的"受害者，是应该被救助的"有尊严的穷人"。舒尔茨赶忙到汽车里拿出一些小礼品，当着其他父母的面分给了米勒女士的小孩。在这个食品分发站，伊丽莎白·米勒是最受志愿者欢迎的人："她是位了不起的女性。有着那样的遭遇，却从不抱怨，永远微笑着！"这就是一位男性志愿者眼中曾经的女医生。米勒一定有足够抱怨的理由，可是她不选择诉苦，而是报以人们期待的感激，这令志愿者高兴得完全忽略了她的微笑有时是多么的疲惫。食品银行的工作者们诵经式地不断重复，他们不只分发食品，而且始终愿意"倾听"客人们的烦恼。有时的确有聊天的时间，但多数时候队伍快速向前移动以至于连说声"你好""您好吗"和"再见"的时间都没有。

有一些个人或私人的公益组织会关心食品银行用户的不满。例如慕尼黑食品银行安排圣约翰组织的志愿者们帮助残疾人和老人把食品袋运回家，结果其他用户立即给办公室打电话询问是否也可以得到同样的服务。在某些食品分发站，志愿者会给生病不能来的人留一些食品，他们会在开门前把预留的食品箱集中摆放在一起，但这种体贴周到的态度也会引起其他人的嫉妒。某家食品分发站的队伍里站着一位女性移民，她看上去精疲力尽。一位志愿者对她说："您还好吧？"这位女士突然放声大笑。她常常来得太晚，因为她的一欧元工作岗位离这里太远了，所以她比别人拿到的东西少。"其他人得到一纸箱的东西，为什么我没有，这事你们知道吗？"她破口大骂，眼泪已经在眼睛里打转，那位志愿者吓得不知所措。志愿者无论下雪、下雨或是严寒都要为穷人们辛苦工作，他们当然不想再听到责骂和训斥，关于这一点，那位一欧元工作者多半也能想象。然而穷人受了一天的羞辱后还要到一个本该有安慰和公平的地方受亏待，这样的伤害实在太重。

　　不同阶层间的"平等交流"，这大概是食品银行传播的最奢侈的神话。志愿者并不和穷人团结一致，只不过分给他们食物。如果他们说"我们像个家庭"，那他们想的是和其他志愿者的关系，不是和穷人的。对许多志愿者而言，食品银行更像是自我实现的场所。在食品银行定期的工作也使他们的日常生活更有规划。而且在这里做义工相对而言既简单又无伤大雅，不必屈尊于绝望的流浪汉、吸毒者或年轻的犯罪分子之中，而是提供"受欢迎的帮助"，即，把食品放进穷人的购物袋里，所以泽尔克将食品银行的工作称为"态度鲜明的帮助"。食品银行的志愿者和人打交道，这些人应该和他们一样平等，原则上和他们没什么两样，只不过遭遇了不幸。许多志愿者通过他们在食品银行的工作使自己确信，可以站到桌子的另一边，"正确"的一边，因为递交者和领取者这两个角色很明确：一个站在里面，另一个站在桌子后面。引用社会学家格奥尔格·齐美尔的概念，食品银行用户是"救济的客体"，他们应该对自己得到如此无私的帮助而表示感谢。相对于志愿者骄傲地向世界宣扬他们的工作，穷人完全有理由隐瞒自己去食品银行的事实。

　　对伊丽莎白·米勒来说，今天也是值得感谢的一天。她买到了特价商品，而且因为无意间在食品分发站的桌子下面发现一箱调味番茄感到十分高兴。那是志愿者存放在那儿的，以备不时之需。伊丽莎白·米勒打算把它们做成番茄酱汁冷藏起来，为更糟糕的日子做好准备。

"人们想要生活在自己人中间并为此毫无顾忌。"

Blumfeld 《适应者的专制独裁》①

---

① Blumfeld，德国摇滚乐队，用卡夫卡的短篇小说《老光棍布鲁姆菲尔德》命名。《适应者的专制独裁》是该乐队2001年的一首歌曲。（译者注）

第三章　从城市绅士化到封闭式社区

在城市中穷人如何被富人排挤,而政治又为何对此起着推动作用

　　柏林施韦特尔大街37-40号一栋新房子的入口显现得很乏味,就像新建筑呈现的那种千篇一律。墙壁粉刷成白色,地板选用米黄色的石材。我正站在马萨庄园(Marthashof)一栋已经完工的楼里。马萨庄园是一个新的高档住宅区,它位于普伦茨劳贝格地区(Prenzlauer Berg),建在曾经的柏林墙地带。在成排的信箱上方有个长方形的陈列柜嵌在墙里,一件很梦幻的手工作品摆在里面:白纸折成的鸟飞在瓦楞纸板做成的山丘上。和这个地方冷酷的整齐相比它显得非常俗气。

　　这个灯光陈列柜是为了给马萨庄园的住户创造一种"欢迎回家的感觉",安娜-玛丽亚·格布哈德看着它的时候充满感情。她是这个住宅项目的新闻发言人,据她透露,"艺术家当时受到安徒生童话《野天鹅》的启迪,创作了这件手工作品。"伤感又纯真,按照这个基调设计的作品应该表现出,住宅的设计连同前庭和花园充满家庭氛围,孩子们能在这里找到"安全自由的居家玩耍空间"。

"这十一个弟兄都是王子。他们上学的时候,胸前佩戴着心形的徽章,身边挂着宝剑。他们用钻石笔在金板上写字。他们能够把书从头背到尾,从尾背到头。人们一听就知道他们是王子。他们的妹妹艾丽莎坐在一个镜子做的小凳上。她有一本画册,那需要半个王国的代价才能买得到。啊,这些孩子是非常幸福的。"这就是安徒生童话的开头。类似这样的家庭是投资商Stofanel投资公司想要吸引到这座"都市村庄"里来的。万一没能成功吸引到贵族,那至少也得是有相当财力的人,他们得能在这17栋楼中买一套至少2900欧元/平方米的花园住宅、公寓或者顶层公寓。将近12380平方米的占地面积建起了130个属于高档人士的"居住单元"(房屋中介用语),2010年12月已经销售了70%。"80%的买主来自附近的地区",说起这些格布哈德像是为了辩解,因为这个项目引起了附近居民的不满。这不是第一个就占有权的问题在该地区引起争议的项目,紧邻马萨庄园的栗树花园已经售出37个居住单元,腓德烈斯海因人民公园旁的普伦茨劳花园连排式住宅,已经售出60座白得像医院似的房子。栗子大道南边的楼盘科林庄园和科勒维茨广场旁的科勒贝勒王宫也已经建成。

普伦茨劳贝格地区早就已经成为绅士化的象征,或者说它象征着一种社会文化和经济发展进程。这个曾经满是老房子的靠近市中心的蓝领区变成了一个文化个性社区。最早到来的是大学生和艺术家,他们那时候还付得起便宜的房租。他们在这里创建出一种随性且富有创造性的格局,吸引着后来者。有舞台表演的小酒馆、早餐咖啡店、名称新奇的发廊、布置独特的服装店和杂货店,以及一种具有创造性的、高度个性化的居住环境,首先提升了这个地区的文化价值,然后就是经济升值。较高收入阶层被这里特有的氛围和都市生活感所吸引,他们的需求使房租飞涨,从前便宜的旧房子经过翻修和改造成了高档私有住宅,老人、低收入者和移民不得不离开这里,搬到远离内城的便宜城区。

普伦茨劳贝格地区的居民中只有五分之一曾亲历过柏林墙的倒塌,其他人都是后来移居过来的,居民换血已达八成,现在只有五分之一是本地人,拥有高中毕业文凭的居民自1990年起翻了2倍。在最贵的地段,亥姆霍兹广场和科勒维茨广场周围，居民中有四分之三受过高等教育。在普伦茨劳贝格的某些街区，大学毕业生的比例甚至翻了5倍，同时该地区的失业率低于柏林的平均水平。然而普伦茨劳贝格地区的内部差异是明显的：紧邻科勒维茨广场的周边地区，失业率只有6.4%；在人民公园外围、只有板楼的肮脏邋遢角落，失业率是双倍的，移民比例占11%，略低于柏林的平均值。当然这里生活的外国人并非典型的移民，其中人数最多的是法国人，接下来依次是意大利、美国、英国、西班牙和丹麦人，他们属于有地位的外国人，即拥有高学历的高收入者。相反土耳其人的比例只有0.3%。另外老人也从这个城区消失了，大部分居民的年龄在25岁至35岁之间，年轻、健康、有能力。这尤其显示在收入分配上：20年前，普伦茨劳贝格地区的平均收入比柏林的平均水平低20%，今天，已高出柏林平均水平5%；1993年，普伦茨劳贝格整改地区的收入水平只达柏林平均收入水平的75%，而今天，几乎是140%。

这一切也反映在房租上：科勒维茨广场周边新房的房租已经比柏林的平均租房价高出20%。普伦茨劳贝格地区标志的周围，也就是水塔周围，私有住宅的售价每平方米可达5000欧元。仅15年时间，柏林最穷的住宅区之一变成了最富之一。

小市民朋克的起义

如果对城市中个性地区的种种变化进行描述，就像在普伦茨劳贝格地区发生的变化，绅士化永远是关键词。"戴蛤蟆镜的人""推Bugaboo婴儿车的超级妈咪"以及喝拿铁玛奇朵的"节俭施瓦本人"——媒体不遗余力地塑造对他们的敌意，为了对普伦茨劳贝格的"贵族化"进行挑剔和嘲笑。然而这些刻板印象在主流话语中得到认同，只能说明普伦茨劳贝格地区的绅士化进程早就已经结束了。

"这主要和在那里生活的中产阶级的自我中心主义有关。涉及中产阶级的事情总是登上媒体，因为媒体从业者也是中产阶级成员，"社会学家安德烈·霍尔姆（Andrej Holm）这样认为。绅士化的先锋经常在后期加入批评绅士化的行列，成了见风使舵的人。"而且他们特别注意文化上的各种变化，"霍尔姆说。这位42岁的学者从事城市复兴和升值过程的研究。他在柏林洪堡大学讲授城市社会学和地区社会学，对普伦茨劳贝格地区的发展非常了解。另外霍尔姆还在他的博士导师社会学家哈特穆特·霍约泽尔曼（Hartmut Häußermann）主持的研究项目《转变了的城市复兴的条件：以东柏林为例》中，参与了城市改造的调查。通过调查霍尔姆观察到，其间发生的对绅士化的批评来自许多生活富裕的抗议者。"社区委员会如今不再关心高房租造成的驱逐效应，而是把生活质量作为关注焦点，"霍尔姆批评道。被普伦茨劳贝格的特定形象吸引而来的居民，或者搬迁到其他升值地区如米特（Mitte）、克罗伊茨贝格（Kreuzberg）或腓德烈斯海因（Friedrichshain）的居民，最终他们的高要求是针对居住环境和社区基础设施的。他们不只为一套房子买单，还为他们的生活感觉和生活方式付费。

"我们要在一起！"是上世纪90年代初，反对城市升值和驱逐的一场运动，而且有些人在东德时期就通过斗争，成功地使围绕奥德贝格尔大街的创建初期的建筑被拆除。当年的斗士们虽然只有极少数现在还生活在那里，但那时栽种的树木、修筑的花圃、架设的长椅，提醒人们不要忘记他们曾经收复过这个地区。当年人们不仅在那里创造出一个市中心的小小绿色伊甸园，更在无意间创造了放荡不羁的浪漫氛围，正是它吸引了新住民。2007年，潘科区地下工程局宣布对街道和人行道进行改造并一次性清除所有非法栽种，一时间引起居民的极大不满。不仅租户因为失去自家门前的田园风景叫苦连天，有些新的私人业主不满他们的房产可能跌价，还有附近的餐馆经营者为生意担忧，因为正是这个地区的独特魅力把那些被嘲笑的喝拿铁玛奇朵的客人吸引到餐馆里来的。于是对生活方式的温和要求与严酷的商业利益混合在一起，这种复杂的不满情绪进驻到了奥德贝格尔大街居民委员会。它强烈要求一种"小心周到的改造"。"他们的这种要求不再是为了居民，而是为了树和灌木，"霍尔姆批评道。

"非此即彼咖啡馆前的花圃被破坏，特别是里面正在生长的优美的海棠遭到严重损毁，施工公司未经批准毁坏了植物的根系。绿化处对此的解释是，这些小树丛不再牢固必须清除；居民委员会则要求保留海棠。"这就是奥德贝尔大街居民委员会提出的一项要求。这听起来的确好像过于怕痛的人似的，有点痛就哭哭啼啼，而且显现出邻避综合症（NIMBY）的心理状态。"Not in my Backyard"（不要在我家的后院），是圣弗洛里安原则的英文名称：人们只有在自家门前发生改变的时候才会大声喊叫。像这样的居民倡议在柏林有很多，对有些人来说，绅士化只不过是为"个别兴趣"而斗争的空洞概念，因为像保留树木和儿童乐园、疏解自家街道交通这样的壮志，并不是所有人都会追随的。在克罗伊茨贝格地区也有一个按照邻避综合症建立起来的居民委员会，该委员会的富人成员意图阻拦为有毒瘾者建设公共设施。

安德烈·霍尔在咖啡馆里不点拿铁玛奇朵，而是老式的牛奶咖啡。他说，新兴的、受过高等教育的居民拥有更强的行动潜质。"他们联络更紧密，比穷人更善于论证。"高收入者大声抗议，穷人默默消失。他们先从内城消失，无人察觉。然后他们顶多出现在统计数据里。柏林斯潘道区负责社会福利的市议员马丁·马茨（Martin Matz）（社会民主党成员）对联邦劳动局提供的数据进行分析后确定：大约2000名哈茨四受领者不是选择换到其他地区的就业中心[①]，而是直接搬到斯潘道、马灿-海勒斯多夫和莱尼根多夫地区最便宜的屋村。位于内城如腓德烈斯海因-克罗伊茨贝格、米特和潘科地区的就业中心，将相应数量的失业者移交给了远离市中心的就业中心。这不仅表示穷人被迫离开内城，还意味着他们再也回不去了。马茨说："一支离乡背井的队伍来到屋村，否则无处为家。"因为连内城的社会保障房租金也上涨了。柏林现有住宅总量中的10%，即19万套住房属于公共资助的社会保障住房建设。1987年后建造的28000套社会福利房，柏林市资助了39亿欧元。然而由于2001年暴发柏林银行丑闻后的巨额债务，时任

---

① 德国的就业中心（Jobcenter），由联邦劳动局和地方行政区共同组织、经营，主要是为哈茨四受领者安排工作。（译者注）

财政部长的蒂洛·萨拉辛中止了已经承诺给租房者的附加资助。

从那时起,房屋出租人可以要求全额成本租金①,它大约每平方米12至20欧元,这表示房租可以以完全合法的方式增长90%,尤其是在受欢迎的市中心地区,比如波茨坦广场后面的范妮-亨塞尔街区。房屋出租人甚至允许追回此前最高23个月的成本租金。这就是一种城市的驱逐政策:租房者除了迅速搬离便没有它择。志愿者玛格丽特·拜尔②,在一家专为遭受强制搬迁的人设立的紧急救援电话站工作,她说:"他们为了能够留在自己住的地区做了所有尝试。如果人们已经失去工作和经济保障,甚至连自己仅剩的住处和社会圈子都要失去,这是一种无法承受的损失。"志愿者们做了一个内部调查,在月底打来电话的人中有20%正在挨饿。极端的情况下甚至还有人断电。

与此相反,富人有别的办法,比如聘请一位律师。2009年,在柏林潘科区负责公共治安的市议员延斯-霍尔格·基希讷处理了933起控诉,而且还呈上升趋势。有些居民一旦觉得自己被狗叫、儿童的吵闹、酒吧噪音或建筑工地干扰便立刻提起诉讼,不会选择先和对方沟通。用一个顾全大局的办法解决问题是他们没有的概念。柏林地铁2号线改建时,附近居民毫不迟疑地反对根本不可避免的建筑噪音,三位原告代表向法院提起诉讼并胜诉。由于建筑噪音晚上10点后不得施工,导致地铁改建工程延长了数周。"自我主义恐怖分子"的安眠给许许多多其他柏林人造成的后果是,他们不得不继续忍受临时替代公共汽车的拥挤和漫长的等车时间;"反对人民舞台露天演出的扰乱"是另外一个柏林居民组织,为了抵制米特区罗莎-卢森堡广场边的户外舞台的文化噪音,其结果是观众在晚上10点以后必须戴上耳机;在紧邻时尚优雅的舍恩贝格区的弗列德瑙分区,一位居民起诉一家托儿所并胜诉,结果托儿所必须搬家;法尔克广场边严禁烧烤,因为烧烤的烟雾干扰了附近居民;斯潘道区的一对夫妇控告邻居的女儿弹钢琴胜

---

① 成本租金(Kostenmiete),即每月最高租金相当于由住房单位造成的日常费用。(译者注)
② 非真名。

诉，导致这位青少年音乐家比赛的冠军不允许在周末弹钢琴。诸如此类不胜枚举。

这类鸡毛蒜皮的战争原来只在乡下才有，如今由于个性化追求和为了个人利益的斗争精神，农村习气被搬到了城里。友好协商变成了小市民的争执。普伦茨劳贝格地区新搬来的住户喜欢安静，由于他们的控诉，导致已经在他们附近经营了58年的Knaack朋克酒吧必须关闭。就这样，从前吸引人们来此地的那种别样的生活方式，被无情地赶走了。尤其怪异的是，一个叫做"为了我们街区更好的生活"的居民组织，目的是抗议科勒维茨广场每周六的集市。可是这个每周能吸引5000名客人的市场本身，已经成为更好生活的象征。尽管和商户多次交涉、座谈，居民们仍旧只坚持一点：市场必须搬走。一个又一个周六，治安管理局接到居民委员会的预约，"我们被当成私家雇佣军滥用，"市议员基希讷感到愤怒。反对市场噪音，以及反对基希讷的广告纷纷袭来，理由是身体受到噪音伤害，住在科勒维茨广场旁边的沃尔夫冈·蒂尔泽①（社会民主党成员）毫无畏惧地给潘科区治安管理局写了一封控诉信，用的是联邦议院的信纸。一位民众代表利用自己的权力设法谋取私利，我们称这种行为作滥用公职。

谁来斗争、究竟为什么斗争以及抗议什么，对这些问题人们已经逐渐失去概念。

生活方式的冲突

柏林似乎是一个"爱唱反调"的首都。2010年8月的《明镜周刊》称那些更看重个人利益而非公共福利的市民抗议为"唱反调"。迪尔克·库尔布尤魏特称这类人为"愤怒民众"②。人们很难把这种斗争当作民主的成功

---

① 沃尔夫冈·蒂尔泽（Wolfgang Thierse），1998~2005年任德国联邦议院议长，2005~2013年任副议长。（译者注）
② 迪尔克·库尔布尤魏特（Dirk Kubjuweit），德国记者、作家。"愤怒民众"曾被德国语言协会评为2010年年度词汇，它源于一篇库尔布尤魏特发表在《明镜周刊》上的同名文章。（译者注）

加以颂扬。恰恰相反，在新自由主义的消费社会中，其成员自己对他们的生活安排负责，政治性的东西已变得个人化。只有当人们偶然分享同一种生活方式时，他们才聚在一起，成为不受束缚的、灵活机动的团体，成为目标群体。正确的以及对所有人有利的事情，对个体而言更多的是负担，因为它可能意味着个人必须为了大局利益受到约束。那些发生在庭院中的小题大做的冲突，不过是个人的随心所欲。就连柏林这座大都市，一个为不同生活方式和各式奇怪的人提供和平共处宽容空间的地方，也成了一种上演新形式的告密和找茬儿吵架的舞台。

"我们是一个民族，而你们是另一个。东柏林，2009年11月9日。"国庆那当天，印有这句侵略性公告的黑色海报被贴在了科勒维茨大街、温斯大街、亥姆霍兹广场以及博兹维特尔街区的墙上、广告柱和配电箱上。它产生的效果比喷在房子外墙上的标语"施瓦本人，你们，滚蛋！"要专业得多。没有人知道是谁把这个"仇恨海报"高高挂起。谁是"我们"和"你们"？东德人和西德人？本地人和外地人？

安德烈·霍尔姆认为，这种侮辱行径不仅多余而且危险。"这样的海报在媒体定期引起的混乱，远远多于涉及社会结构变化或租金上涨的新数据。"媒体不报道城市发展的经济和政治背景，而是专心于描述"街区里的文化冲突"。利用对其他生活方式表现的不宽容态度，尤其对富人的生活方式，政客们很快便构建出一种非政治化的"关于嫉妒的辩论"，以便把柏林市中心发生的豪车纵火事件归咎于此。而且生活方式的冲突，被政客们用于施行更多警方镇压的托词。这方面没人比霍尔姆更清楚了，2007年，他因被怀疑加入了一个恐怖主义团体而被捕。这位学者受到谴责，他被怀疑是战斗团（Millitante Gruppe，MG）的成员，这是一个制造了多起纵火事件的抵抗组织。联邦德国刑事局在一次网络调查后锁定了霍尔姆并且确定，他在学术论文中使用了战斗团也会用的词汇，即"绅士化"和"朝不保夕趋势"这两个字眼儿。为此他遭受长达一年的监视，和四个星期的单独监禁。

政治不讨论城市升值过程带来的排斥问题，而更愿意把排斥性的核心概念作犯罪论处并株连学术。

排挤的最后阶段：超级城市绅士化

那是2010年一个酷冷的冬日，雪片被凛冽的寒风吹赶着穿过柏林的一排排房屋，贝尔瑙大街附近的一块荒地上，也就是舍维特尔大街和奥德贝格尔大街的交汇处，有一座单层建筑，它的外墙被粉刷成紫红色和绿色，在这个灰色的冬日格外闪耀。其中一面墙上画着白色的花朵；马萨庄园内院的入口围着一圈深褐色的带孔铁板，它把马萨庄园的正面遮掩了起来。几张鲜绿色的塑料椅子摆在院子里，旁边有一排细长的架子，上面爬着生长不良的多花紫藤的树枝。"在紫藤花下"——投资商Stofanel有限责任公司的宣传词，马萨庄园住宅项目在不到100米的直径范围内逐渐成形。到了夏天多花紫藤的紫色花带将会装点着马萨庄园3000平方米的大花园。

"多花紫藤是一种蔓生植物，在阳光下生长迅速，而且它的主干会顺着架子向上生长。由于紫藤的生长能力会伤害房子的建筑材料，它的嫩枝可能会推动瓦片、把排雨管缠紧、使围栏的栏杆折弯，缠绕在一起的嫩枝还可能拉扯固定花枝的铁丝使它松动。"或许除了多花紫藤Stofanel公司几乎再没有更好的选择了。对Stofanel公司而言，多花紫藤作为浪漫的卖点，为他们宣传的"在市中心接近自然"的居住理念服务；但是它对附近居民而言，不过是象征着高收入者引发的灾害，就像这种顽强生长的植物一样，高档住宅和设施早就已经在这个地区蔓延开来，而马萨庄园住宅项目尤其引起附近居民的不满。

居民委员会形容这一类住宅项目为"绅士化的海啸"，它侵袭了普伦茨劳贝格地区最后一块未被富人占领的地方。昂贵的商铺、高级美食店、高级餐厅和奢侈时装店会紧跟着搬进来，居民委员会担心这场海啸可能以此方式淹没并毁掉整个社区。"几年前，这里真正是安静的角落，是大学生社区，"克劳蒂娅·赫林回忆道。她从1998年起住在紧邻马萨庄园后身的奥德贝格尔大街。现在看看汽车你就知道这个社区的改变：街上停的不再是穷学生的破旧二手车，而是豪华轿车。"普通"商店比如面包店已经没有了，"所有的商店都被美化装饰，为了那些搬来这里的人"，这幅景象反映在家具店和时装店上。就连在二手衣店，人们也只能找到昂贵的品牌服装甚至还是童装。有四位很早以前就在此生活的老人还住在这里，赫宁说："大家都认识他们，他们也引人注目，"因为越来越多的"新的老人"围坐在咖啡馆里，他们的头发经过造型，穿着时髦的高档服装。这位47岁的单亲母亲说，她总是到更远的地方才能买到便宜的东西。不久前这位艺术史学者还是哈茨四受领者，现在她已经在一家基金会找到一份收入并不丰厚的工作。曾经有很多像她一样的人设法维护这个社区的"左派氛围"，维护将富人不断吸引至此的随性格局。因为利用这里充满波希米亚风情的亚文化是能赚到钱的。

奥德贝格尔大街44号的一层是一家名叫"快乐购物"的商店。店名由大小不一的彩色字母拼贴而成，五六十年代的家具随意摆放着，为这家冷饮店和服装店的组合添加了一种别样风景。越来越多的游客喜欢在这个社区东跑西逛，富人也会来这里买一些斯堪的纳维亚风格的时装，多亏这些游客，这家店才成了聚宝盆，店主已经在德国的八个城市开了分店，而且成功实现了他的理念：出售的不仅仅是时装，还有"快乐购物的生活感觉"。克劳蒂娅·赫林说，这家店所在的那栋楼，租一套房子大约每平方米18欧元，不含电和暖气费。相反奥德贝格尔大街上的"有机商店"却必须关门，它和"快乐购物"服务的几乎是同一类顾客，而且被马萨庄园的投资商用作众多卖点之一，但是它已经无力支付涨了整整一倍的房租。

连绅士化的受益者都必须从这个社区离开，便意味着经济驱逐已进入最后阶段。在价值已经提升的区域发生的升值过程，被称为超级绅士化。它意味着，甚至收入较好的中产阶级也将遭到富人的排挤。随之而来的是一次完整的"新陈代谢"，即社会地位较低者被等级较高的居民完全替换，无非是时间早晚的问题。它与城市政治原本应该保障的社会融合完全相对立。

过去很长一段时间克劳蒂娅·赫林都是幸运的，因为奥德贝格尔大街的房子是利用公共资金得以改造的，在城市整改方案的范围内，房屋出租人

15年时间不允许提高租金,所以她过去能负担得起这间老房子的租金。但是房东也想获利,赫林说,房东不断给她的生活找麻烦。现在她多支付20%的租金。直到房租约束政策在柏林作废,房东每年可以将房租上涨20%。她自己也不知道这样的租金她还能负担多久。她认识的人一些已经搬走。

至上世纪90年代中期,现代化进程的大部分成本是由公共资金支付的。既定的租金上涨,以及社会福利计划是为了确保转折后的社会复兴不给人民带来不良影响。在普伦茨劳贝格的整改地区中,三分之一的房屋私有者开始利用国家补助和低息贷款对其房屋进行整修。对此他们需要承担的义务是,15年至20年内,租金不高于某一特定限度,所以60%的居民在整改后仍能找到付得起房租的住房。即便土地和房屋逐步卖给投资商的时候,最高房租限价和针对投资商的税收优惠,还能保证40%的居民回到自己原来的房子,或者在同一个街区找到类似的住房。2008年最高房租限价被依法废除,针对投资商的税收优惠也被取消。从那以后,投资商便专注于投资建设高档奢侈物业。相对而言,房地产企业对持有便宜的出租房屋失去兴趣,因为无利可图。普伦茨劳贝格地区的住房中,私有住宅的比例已达到30%,它是绝大多数老住户买不起的。

这些问题人们根本感受不到,如果他们参观马萨庄园的展示厅,这里遍布和谐与安适的象征,就像它主打的安宁和安全,或者"绿色仙境"。人们几乎可以相信,这里诞生的是一座疗养院,而不是以朝气蓬勃闻名的普伦茨劳贝格地区的综合住宅。喇叭里轻声播放着慵懒的沙发音乐,巨大的海报墙上,可以看到电脑模拟的远景图。"高尚悦目,和谐悦心"印在广告屏上;旁边的图景是铺设木地板和白色天棚的露台;缠满紫藤的拱廊下摆着长椅;灯光洒满有落地窗和明亮设计家居的住宅。中间还有挂着关于普伦茨劳贝格的"印象"——各种细致拍摄的照片:有咖啡馆、大超商、书店、科勒维茨广场的集市,以及位于塞尼菲尔德广场边的自诩为欧洲最大有机超市的LPG有机超市。这间展示厅甚至还为孩子准备了一间游戏室。就连普伦茨劳贝格不讨人喜欢的象征——玻璃杯装的拿铁玛奇朵,也出现在了某张照片上。来这里的参观者能得到一杯含少许咖啡的热牛奶。

展示厅里放置了一套亮白色的Bulthaup整体厨柜，此橱柜将被成批安装在住宅中。房间里分布着白色塑料家具，都是冰冷的苹果风格；中间摆放的草绿色塑胶狗，让人想到菲利普·斯达克的作品。这些东西都是高贵的中产阶级的地位象征，是体现高贵品位和文化创意的主要元素，吸引这个群体不能用金色的水龙头，而是靠设计。斯达克作为法国的明星设计师，设计范围多样，致力于为超级富豪打造整体装潢布置的住宅，更确切地说："都市中心的私人宝地。"他的"高级订制服务"价值每平方米5000至7000欧元，他把这项服务出售给"智慧族"，这是一群有自觉意识的、积极生活的人，他们要把生活变得更美好，而更重要的是，他们有支付能力。为了他们，斯达克布置了柏林米特区的87套住宅，它们临近政府区域，能看到施普雷河且配有健身设备。

个性，或者说独特性是这类住宅不具备的，它只提供4种不同的布置式样供购买者选择，浴室有5种样式。这种美学不够个性反而更制式化，但个性的最重要一面绝对被保存了下来：与其他大多数人划清界限。它实际上关乎区别，关乎超越大众品位：Bulthaup厨房和菲利普·斯达克所强调的是一个高级俱乐部的会员资格。在消费社会中，品位最终决定了归属性。"自由空间的和谐与安全感，良好的邻里关系"是马萨庄园宣传的，这里的"良好邻里关系"指的不是和该地区其他居民之间的和谐关系，它涉及的是那些有资格进驻"独特"空间的人，是人们依据钱包的状况挑选出来的。这类封闭的居住单位不仅标志了文化方面的确定界限，还有社会上的。生活方式突出了社会差异。在同一社会环境中，安全感得到保障。居住和生活空间只与同类人分享，这成了最为关键的卖点。人们付出高昂代价，为了能生活在"自己人"中间，这种现象被法国社会学家皮埃尔·布迪厄称为"为了空间上的差别利益的附加消费"。

以好住址对抗社会阶层降级

哈特穆特·霍约泽尔曼站在自家的电视机前："我们能看一下刚才那个

节目吗？"正在播放的是一场关于联邦各州计划之"社会福利城市"的联邦议会辩论。这个计划在德国城市的570个"问题地区"得以推行，它的费用刚刚由1.07亿缩减到2800万欧元。1995年霍约泽尔曼主持了这个项目的评估。"很好，那儿还什么都没发生，但是我必须不时到那儿看看，我们能让这事在后台运行吗？"——这被认为是反对城市分化、反对经济排斥和社会排斥、反对教育机会不平等的先驱。

霍约泽尔曼坐到那张巨大的厨房用桌旁，他的家位于普伦茨劳贝格地区的科勒维茨大街，那里正是绅士化的中心。他是上大学时搬进这所房子的，当时里面几乎空无一人。他和一伙人对房屋进行了整修，当年一起修房子的人大多数还住在这里。他从没排挤过任何人，他边说边笑，"我肯定不是绅士化的人"。说起这个他语带讽刺，绅士化这个概念他不喜欢使用。就像他的博士生安德烈·霍尔姆，他也害怕人们借由这个概念低估排斥的问题。

"贫富之间的种族隔离一直都存在，完全融合的居住是从来没有过的。"谁社会地位提升，谁搬家，历来如此。"富人曾经搬出城市住到城边，在一个社会性极度同质的社区安家落户。现在已经颠倒过来：如今在市中心居住是很有面子的。"

很久以来，城市和农村都被认为是政治与经济解放的所在地，也因此被视为异乡人融入社会的地方。世纪之交①时的社会基础设施建设是为了反对土地所有人的个别兴趣。当时在开放式的城市社会中，社会地位的差别并没有在封建制度中的乡村那么明显，分享特权、跳脱阶级属性的社会关系对所有人而言都是可能的。那时的城市代表异质性和宽容，乡村代表同质性和不宽容。最终人们必须在城市和陌生人中共同生活。"这种差异性的文化没有为人们规定有约束力的种种规则，它导致了社会融入效应。"大城市的匿名性为另类表演创造了一个保护空间，同时也是文化生产力的源泉。"城市品质在于丰富性，"霍约泽尔曼说。社会融合是这种特质存在

---

① 指19世纪过渡到20世纪。

的根本前提。

自从等级社会结束，社会的分裂便开始了，因为富人从城市中心迁到城市边缘，内城中穷人的密度变高。人们称这种城市逃离为郊区城市化，它催生了"城市郊区"的诞生，并导致"问题地区"在靠近市中心的地方出现。今天这种发展趋势已经逆转：富人迁回城市里，躲进类似马萨庄园的住宅项目中，不与邻居往来。他们既需要城市，又要同他们的邻居保持距离。安德烈·霍尔姆将这种发生在城市中心地区的郊区城市化，形容为内城中的"市郊模拟"。

从霍约泽尔曼居住的漂亮老房子步行20分钟便有一个封闭式的高档社区，它是柏林第一批这类住宅项目中的一个：腓德烈斯海因人民公园旁的普伦茨劳花园，一个模仿英国模式的连排式房屋（Townhouse）住宅区，而且还是在大城市的中心区：60栋白色的房子排在私家道路的两侧，台阶一直延伸到房子的大门，每户都有一个配有木制户外家具的露台、一个停车位和一棵树，房子后面有个巴掌大的小花园。这里的一切都是统一的。中心区域有一个游乐场和带喷水池的花园，水池被深灰色的铁栅栏围着，它在某种程度上算是市中心的乡村喷泉。门房里没有人，旁边的卷帘门是开着的。在这里可以找到所有封闭式社区（Gated Community）的特征，就像人们在美国看到的那种为富人设计的有人把守的封闭住宅区，这种住宅在亚洲和非洲的贫穷国家不断增多，印度、中国和俄罗斯也有许多。这种居住模式总是出现在社会差异极大的地区。由于在欧洲的富裕国家贫富差距在加大，人们如今也能在法国、英国和西班牙发现封闭式社区。虽然普伦茨劳花园至今为止还没有门卫，卷帘门也不关，私家道路是公用的，但当你踏进去时，还是有一种入侵的感觉。白色房屋严格的一致性，它的紧凑、干净、人造的田园生活以及死一般的寂静显得非常沉闷。人们常常会有被人观察的感觉。事实上这里就是乡村式的，只不过居民通过选择邻居实现了社会控制。

霍约泽尔曼并不认为，这种隔离出于居住者对安全问题的考虑，他将这类居住项目看作中产阶级害怕社会降级的表现方式。"人们在同质化的高档生活中得以保障自身安全,他们寻找拥有共同兴趣的群体,并希望他们的孩子也在同类人中长大,"这位城市社会学家说。只要人们能抓牢自家Bulthaup橱柜的把手,就不会滑落到社会的谷底。

房子前面停着中产阶级的新车,有新款高尔夫和Mini,也有高级轿车如奔驰和保时捷。你在这里看到的人,不是西装笔挺走下汽车急步进家的男士,就是30岁左右推着婴儿车的母亲。如果你和他们谈到封闭式社区,他们的眼睛会骨碌碌地转。你会发觉他们没有兴趣辩解,他们的感受和投资商那句广告词完全一致:"柏林中心,天堂般的居住。"

生活在普伦茨劳花园的是中产或中产以上的家庭,年龄35岁至55岁之间,有媒体从业者、律师、设计师和涉外机构的工作人员,主要都是从西德搬来的。"柏林渐渐有了新的中产阶级",维罗·戈佩尔为此感到高兴,他是普伦茨劳花园的项目研发员。这些"脆弱的嫩苗"正是连排住宅项目的目标客户:"我们寄希望于现有的发展。"戈培尔认为,这不是精英阶层,而是上升的中产阶级,他们对这种居住形式抱有兴趣。"他们来自连排房屋,也想拥有一栋连排房屋。"只不过不是庸俗的郊区别墅,而是位于内城的住宅。"顾客想要一切,而且是立即,"戈佩尔说,"他们想要有一套私人住宅,而且是建筑在一块明确分割的土地上的,要有一个花园、一个能上锁的车库,房子层高3.7米,还要一个天台。"这一切投资商都放进了普伦茨劳花园里,所以房子在10个月内便售罄,还不得不加盖一栋。顾客愿望是新的城市的公众参与,如果城市变为私人集会,那么它的形态也将由个人品位决定。普伦茨劳花园有三种住宅样式:选择"Liberty State"的顾客拿到的是毛坯房,可以自主选择室内装潢。这个样式选择的人不多,他们更喜欢"Classic"或者"Modern"样式。后者格外受青睐,它设计简约,菲利普·斯达克风格,配有完整家电,浴室铺设黑色板岩通体砖,符合当代时尚审美。

作为建筑历史学者和公关专家,戈佩尔曾主管过克罗伊茨贝格地区的保罗-林科庄园项目,一个近似普伦茨劳花园的高档商住两用住宅项目,在其所在街区曾引起激烈抗议。和所有从这类住宅中获利的人一样,戈佩尔也不赞成封闭式社区这个概念。"这和正常的出租公寓没什么两样，"他说，一般公寓的门也不是全天都开着。他不排除，普伦茨劳花园有一天可能会把栅栏锁起来。保罗-林科庄园的大门几年来都是敞开的，后来入室抢劫增多，从那以后，大门在夜间关闭。

围墙后的世外桃源

坚固的深色金属栅栏筑起一道新的边界，就在这个地方，德国曾被一道围墙分割开来。移动感应器沿着栅栏挂在电线杆上，如果人们散步路过这里，贴近栅栏往里面看一眼，监视摄像头会发出轻轻的嗡嗡声。栅栏里面的别墅引人注目，浅色的外观，风格看似模仿托斯卡纳和柏林城市宫殿之间的某种东西，周围种有玫瑰、木槿，没错，还有多花紫藤，至少从外面人们能看到这些。这里占地23000平方米，是联合国世界文化遗产格利尼克和孔雀岛的一块号角形状的位置，从这里望向哈弗尔河，远眺至巴贝斯堡，景色非常优美，这是一个封闭的社会集团为自己保留的空间。自1999年起这里便成为第一个按照美国模式建筑的德国的封闭式社区：世外桃源波茨坦（Arcadia Potsdam）。

世外桃源，一个神秘的地方，在那里人们可以抛开世俗的烦恼和适应社会的压力自由快乐地生活，就像大自然里的牧羊人一样。当近代时期领土国家发展起来，上层贵族的合法权力受到威胁，于是受牧羊人的田园生活启发，产生了这样的渴望：过一种摆脱社会压力的生活。贵族统治从这种现实逃避中发展出了个人自由的理念，这当然指的是大贵族的个人自由。相似的富人之梦——介于过分自信和害怕失去之间的梦想，导致近50套每平方米5500欧元的公寓销售一空。

一个没有名字的门牌上写着：谢绝陌生访客。24小时站岗以确保只有登记的人才允许进入。记者绝对不受欢迎。这里的居民要传达的是，他们希望不受打扰。明白，为此他们支付了费用，比如每月每户光治安管理费就要1300欧元。几年前，当第一批业主入住世外桃源波茨坦时，媒体把这事炒得沸沸扬扬。这个封闭式的富人居住区是相当可笑的，它建在一个非常整洁安静的城区的中心，那里除了上层阶级也没人居住。人们要问了，这些人害怕什么呢？害怕别墅在格林尼克桥另一边的君特·耀赫[①]和沃尔夫冈·乔普[②]？

乌韦-彼得·布劳恩（Uwe-Peter Braun）是世外桃源波茨坦的业主之一，很长时间他都在行使一种社区媒体发言人的职权。他很乐意向企业展示自己270平方米的顶层豪华公寓。他的豪宅里塞满了炫富用的垃圾，墙壁漆成了巴洛克风格，还额外安装了报警装置。他和太太收藏有达利和毕加索的原作，拥有曾属于拿破仑的黑色三角钢琴和书桌，《明镜在线》、《经理人》杂志和《南德意志报》都曾报道过此事。他的太太安德烈娅，一个留着黑色长发的梅拉诺[③]女人说，她可以放心离开家，再回来时所有的东西都还在，这令她开心。她说她感到自由，因为当她在地下停车场时也不必害怕。乌韦-彼得·布劳恩也格外强调安全："我们国家贫困化问题加剧，安全状况恶化，这种情况下人们自我隔离是必要的。"据联邦德国刑事局的数据，入室盗窃案在过去十年减少了三分之一。来自穷人的威胁或许存在，至少在日常绝对不会邂逅贫穷的波茨坦别墅区里，有人感受到了这种威胁。如果人们能够自愿和富人一起囚禁，就没有威胁了。这里的居民强调的安全主要是一种地位象征，一张排他性的证件。栅栏在波茨坦不过就是个指示财富的粗俗象征。人们在这儿不是要突出自己和穷人的区别，而是要使自己在其他富人中脱颖而出。谁有更长的栅栏，谁有更高的电线杆——这像是一种生殖器比较（comparatio genitalis）：富人之间比"老二"。

在"问题地区"居住更好

"为了能让您无忧无虑地享受度假旅行，我们的安保系统为您的居所

[①] Günther Jauch，德国知名电视主持人、记者与电视制片人。（译者注）
[②] Wolfgang Joop，国际知名的德国时装设计师，Joop品牌的创始人。（译者注）
[③] 意大利的一个镇。（译者注）

提供全方位保护。现代化的安全构想使这一切成为可能。为了您在中央公园公馆的居住尽可能舒适，服务、奢华和安全是我们的最高使命。"这段话写在中央公园公馆项目的主页上。它是德国第二个封闭式社区，不在郊区而是建在莱比锡的市中心，紧邻公园克拉拉-蔡特金公园，风格也是介于地中海和繁荣时期①。房屋每平方米售价最高达到4500欧元，几乎全部售出。住宅区围着锻造铁栅栏，一条报警专线长期开通，以防有人试图翻越栅栏。此外还计划安排一位保安。为什么不索性安个射击装置呢？人们到底还是把力气使在外面：通过手机，人们可以让浴缸自动放水，冰箱甚至可以进行存货管理。

  这样一个居住区偏巧建在莱比锡，证实了城市社会学家的论点，就像霍约泽尔曼所言："封闭式社区见证了社会分裂。"莱比锡恰恰是个社会差别极大的城市。根据统计数据，莱比锡是德国最贫穷的大城市。这里19%的居民生活在贫困线以下；接近贫困线的居民达到27%，几乎是德国平均值14%的2倍；失业率12.5%，全德国最高。

  由于身价带来的恐惧感，中产阶级的钱很好赚。所有私人物业的投资商都为他们的顾客提供一套安全方案。有时这种安全措施会成为一出荒诞剧，反而引起本来承诺要避免的危险。"找停车位？害怕您的汽车被损坏？夜晚在弄堂和地下停车场的不安全感？这些担忧属于过去时。欢迎来到CarLoft。"投资商约翰内斯·考卡（Johannes Kauka）如此宣传他的高级公寓，因为人们可以把车带进家。人们不用下车，只要乘坐一部特别的电梯，就可以把车开到自己家的平台上，然后透过客厅的窗户可以安心确认，自己的宝贝没有遭遇街头纵火的袭击。在柏林克罗伊茨贝格地区，赖兴贝尔格大街(Reichenberger Straße)的转角处诞生了德国第一家CarLoft，那里曾发生过多起纵火案。燃烧的汽车甚至被某些人拿来为生意服务——豪华汽车置身火焰中的图片对约翰内斯·考卡来说相当于免费广告。和所有

---

① 德国历史上一段经济繁荣的时期，从1848年革命到1871年德意志帝国建立，史称"繁荣时期"（Gründerzeit）。（译者注）

投资商一样，考卡想要"摒除大城市的缺点，把它的全部优点"出售给顾客，但推出CarLoft，他的确是做了件火上浇油的事，当时遭到整个社区的暴力回应。一座CarLoft象征了私有财产战胜公共利益。克罗伊茨贝格是柏林居住密度最高的地区之一，社会差别异常显著。该地区外国人口比例占23%，居柏林第二高位。失业率达19%，单个就业者的净收入平均800欧元。在克罗伊茨贝格的某些地方生活着超过70%领取哈茨四的儿童。还有非常严重的毒品问题，在柏林再没有比这里平均寿命更低的地方。与此同时，这里部分地区的房租已经是房屋租金价格指数的1.2倍；在克罗伊茨贝格–腓德烈斯海因地区，房租平均上涨了7.2%。

CarLoft，一栋白色的楼房，看上去像个吸引人的停车房，它位于保罗–林科河岸大街，另一个同名住宅项目保罗–林科庄园也在这条街。对于平民百姓而言CarLoft无疑是挑衅。"滚开"——居民把这两个字贴在CarLoft正对面一栋老房子的窗户上。"把CarLoft变成废墟！"是一场示威游行的攻击性口号。颜料弹被扔到房屋正面的墙上，石头砸向CarLoft的窗子，总共发生20起袭击。封顶仪式期间，警察和牵着狗的保安在房子四周巡逻，房子前面一直摆着个白色货柜箱，房屋24小时被警察占用。

从那以后，态度鲜明的抵抗，首先吓退了那些在武力爆发面前应受到保护的人。CarLoft只卖出了7套豪华公寓。现在考卡更愿意在别的地方做生意，比如法兰克福、慕尼黑、杜塞尔多夫、华沙、布鲁塞尔、开普敦、圣彼得堡、墨西哥城和阿布扎比，那里没有人反感贫富差距，可居住的停车房对富人而言是个不错的巧思。

这个被人如此憎恨的男人亲自接电话，他的手机号码公布在CarLoft的网站上。约翰内斯·考卡克制住他明显的柏林口音，用非常规范的语气说："请您理解我不想再和媒体交谈。"然后，他开始发泄自己的失望。他用了半个小时，责骂那些把他的顾客赶走的"恐怖分子"，责骂克罗伊茨贝格地区的不宽容，责骂报章杂志，因为他们在一些文章中，把他塑造成极度冷酷的贪财鬼，责骂那些不想改变，只追求"单一种植"的左派分子，他们将使这个地区潦倒破败。

在"问题地区"居住更好——它以城市的粗糙布景,首先吸引了那些想在此建造世外桃源的投资者,然后他们感到吃惊,因为这块布景变得生动鲜活,那些在大型销售演出中只不过充数撑场面的人起来造反,他们抗议自己的生活世界被华丽词藻包装成生意场。

当布景变得有生命力

"米特区和普伦茨劳贝格区之间的地段非常特别。那里的生活生机勃勃,它像巴黎圣日尔曼,像50年前的曼哈顿,像慕尼黑的施瓦宾格区(Schwabing)",打下Stofanel股份公司半壁江山的业主路德维希·施托费尔(Ludwig Stoffel)如痴如醉地谈论着。这位来自下巴伐利亚的施特劳宾市的建筑商于2008年同他的夫人乔凡娜·史戴法诺(Giovanna Stefanel)一起成立了这家股份公司。史戴法诺是同名意大利时装企业Stefanel的设计师和继承人。两个人是在2005年,一个关于情感型智慧的研修班上认识的,然后决定将名字、天分和财富合并到一起,从而赚更多的钱。目前在柏林,他们已投资了总共3亿欧元,建筑项目包括马萨庄园,专为超级富豪打造的,位于格里布尼茨湖畔的别墅区椴树度假村,还有位于策伦多夫区的豪华社区杜鲁门广场,等等。

这二位在媒体前的表现,并不像精明的商人,而是有胸怀的"强势夫妻"。他们曾在尼泊尔捐资创办了一所孤儿院,那里,全部30个孩子都叫他们爸爸和妈妈。在个人专访中,他们不谈平米数、欧元和城市地区冲突,只谈他们创造的爱、美和"价值"。想用心灵建造房屋,为人们提供"宁静和安全感",这是他们塑造的公众形象。一幅描绘这个"巴伐利亚男人"和"意大利女人"的人物肖像,题目叫做"阴阳完美互补"。如果人们想要出售的是一种生活感觉,那他们就得摆出与之相配的多愁善感的姿态。

"我渴望成为艺术家,可惜没有这个天分。但是我有幸可以使东西建造起来。我物色了几块自认为不错的地方,我可以像个艺术家一样,在它们旁边摆放一些东西。人们可以把一位雕塑家的雕像搬走。如果我可以参与创造一个城市或一个地方，那将是一种难以置信的幸福，"路德维希·施托费尔如此谈论他在柏林的创作可能性。他这番话，用较为朴素的方式可以这样表达：德国没有其他像柏林这样的地方，人们可以如此简单、如此便宜地得到内城地段的土地，用它建造房屋赚取大笔财富。Stofanel股份公司坐落在巴黎广场旁，紧邻布兰登堡门，那整栋大楼都属于他们。《世界报》一篇报道该建筑公司的文章，标题为"照亮首都的巴伐利亚光辉"，这实在言过其实了。事实上，路德维希·施托费尔至今都没有把他的几个亿用来建造漂亮的房子，而是搞出一堆购物中心和商业建筑。

"没有妥协的居住"是马萨庄园的口号。它耗资6500万欧元，未征求周围居民意见便立到人家跟前。出售给马萨庄园私有住房客户的所谓"无妥协"，对于附近居民而言，纯粹就是毫无顾忌。它和周围老房子的间距部分地方只有5米，六层楼的总高度（原计划八层）挡住了周围居民的视野，使他们的房子蒙上阴影。然而这不是该建筑项目引起激烈讨论和抗议的唯一原因。马萨庄园居民组织称它为"反社会的雕塑"。二战前这块建筑土地上有一家旅店和学校，当时从农村来到城市的年轻姑娘在那里做女佣打工赚钱。二战时这个庄园被摧毁。两德统一后关于这块荒地有过各种不同规划，曾经考虑过建造一所小学，也考虑过修建一个公共公园，但柏林市没有钱完成这些计划，最后联邦德国房地产管理局[①]把这块地卖给了Stofanel股份公司。他们当时承诺，建造一个适合家庭的、生态的、拥有大面积绿化的居住空间。这听起来像是某种妥协，不管用什么方式，反正绿色、生态、适合家庭和小孩就行了。唯独公众和这个接近大自然的居住规划毫无关系。于是这个社区空间上的密度不断增高，在这块荒地上，原本已经自然生长出野生公园，附近的孩子们可以在那里玩，现在它成了投资商的休闲草坪。照顾到"接近大自然居住"的理念，它被设计成一个"半公共的"花园，只对施韦特尔大街开放，而且晚上可能会关闭。其动机昭然若

---

① Bundesanstalt für Immobilienaufgaben, BIMA.

揭：与其和原住户建立联系，新住户更愿意保护所有权不受外界影响。"谁该在这个花园里逗留？那儿没人敢进。而且我猜在第一次业主会议上就已经决定关闭花园的入口，"居民委员会成员克劳蒂娅·赫林说。为了保障安全，花园里还安装了移动感应器，每一栋房子配有视频对讲装置。赫林称马萨庄园为"半封闭式社区"。

  紫色的售楼处后面一栋房子的墙壁上有一张异常醒目的巨型涂鸦，上面画着一位足球员，窗户外面挂着一张横幅，上面印有居民委员会的网址。这种不同寻常的"影响"，马萨庄园倒也学会了。乔凡娜·史戴法诺-施托费尔说，这总是干扰到她，因为他们建房子是投入了很多感情的。而在施韦特尔大街这边，Stofanel的行动却相当不敏感。售楼处的开张安排在5月1日，而就在前夜，主张暴动的激进分子在城墙公园聚集。当居民组织的行动引起了投资者的注意，他们就感觉不舒服了。为建筑项目的形象增添一点点朋克风格是好的，但是反对这个项目进行暴动，这是人们无法承受的。是啊，如果人们以良好的邻里关系作为广告宣传，当然不能接受。克劳蒂娅·赫林回忆，参加居民组织的成员曾逐一地被建筑商接去参加开业典礼。投资商做出亲民的样子。尽管如此，激进分子还是将石头和颜料弹砸向紫色的陈列厅。开业典礼的第二天武装警察将售楼处保护起来，建筑工地始终有人看守。马萨庄园举行封顶仪式时，投资商邀请了精英人士，贵宾中包安哈尔特公爵尤里乌斯·爱德华和科琳娜公主。当天到场的还有柏林市政要，克劳斯·沃维雷特[①]致欢迎词。邻居项目栗树花园的开幕仪式他也亲自出席了。他当时说，新的发展变化使某些人感到威胁感，人们必须理解他们。"另一方面，人们必须清楚认识到，改变没有其他途径，除非人们想维持糟糕的现状。我们相信这个国际大都市的未来能量，所以必须有些改变，而且新事物是丰富而不是对旧有的危害。"至于居民的恐惧，这位市长在致词中只字未提。"就已经达到的水平来看，一个高水准的项目即将实现。对这个充满家庭氛围的设计、

[①] Klaus Wowereit，现任柏林市长。（译者注）

宽敞家庭空间的构想，以及环保的能源供应与精致的建筑设计相结合，我表示祝贺。"致词到此结束。

将城市当作企业

"城市绅士化如同一台机器，它通过金钱调节社会参与，即参与一个城市的政治、经济和投资。驱赶并非偶然，而是蓄意行为。"克里斯托夫·特威克尔在他的著作《是要那个叫绅士化的东西？还是要一个为了所有人的城市？》[1]中这样写道。上世纪五六十年代的城市，遵循的是一种福利国家的模式。1949年至1973年间的德国，共建造了1250万所新住宅，其中有一半是社会保障房。社会均衡在当时受到普遍重视，"城市为人人"是那时的目标。随着80年代中期开始的针对工业领域的工作岗位削减，为公共服务的城市渐渐转变为企业主服务的城市。旧有的工业被转移到生产成本低廉的发展中国家。服务性产业，如广告和公关公司、企业咨询公司、房地产公司、传媒企业、娱乐产业，开始在西方国家的大都市里安家落户。新经济需要新人类，新人类有利于新经济，社会需要一个拥有较高学历、较高收入并且喜爱消费的阶层，即所谓拥有文化创造力的全球化精英。为了吸引这类"新型知识分子"，例如汉堡市在1985年就开始启动一项450万马克的昂贵计划，其口号为"汉堡——北方的领军城市"，当时的社民党市长克劳斯·冯·多纳依（Klaus von Dohnanyi）用它召唤企业主、企业高管和个体经营者。多纳依说："城市虽然为弱者提供机会，但却让拥有较高收入的强者，或者说最强有力的缴税者受到亏待——汉堡不能变成这样的城市。"

这种城市角色的变化如今被人们称为区位营销，因为城市早已不再是公共福利所在地，而是以企业的姿态出场，并为了各种利益参与竞赛。城市中富裕者越多越好，因为他们有置产、消费和投资的财富能力。项目开发

---

[1] Christoph Twickel: Gentrifidingsbums oder Eine Stadt für alle.

者、建筑师、公关公司和消费品企业从他们身上赚钱。

城市因此必须努力建立自身的品牌形象，比如建立具有国际辨识度的独特地区标志。在汉堡，这样的标志当属易北音乐厅（Elbphilharmonie），它建在这个港口城市的一座废弃的港口仓库上，大到离奇，设计由瑞士著名建筑师二重奏赫尔佐格和德梅隆（Herzog & de Meuron）完成。《明镜周刊》称它为一座属于自己的"自由女神像"。港口城（Hafencity）附近的一座建筑是这座汉撒同盟城市的另一个形象工程，按照当初的承诺，应该通过中产以上市民的捐助以及高档住宅的销售共同为其建设筹集资金。"易北音乐厅作为象征港口城发展的标志，使投资者获得的信心。"奥勒·冯·博伊斯特①说。

如今易北音乐厅成了德国最大的建筑丑闻。建筑施工公司豪赫蒂夫(Hochtief AG)的种种追加要求，使汉堡的财政预算加重了至少4.76亿欧元。据特威克尔说，汉堡市文化方面的支出中超过40%投进了易北音乐厅。这个至少吸引有钱观众的音乐厅里，有为巨星准备的舞台，还有一家即将开业的五星级饭店。这类建筑以及各式豪华公寓不是供汉堡市民使用的，而是为那些已经或将要为汉堡贡献资金的人。然而市长奥勒·冯·博伊斯特同时宣布，由于年度财政赤字，在节约方面可以没有禁忌。

法兰克福：来自采购天堂的驱逐

许多购买力强的城市不断在市中心建起新的购物区：不仅百货公司和连锁商店比肩接踵，还有品牌旗舰店如佛莱德派瑞、彪马、阿迪达斯、AA美国服饰和苹果，其中不乏高价品牌。自1990年起，位于内城的购物区占地面积几乎翻了2倍。在英国人们称这种购物区为"没有围墙的超级购物中心"（Malls without Walls）。在2008年当选"欧洲文化首都"的利物浦，这种发展趋势尤其迅猛。巨大的购物中心Number One几乎占据了这座曾经的

---

① Ole von Beust，2001年至2010年任汉堡市长，基督教民主同盟成员。（译者注）

工业城市的整个市中心，它的建筑部分以章鱼状向各个方向伸展开来。

西方国家又经历一次购物中心的文艺复兴：原先建在绿地旁和市郊的购物中心纷纷搬回市中心，经明星建筑师设计，它们成了新的吸引力和观光点。比如法兰克福的My Zeil购物中心，这座巨大的玻璃宫殿出自建筑师马希米亚诺·福克萨斯之手，购物面积占地47000平方米，共100家店铺，拥有德国最长的自动扶梯，它有权获得最顶尖级的称号。从前这块地面上，曾耸立着德国邮电局和法兰克福最高建筑之一的通信塔，后来连同《法兰克福评论报》的旧编辑大楼和Hoechst股份公司的行政大楼，这里形成了别具一格的战后建筑风格的城市建筑群。曾经的Hoechst大楼现在成了一家豪华酒店，其他几栋楼为了给购物中心腾地方已被拆除。

位于法兰克福东部的室内批发市场，是代表20世纪20年代工业建筑风格的重要建筑遗产，由马丁·埃尔泽塞尔（Martin Elsässer）设计建造，如今只剩一个骨架。10年前那里还热闹非凡，市场前面有装卸货物的货车，后面是货运站和停着起重机的东区港口；地面上、市场里的空地可供任何人使用，夜猫子在凌晨摆着小吃摊，为货车司机、临时工、蔬菜批发商和流浪汉提供取暖的地方。这类旧工业建筑的残余曾经给奥斯滕德区，或者俗称的东区，打下烙印；这个曾经的工业城区很长时间都为移民、大学生和老人提供便宜的房屋。而今天，这里的典型特征是艺廊、高级俱乐部和饭店，它们被建在耗巨资整修的啤酒厂和工厂车间里。在美茵河沿岸形成了一个由方盒式的彩色房子构成的豪华住宅区，当巨大的窗户在夜晚闪光，看上去就像是一张由奢华生活方式制成的巨大的圣诞贺卡。

光是宣布欧洲中央银行将要搬到室内批发市场就已经使这个地区增值。这意味着，这座建筑遗产、法兰克福的标志，不仅不再可供使用，而且几乎再也看不到了。两栋宏伟的高楼和一座改建的建筑将把室内批发市场永远地隐藏起来，尽管根据高层建筑框架计划这里根本不该再建高楼。美茵河畔室内批发市场的后面，这个城市其中一个最美的广场边上，不久前还有一家自助咖啡店，现在必须关门了，因为工业起重机之下的啤酒长凳、河岸边的木头敞篷货车和这里现在的结构不再般配，这儿要建造的是为银行家准备的由钢筋和玻璃构成的昂贵商业大楼。

另一个案例：坐落于豪森区的由八栋大楼组成的建筑群中的法兰克福交易所，决定舍弃法兰克福搬到隔壁的埃施博尔恩镇，因为那里的营业税较低。这有损于公众利益，法兰克福因此失去了一个最重要的纳税人。搬家之后交易所每年可以少支付最高达1亿欧元的营业税。

2009年My Zeil购物中心开业时迎来了12万客人。坦白地说，这座购物中心看上去的确壮观：在建筑正面的中央，人们可以看到一个隧道式的大圆孔，它呈漩涡状向内延伸逐渐变细。美国加州时髦品牌霍利斯特（Hollister），也就是Abercrombie & Fitch旗下的一支副线品牌，在欧洲的两家分店，其中一间就坐落在My Zeil购物中心。它是唯一一间没有展示橱窗的商店，遮光玻璃和百叶窗把里面遮挡得严严实实。店铺入口处挂着一条封锁链，一条长长的队伍排在后面等待门卫放人，和夜店门口的排队景象别无二致。这家店是一层面积第二大的商店，排队并非因为商店里人多拥挤或者店铺空间狭小。那些供少数人欣赏或购买的纯棉T恤看上去和H&M的产品没有区别，只不过H&M的分店位于My Zeil旁边一家陈旧的90年代的购物中心里。

"消费社会的惊人成就以空间的占领为基础。空间，指延伸到人的个体之间、贯穿消费品市场的空间；在这样的空间里，线被纺织成布；人们有彼此的联系；同时，他们之间又被筑起了栅栏。"齐格蒙·鲍曼在《生活即消费》中如此写道。在My Zeil购物中心二层，没钱的青少年在这里度过他们的下午，他们在德国最大的电器超市Saturn消磨时光，或者在玻璃墙边眺望窗外的风景，观赏那个德国最具销售实力的购物长街。

流浪、滑滑板、喝酒和乞讨不再受欢迎，就像所有的大城市把它们的公共空间给了不受打扰的购物氛围。许多步行街因此成了所谓的商业改善区（Business Improvement District），在这样的空间中，应该创造出一种使所有商户从中获利的纯正的消费氛围。这导致空间在一定程度上被私有化。另一方面，一切疑似贫穷的东西必须消失，比如廉价商店、小旅馆和街角的酒吧。在这种部分私有化了的空间中，通常会有一个针对购物街的管理中心，还有自己的清洁团队和保安部门。在此定居的商户能在店门前感受到他们的居住权利，他们可以把乞丐、朋克和酒鬼这种对消费有害的人赶走。这种驱赶有时具有攻击型，因为有保安和警察的"帮忙"；有时又由于建筑风格而变得不经意，因为购物区不再安放座位，只摆放一些人们无法长时间坐着休息的座位。威廉·海特迈尔和他的同事，在2011年的调查研究《德国的状况》中证实，人们对流浪汉的反感不断增加，这说明了上文描述的发展变化。38%的受访者觉得城市中的流浪汉是令人厌恶的；34%的人支持将乞讨的流浪者赶出步行区。

"一个巧妙的诡计：只有对这个体制感兴趣的人才有资格对它进行批评。至于其他那些有机会从下层社会认识这个体制的人，他们的反抗斗志被轻蔑的评语——易怒、嫉妒、报复心重，消灭殆尽。"

马克斯·霍克海默（Max Horkheimer）1950年至1969年的笔记

第四章　精英们的权力

为什么这些富人告别社会，他们如何为保障自己的利益而不遗余力

"为了一个有效的公民表决申请，我们需要61438票，"一位头发灰白、戴着牛角镜框眼镜的男士说。他身穿西装，搭配浅蓝色衬衫和红色领带，脸被汗水浸湿，像刚劳动过的样子。那是2009年11月中旬，一个周日的凌晨，准确地说已经是周一。这位发言人故意停顿了一下，扬起眉毛看着听众。当下面已经一片窃笑和低声耳语时，他冷笑了一下，把视线拉回到他手中的字条上："现在公布数字。我说得简短些，那么，如果算上邮寄投票的投票人……"

听众的谈笑声更大了——"好吧，我们跳过这部分。也就是说，我们自己把选票集中了起来……"他摆动双手大声喊道："十八万两千……"此时数字的零头已经被歇斯底里的欢呼声吞没。穿西装的男士们、头发染成金黄色的女士们在胜利的狂喜中击掌雀跃。这场面很像自由民主党从前兴盛时期的一场Party。

以上内容来自一段50秒的私人视频，它记录了精英们反对汉堡教育改革的阶段性胜利。视频中，瓦尔特·朔伊尔（Walter Scheuerl）作为富裕市民阶级抗议运动"我们要学习"的发起者，宣布了为反对所谓的初级学校而申请公民表决的签名收集结果。

  由黑绿联合政府决定的初级学校是汉堡教育改革最重要、最具革命性的部分。此项改革参照北欧模式，将小学时间延长两年①，实行小班教学，并增加教师，希望以此为所有的学生，特别是有移民背景的学生提供公平发展的机会，避免小学之后便出现过早分流淘汰。此外，孩子是就读八年制的高级中学（Gymnasium）还是城区中学（Stadtteilschule），不再由家长决定，而是由教师会议评估商讨后做出决定。城区中学也是此次汉堡教育改革的新产物，由传统的实科中学（Realschule）、普通中学（Hauptschule）与综合学校（Gesamtschule）合并而成，13年级后通过考试可以获得高中毕业文凭，即大学入学资格。《时代周报》把这场名为"我们要学习"的抗议称作"古驰抗议"（Gucci-Protest），因为这个由博士、律师、丰伟国际律师事务所（Graf von Westphalen）资深合伙人朔伊尔领导的市民组织，主要由企业家、律师和医生构成，并且得到贵族的支持，如英格宝公主·祖·石勒苏益格–荷尔斯坦因以及马格努斯·拉姆多夫伯爵和伯爵夫人卡萝莉内·拉姆多夫。

  这个市民组织真的是为了实现一个对全体大众更有利的教育模式而斗争吗？他们想要普遍提升教育质量吗？难道"我们要学习"的建立者不想让这个对自己孩子——本来就过着优渥生活的一群孩子有利的筛选教育机制更坚固持久吗？他们难道不是为保留"属于他们的"高级中学而斗争吗？更确切地说，高级中学对他们而言象征着优等生学校、未来"贡献者"的学校，他们难道不是为了保留这种象征价值而斗争吗？

  达姆施塔特工业大学从事精英阶层研究的学者，米夏埃尔·哈特曼（Michael Hartmann）在刊登于《全景》杂志的文章中，发表了对这场精英抗议的看法："精英阶层与下层社会隔绝。这意味着，如果可以阻止自下

---

① 汉堡传统小学学制为四年，叫做Grundschule；改革为六年制小学后，更名为Primarschule，即初级学校。（译者注）

而上的社会流动，精英阶层的生活基本维持不变的机率将会自动提高。"因此他认为，这些伪叛逆者斗争的根本目只是为了维护他们的竞争优势，为了使自己的孩子在僧多粥少的局面中占据最有利的位置。有利于中下阶层市民的更好的教育，对精英阶层显然只意味着威胁到其子女的潜在竞争。德国电视一台的Politmagazin节目称这场抗议为"等级社会的最后一场战斗"。

"我们赞成孩子尽早分流。我们支持以能力为导向的学校体制，因为我们绝对相信，即便差学生和好学生在一起，他们也不会从中受益。"一位身穿皮草的女士在汉堡白沙屿地区的市场上对《全景》杂志的记者发表了此番观点。一位路过的男士补充道："人们不应该通过优待弱者来亏待强者。"

2009年4月，"我们要学习"组织进行第一次反对教育改革的示威游行时，大批持这种观点的人走上街头。一支由4000名高收入者组成的队伍从鹅市场向市政厅行进。他们穿着高雅，吵吵闹闹地行进在处女堤大道上，一路沿着内阿尔斯特湖，穿过这个城市的奢侈品购物区。"我们走上街头，我们大声呐喊，因为我们的教育被人偷走了"，率领着一群上流社会暴徒的瓦尔特·朔伊尔慷慨陈词。左边是奢华的Alsterhaus百货，右边是高端饭店四季酒店，高贵的队伍在这中间为他们独有的尊贵派头游行示威。在鹅市场，身穿深蓝色Polo衫的朔伊尔高举拳头，对着他身后的游行伙伴们大喊："我先喊一遍，接着大家一起喊：我们能做到吗？是，我们能做到！再来一遍！我们能做到吗？是，我们能做到！"另外一位游行者站在指挥台上喊道："我们感到骄傲！这里站着汉堡人的绝大多数！"喔哟，教改抗议者可得赶紧找数学家教补习一下，因为4000人只占汉堡人口比例的大约2.4%。其实数字推算传递的完全是另一个信息：这里站着的才是说了算的人，因为他们是付钱的人，谁出钱谁说了算。过后，该运动知名度最高的支持者——自由民主党成员斯凯·杜·蒙特[①]，对着麦克风侃侃而

[①] Sky du Mont，德国知名演员、作家。（译者注）

谈："我的女士们、先生们，政治无权对我的孩子做出决定，我否认它有这样的权利。"事实上，斯凯·杜·蒙特和"我们要学习"的支持者尽可以把孩子送进私立学校，11%的富家子女本来就上私立学校。精英分子已拥有特权仍旧喧嚷，而许多孩子的父母没有这样的投票权利、在教育方面没有选择自由，这些孩子的命运很可能因为他们的呐喊而无可挽回。这样的思考是蒙特这类人不会有的。

这场游行是具有公众效应的序曲，为一场庸俗的上层和下层之间的阶级斗争拉开序幕。当社会学家米夏埃尔·哈特曼谈到"精英的激进化"，他认为，这是一种为个人利益或特殊兴趣进行激烈辩护的行为。它是如此猛烈，以至于在游行期间一名"我们要学习"的支持者把一位反对示威者推出了街道，那条街上立着一块牌子，上面写着："下层社会向上流社会问好：你们的学校我们不想要。"结果被绊倒、撞伤的是那位穷人。

富人们为"他们的"高级中学而毫无顾忌的斗争

市民组织"我们要学习"成立于2008年初。某天，瓦尔特·朔伊尔在位于汉堡上流城区奥特马申的霍赫拉德高级中学（Gymnasium Hochrad）参加家长顾问会，当时他上网阅读了黑绿联合政府的联盟协议，其中包含关于初级学校的决定，他立即就把这份协议转发给了家长顾问会的成员。"现在汉堡已经有数万人表示不满"，那时他想，"那么谁来处理这件事呢？一定需要一个管事的人吧。问题很快明朗化：这必须是一个熟悉学校、新闻法和危机公关的人，并且不能有依赖性。"朔伊尔50岁，在危机公关领域他并非无名之辈：2010年他代表纺织品平价超市Kik起诉北德意志电视台。北德电视台当时播出了一档获奖的纪实报道《Kik的故事——纺织品平价超市的低劣手段》[①]，记者克里斯托夫·吕特格尔特（Christoph Lütgert）在片中报道了该企业孟加拉工厂的生产状况。吕特格尔特把一张身患重病

---

① Die Kik-Story – Die miesen Methoden des Textildiscounters.

的孟加拉少年的照片放到了Kik前执行总裁施特凡·海尼希（Stefan Heinig）面前："他的表姐照料他，她为Kik工作。但她赚的钱太少，没法供弟弟看病。您想对此说点什么吗？"发出冷笑的海尼希借故摆脱了记者。没过多久，北德意志电视台就收到了朔伊尔的律师信。信中要求，北德电视台永不许播出与Kik老板会面的内容，以及他豪华别墅的画面，而且必须将这些资料删除。此外，朔伊尔写道：影片中的女性从没或只是偶尔为Kik工作。朔伊尔几乎在法庭上成功实现他的要求：《Kik的故事》不允许重播。为了让影片中的妇女们在一份声明上签字，吕特格尔特再一次飞赴孟加拉。最后北德意志电视台胜诉了。

此外，朔伊尔作为律师还代表毛皮兽、猪和鸡的饲养者，以及因不正当饲养动物饱受批评的王冠马戏团与多家动物保护组织如善待动物组织①展开了法律上的争辩。善待动物组织对鸡蛋厂商Landkost出售的所谓散养鸡蛋进行了仔细检查，发现它们和普通鸡蛋相比并无特别之处；该组织还有动物遭受虐待的视频证据。不出所料，Landkost公司请来了朔伊尔。在善待动物组织成员的眼中，他是个"没有道德的律师"。如果你追究朔伊尔是如何毫不让步、肆无忌惮地带领他的组织采取行动，你完全有理由对他的道德信念产生怀疑。

"我们要学习"组织为自己拍摄了一则广告片，它大约要表现这场教育改革可能导致的"校园混乱"，并试图用笨拙的电影脚本营造出恐怖氛围：影片中一群小学生叫喊着在课桌上跳舞；教师在不同的学校间奔走，并且由于建筑噪音不得不以吼叫的方式讲话；随后一位佩戴珍珠耳环的女士抱怨说，如果她孩子的未来要由别人决定，她感觉像被剥夺了行为能力。然而他们以这种方式对教改支持者施加的压力毫无趣味，使这部业余影片看起来太可笑。

朔伊尔毫无顾忌地把教改同纳粹主义相提并论：他谴责汉堡教育局局长克里丝塔·戈奇（Christa Goetsch），认为她的学制改革形同"一体

---

① People for the Ethical Treatment of Animals, PETA.

化"，它是"对教育学家彼得·佩德森（Peter Petersen）的纳粹教育学传统的一种延续"。朔伊尔的组织甚至收集汉堡教育局执行教改工作的员工信息。这些人其后收到朔伊尔的公函，信中有关于他们工作和私人履历的详尽说明，比如"求职失败"和"青年时期加入共产党"。汉堡教育局认为这是"明确的恐吓行为"。而朔伊尔的理由是：谁来实施汉堡的学制改革属于公众关注的问题。与汉堡之声和《晨报》同为教改抗议组织非正式媒体合作伙伴的《图片报》参与到诽谤之中：它把教育委员会成员、绿党党员汉斯-彼得·洛伦特搬上头条，题目是"前共产党人要用强权和暴力实施教改"。

除此之外，朔伊尔还向市民组织"支持教改"猛烈开火。这个由教改支持者组成的团体，在超人用品店选了一只猫头鹰作为吉祥物。他们穿上自己缝制的猫头鹰、带着自己制作的猫头鹰纸板，既切合主题又体现实际情况。律师朔伊尔给该组织寄去书面警告：如果他们继续使用超人商标，则必须支付15万欧元商标侵权罚款。朔伊尔说："这是个非常正常的程序。这绝对不是闹着玩的事，而是一起商标侵权。他们顶着超人商标引导人们参加他们的运动，对此没有理由放任不管。"朔伊尔的攻击并未就此打住，他在一次网络家长论坛上发表倡议："一位超重的小学女校长，更确切地说，一只肥猫头鹰，被那群把自己塞进乳胶超人装的同伙当作商标，以便搞到一所初级学校的领导职位。我想特此正式建议，称她为安格莉卡（Angelika），似乎可以这么说：对向戈奇献上忠心的安格莉卡·F[①]表示致敬。"朔伊尔后来向这位女士道了歉。

自从"我们要学习"决定用全民公投的方式阻止建立初级学校，这个组织便用了三个星期的时间收集了62000个签名，每天3500个。他们派大学生去收集签名，每收集到一个签名学生可以得到一欧元，后来干脆支付他们时薪。"我们要学习"指挥部设在汉堡市中心最好的地段，海报墙由自由民主党赞助，有一位运动领导人，共2100人参与收集签名。签名列表陈列

---

① 姓氏被作者简化。

在富裕市郊地区的零售商店里，在诊所和律师事务所里；还有专人到高尔夫球场以及其他富人社交圈收集签名；甚至在养老院也能看到签名收集者的身影。"我们要学习"在多家购物中心设有信息台，比如位于富裕城区奥斯多夫的易北购物中心，它被该组织自封为汉堡西部最美的购物中心。而另一"支持教改"市民组织也想在那里搭建信息台的要求却被拒绝，理由是所谓的"地面建设"。

在"我们要学习"为了赢得关注，以及获得胆怯的中产阶级和自信的上流社会的签名，而用尽刁难手段进行斗争之时，朔伊尔对汉堡州政府大加指责，因为州政府花20万欧元委托一家广告公司，策划支持教育改革的运动。朔伊尔不仅对该决定浪费纳税人的钱而愤怒，还声明它是违法行为并要求终止。对此，任职于汉堡服务行业工会、组织过多次全民公投的克劳斯-迪特尔·施魏策尔（Klaus-Dieter Schwetscher）在《日报》上发表了他的评估："我可以非常有把握地说，'我们要学习'的花费绝对超过20万欧元。"这些钱由谁提供至今不明。"我们要学习"在钱上面很精明地钻了法律的空子：汉堡的《全民表决法》规定，必须将捐赠金额高于2500欧元的捐赠者列成清单，其中必须包含捐赠者的姓名和住址。但该团体唯一的捐赠者是朔伊尔成立的"汉堡促进教育基金会"。它自2008年起以捐助的名义筹集了24万欧元。"某人成立了一个伪装组织，这种事还从未有过"，安格莉卡·加尔蒂娜（Angelika Gardiner）在《日报》上表达了她对这些狡猾律师的愤怒。她在汉堡的"更加民主"协会工作，该协会13年来为市民倡议活动出谋划策、提供支持。

保护财产对抗平民

在朔伊尔的律所，如果你和他面对面地坐在会议室里，你的脑中不会浮现由无道德律师挑起的骚乱的画面。他看上去安静、客气、和蔼可亲。此时已是2010年11月末。三个月前，也就是在7月，市民团体"我们要学习"在全民表决中获胜。276340名市民支持继续维持现有的四年制小学，

218000位市民支持初级学校。微弱的获胜优势说明"我们要学习"并没有引起巨大的滚雪球效应，或者说它根本不代表多数市民。参加投票的人数比例只占39%，在汉堡西部的中产阶级城区、富人居住区汉堡城和北部的瓦尔德多夫尔，参与投票的人明显高于平均值。这次投票结果不仅宣告初级学校的流产，还意味着汉堡州政府中黑绿联盟的终结。全民公投后，市长奥勒·冯·博伊斯特即刻宣布辞职。就在我和朔伊尔会面那天，报纸报道了绿党和基民盟联合组阁的消息。

  这个结果对朔伊尔来说并不意味着保护财产的斗争可以收手。全民表决结束后他立即开始盘算，使"我们要学习"成为一个选民团体，以便进一步巩固反对教改取得的胜利。朔伊尔说："如果'我们要学习'不行动起来，社民党则很可能成为最强有力的政党，基民盟则变成第二大党，至于自民党能否进联合政府，不得而知。这意味着，可能结成红绿或红红绿联盟。在不确定的情况下，戈奇很可能还是州政府委员，然后在基民盟的反对力量更加薄弱的情况下，所有的事再从头来过。那相当于我们除了拖延时间什么也没做到。"此外他还表示，人们想在州政府中施行更加谨慎细致的预算管理，想要促进经济和口岸在现有基础上的进一步发展。虽然从"我们要学习"这场运动中并未诞生一个新的政党，但朔伊尔作为无党派候选人登上了州候选名单，他的支持率仅次于排名第一的种子选手汉堡市长阿尔豪斯。如今朔伊尔已是汉堡州议会的成员以及教育委员会的会长，他要让教育政策的重点打上基民盟的烙印。

  瓦尔特·朔伊尔和太太、一儿一女住在白沙屿的别墅区。在那里生活的人通常都是不必为未来担忧的，94500欧元的平均收入足以说明问题。但朔伊尔拒绝承认"我们要学习"是一场精英的运动："这绝对不是一个实事求是的论点，而是试图造成两极分化。"在汉堡，有超过半数的孩子愿意报考高级中学，"他们的家长不是精英，而是想让孩子读高级中学的普通父母。"

  另一个事实是，汉堡肄业中学生的比例占10%，全德国的肄业中学生达80万。15岁的德国青少年中，有四分之一不能正常读写。德国的三段式学制饱受国际批评。联合国儿童基金会（UNICEF）在"富裕国家的弊病"（Disadvantage in Rich Countries）这项研究中明确指出，在德国的教育体制中，学生过早分流，而且这种筛选归类在学生日后的人生中很难被打破。经合组织秘书长安格尔·古里亚批评，德国上流社会的孩子接受高等教育的机会比下层社会的孩子高出两倍多："这种差异性可能要归咎于德国的基础教育体制。刚满10岁的小学生便被分配到学校体制的不同分支。在这个过程中，来自贫民家庭的小孩常常被赶到不被寄予希望的学校。"

初级学校背后的机会均等理念对朔伊尔而言充其量就是"意识形态化的社会政治"："致力于推行初级学校的人，绝大部分是左派政党成员，其中有人来自绿党，也有社民党的左翼人士。"党团虽然对教育改革起决定性作用，可一旦涉及公平性和集体利益的抉择，辩护者很少会想到成绩论，而更多时候用共产主义棍棒打击对方。朔伊尔说："潜在的社会政治基础是：高级中学学生的经济状况更好，所以人们得从他们那儿拿走一些东西或者让他们把时间和课程分给受亏待的孩子。这是荒唐的。这么做等于把负担推到了学生身上，使他们置自己于不顾，反而去照顾别人。当然从社会福利的角度看，这或许值得称赞。事实上，这种做法不会实现所有人共同进步，而是导致分化更加极端。"

真实的情况正相反，如同各种调查所证实，教育机会公平和良好的学校成绩存在于儿童共同学习时间较长的国家。因为长时间的共同学习使家庭背景不再对教育成功起决定作用，而是实际的能力。一系列的研究表明，在德国现有的教育体系中，能力普通但来自中上层社会的孩子能上高级中学，成绩优异家庭背景较弱的孩子却得不到读高级中学的机会。例如柏林的《基本特点研究》（Element-Studie）证实，小学阶段较长时间的共同学习会使总体成绩更好，学习能力强的学生并不会被成绩较差的学生拖后腿。

教育学者、国际学生能力评估计划[①]的国际协调员安德烈亚斯·施莱歇

[①] 德语：Programm zur internationalen Schülerbewertung，缩写PISA-Studie（英语：Programme for International Student Assessment），是一个由经合组织筹划的对全世界15岁学生学习水平的测试计划。始于2000年，每三年一次。（译者注）

（Andreas Schleicher）说："在国际学生能力评估计划中排名靠后的国家，比如德国、匈牙利或捷克，在这类国家中淘汰哲学根深蒂固；在成绩优异的国家中，您不会发现这种强大筛选机制的存在，无一例外。"

以中产阶级的恐惧作为武器

在施特凡妮·冯·贝格（Stefanie von Berg）的家中，一只圣诞降临节花环挂在宽大的餐桌上方，为了搭配阿纳·雅各布森的黑色餐椅；桌上点着蜡烛，时尚简约的玻璃茶壶放在加热底座上，冒着淡淡的蒸汽；背景音乐是古典乐。她说："我也是精英。我父亲是大学教授，我本人博士毕业，有一个领导职位。我甚至属于贵族。可即便如此，我仍然认为人们得不到机会是不行的。"

这位教育学者是市民团体"支持教改"的发起者和发言人，一位12岁男孩的母亲，也是雷琳格尔大街中学（Schule Rellingerstraße）家长顾问会的前任会长，并在汉堡州议会中担任绿党议员。围坐在餐桌边的还有"支持教改"的其他成员：康斯坦泽·佩德森、克里斯蒂安·律尔斯和米夏埃尔·迪尔维希特。此时已是表决的数月之后，能感觉到他们已经冷静下来。当初，朔伊尔已经牢牢地吸引公众注意时，他们的组织才刚建立。冯·贝格说："教育改革不是件板上钉钉的事吗？所以刚开始我们没太认真。"克里斯蒂安·律尔斯补充道："我们肯定不可能为了一个全民表决收集签名。我们当然只能说：我们支持这个法案。"他们进行了一场无望的斗争——反对金钱、权力和不安感的理性论争。康斯坦泽·佩德森女士是一位医生，和朔伊尔一样，她当时也在奥特马申区霍赫拉德高级中学的家长顾问会，亲身经历了"我们要学习"引发的地震。"我也打高尔夫，这我供认不讳。在球场我观察到，一位外婆（奶奶）如何向一些妇女征集签名。"其中一位女性甚至向她透露这样的"传闻"："我的孙子必须和'他们'在一起上学，是这样吗？"（她用"他们"代指移民和社会地位较低的人。）冯·贝格在位于富裕城区的信息台为初级学校做宣传时也听到过类似的蔑视性说法:"这些笨蛋应该待在属于他们的学校里。"一位中年女士理所当然地以为冯·贝格是"我们要学习"的成员,她在易北购物中心前甚至这样说:"我认为您的行动很棒。您能不能也顺便想个办法,让所有外国人离开汉堡?"

对此,康斯坦泽·佩德森试图寻找一种解释:"您知道吗,在奥特马申区有很多上过大学但不工作的女性,她们不单单为养育孩子操心。她们害怕丢了自己的责任,她们担心自己的孩子成绩不好,这件事在一所综合学校可能会引人注意。"据她了解,连在名校霍赫拉德高级中学都有三分之一的学生需要课外补习。

"'我们要学习'绝对故意激起恐惧',他们自始至终不谈客观原因。人们一旦有恐惧,便再也听不进理性的论点,"施特凡妮·冯·贝格说道。律尔斯说:"朔伊尔和他的人总是喜欢采用简短的论据,这从投票结果上就能看出来,正反两方的人数非常接近。这说明事情转向积极的一面:相当数量的人是支持教育改革的。"他感到遗憾,他们尤其没能联系到那些可能从初级学校获益的人:"所谓的下层社会我们根本摸不着门。"这其中有一大部分人是没有表决权的移民父母。米夏埃尔·迪尔维希特的儿子读的是一所特殊学校。他说,儿子学校的女校长也坚持捍卫"她的"学校。原因可能在于,"她住在埃彭多夫区,不想让自己的孩子受到牵连。"

这几位"支持教改"的成员说,最糟糕的事情是,目前已经确定的基础教育制度数年之内都不会改变。联合政府所有党派联名签署的"汉堡中小学合约"规定,基础教育改革之后,10年内不能改变现行教育制度。"这也是给全德国的信号。所有人当时都看着汉堡,现在没人敢搞教改这事了。"律尔斯对此深表担忧。

"造就精英"取代教育机会均等

德国教育部长安娜特·莎万(Annette Schavan)对汉堡全民公投的结果

表示赞许，认为"对高级中学而言是个好消息，对增加市民的自信心是件好事"。这位基民盟的政客支持保守的、以成绩为导向的教育体制。在担任巴登-符腾堡州文化、青年和体育部部长期间，她在该州推行了进一步增强筛选淘汰的八年制高级中学，此事备受争议。在黑黄联邦政府中，她是培养精英计划的推动者。按该计划，将有16万大学生得到国家资助的奖学金。"培养精英"这四个字人们可以理解为：得到公众资助的并不是那些急需资助的人。多数德国大学生来自父母受过高等教育的家庭。通过奖学金受益的依然主要是知识分子的孩子。尽管如此，联邦政府准备在2013年至2017年间为"卓越计划"（Exzellenzinitiative）提供27亿欧元，用于资助"精英研究生院"中的新生科学家、"精英研究集群"中的科研小组以及推选出几所"精英大学"。这将花掉107亿欧元教育预算的五分之一。

政府的着眼点实在太高，不仅因为被资助对象总是富人：在德国，每100名知识分子家庭的孩子中，有83位是正式注册的大学生，而在100位来自父母没受过高等教育家庭的孩子，上大学的只有23名；大学生中，移民家庭的子女只占7%。分流机制早在几年前便提早到了小学阶段。四年制小学结束后，同一届学生中60%将被淘汰，对于这些孩子而言，上大学基本不再可能，或者只能通过曲线救国的方式实现。"培养精英"自然也成为经济精英的口号。德国工业联合会"警告"大家："不培养精英，德国将失去竞争力。"无论何时，只要经济发出警告，无外乎是要大家为它效劳，否则这个西方国家将有灭亡的危险。比如在谷歌中输入"Jürgen Großmann"（于尔根·格罗斯曼）和"warnt"(警告)，会出现15万个相关结果。这位莱茵电力集团（RWE）[①]的领导人已经把一场场精彩纷呈、匪夷所思的恐怖电影剧本传播开来——从"电力缺口"到"生态专制主义"直至"工业萎缩"，希望以此方式尽可能拖延时间阻止废除核电。

德国教育部从国际学生能力评估计划中，认识到这样的现实："几乎没有任何其他工业国家像德国这样，社会经济出身对择校和学业成绩起决定

---

① 一家供应电力和天然气的公司，是德国的第二大电力供应商。（译者注）

性作用。"这段话就写在教育部的网站上。根据在汉堡五年级学生中展开的一项调查,比如某个孩子的父亲有高中毕业文凭,另一个孩子的父亲没有,那么前者在争取高级中学推荐时,比后者多三分之一的积分优势。联邦议院任命的增长、富裕、生活质量—调查委员会[①]在2011年11月的调查报告中写道:"社会整体拥有较高的文化水平既能促进可持续的经济发展,又是社会安康的根本要素之一。"然而与其他工业国家相比,德国在教育上的支出少得近乎荒谬:国家和私人教育支出占国内生产总值的比例,从20世纪90年代中期的6.8%,下降到2008年的6.2%。在经合组织成员国的比较中,德国远远落后于其他工业国家。

以成就论英雄的神话

从事精英阶层研究并对市民团体"我们要学习"提出严厉批评的学者米夏埃尔·哈特曼同样认为,三段式学制妨碍教育公平,巩固了阶级差别,而且坚持了一种唯成绩论的神话。他说:"教育是一种人们可以有效利用的解释范例,它是用来减轻负担的。它不是给人们下指令,而是提出方法、给予鼓励:只要付出足够的努力,每个人都能有所收获。"

联邦政府的教育福利(Bildungspaket)[②]暗含着一个朴素的论点,即国家应该为穷人的孩子和哈茨四家庭的孩子参加课外辅导、体育俱乐部、音乐学校、班级郊游、午餐或购买学习用品提供补助。很遗憾,乌尔苏拉·冯·德莱恩担任家庭部长期间,推行的教育券(Bildungsgutscheine)制度其实是个虚假包装,因为它没有资助上述教育活动,没有把资金输送给迫切的教育体制改造,而是把钱给到了个人,与钱相伴的还有责任。一年100欧元既不能支付正规的课外辅导(这一项总是在迫不得已时才被允许,

---

① 德文全称:Enquete-Kommission Wachstum, Wohlstand, Lebensqualität.(译者注)
② 德文全称Leistungen für Bildung und Teilhabe(教育和社会参与福利金),通常简称为Bildungspaket,译作教育福利;这是德国政府为生活在失业家庭或领取社会救济家庭的儿童和青少年提供的救济金,用来保障他们在教育和社会参与方面有尊严的最低需求。(译者注)

即孩子有留级危险时），也不够参加体育俱乐部的费用，音乐学校的小提琴课就更不用想了。然而它的弊端还不止这些，教育券间接地使两个等级的社会变得坚固，它为孩子们打上贫穷的烙印、诬蔑他们的家长为没有责任心的人。教育券标榜，唯有它才能保障钱真正到孩子手上，可问题是，除了这个想法它还能表达什么？

教育券制度自2011年初被采用以来，并没有得到人们的认可。许多家长几乎或根本没有得到有关教育券的具体信息，而且它的申请程序复杂得如同纳税申报。许多被访问的哈茨四受领者还担心，教育券会撕掉他们隐藏贫穷的遮羞布，使他们最终不得不"坦诚相见"。然而保守的仇恨鼓吹者却用穷人的低调、克制来证明其论点的正确性，比如柏林的基民盟议员弗兰克·施特菲（Frank Steffel）就曾发表如下言论："教育券的唯一用途是，使孩子们享受福利，它不是为尼古丁和酒精准备的，人们不可以把它抽掉和喝掉。"

乌尔苏拉·冯·德莱恩也曾提醒家长注意"往取之债"。其实她大可实话直说：可见他们并不想要教育券，自己的孩子他们都不在乎，那就没办法了。对此，社会法院法官于尔根·博尔谢特（Jürgen Borchert）予以坚决反驳："所有调查研究都指向相反的事实：所谓的低收入家庭的父母对孩子的教育问题格外用心，为了孩子能获得资助，他们甚至负债和挨饿。"

政治和经济一味地要求"教育多多益善"，这在哈特曼看来并不可取。"如果他们真的严肃认真对待教育问题，他们就应该先问自己：中小学、大学对我们的价值究竟是什么？然后他们一定会停止对教育领域的进一步削弱。过去10年，德国共削减了将近1500个教授职位，人文学科的教授精简比例超过10%，有些专业遭遇灭顶之灾。"如果你到达姆施塔特工业大学，拜访哈特曼，便立刻体会到他这段话的含义。他从1999年起，任该校的社会学教授。大学的一部分被安置在王宫里。然而这只是外表光鲜，建筑内部早已斑驳破败，肮脏的墙壁满是疮痍，脱落的墙皮屑随处可见。那是一幅充满象征力的图景——金玉其外，败絮其中。

《能力精英的神话》[1]是哈特曼的专著，这是一本实证研究。社会来源与进入经济、政治、科学和司法领域高端职位的机会，这二者之间的关联是该书的主要调查内容。研究结论是：这类高端职位基本被中上层阶级的孩子占据。85%的企业高管、65%的律师和法官，以及70%的政客来自于只占人口比例3.5%的上层社会。正是这一小部分人按照他们的个人意愿，决定了德国的社会发展。

坚持以成就论英雄的神话是他们的愿望之一，换言之，他们主张以个人创造的成绩作为公平分配的原则。《杜登词典》将精英定义为"精选出的优秀者"，这符合他们神话的意义——优秀者高高在上。但是，其中根源和影响是什么？

精英声称，他们是最优者所以地位高；精英将其身份神话为他们成绩的唯一结果。他们通过这样的方式令中产阶级坚信，只要付出足够的努力，每个人都可以成为精英。虽然28%的德国人推测，获得财富时，出身"总是"起关键作用，虽然52%的人明确认为出身"往往"很重要，但仍有68%的德国人确信，收获财富是"能力"的体现，还有82%的人认为，"每个人拥有可以成为有钱人的自由"，这是好事。

毫无疑问，没有人被禁止发财。但是普通百姓在5年内的财富增长只能达到1.6%的同时，富人的财富增长了10%。

米夏埃尔·哈特曼研究发现，高端职位完全由另一套机制决定。精英阶层只网罗自己人："中产阶级的小孩拥有更好的事业前景，主要因为企业负责决定高层职位的管理者，为这类职位物色的是和他们拥有一致习性或至少相似的人——中产阶级找中产阶级。决定性的职位分配原则包含行为默契度、普及教育、企业思维以及个人独立和自信。"

对此，企业高管们供认不讳。一位管理咨询公司的合伙人说："要想爬到企业的顶尖职位，专业能力是不够的。人们还需要有一定的人脉，在企业里要与推荐和支持职位候选人的关键人物保持往来。这会使那些专业能

---

[1] Der Mythos von den Leistungseliten.

力较低的人更容易晋升到高级职位。不搞公关的人则机会渺茫。"

可见起决定作用的不是勤奋和好成绩，而是某种特定的世界观、等级意识、训练有素的行为以及与下层保持距离。精英们活在属于自己的世界里。中上阶层与自己人往来，他们要与平民分割开来。这可以套用一个简单的方程式说明：冷漠与富有成正比。加州大学2010年的一项调查证明，富人在情商方面表现出显著不足。研究者发现，与社会阶层属性较高的人相比，低阶层成员明显更具有同情心、更知人善任。

究其原因，一方面经济权力单一、同质，领导岗位几乎只对中上社会阶层开放。另一方面，社会政治权力由经济精英掌握，并且为他们的利益服务。而这种权力的合法性必定要由更高一层予以确认，那便是政治。

政治精英化

米夏埃尔·哈特曼注意到，政坛的人员结构与经济精英阶层的构成愈发一致。截止到20世纪末，德国政府的三分之二由小资产者和工人的后代组成；今天的情况正好相反，内阁成员的三分之二来自中上层阶级。劳工及社会事务部长冯·德莱恩是实业家恩斯特·阿尔布雷希特（Ernst Albrecht）的女儿，她在70年代担任Bahlsen的[①]总裁，后来任下萨克森州州长。托马斯·德梅齐埃（Thomas de Maizière）是继贵族后裔卡尔—特奥多尔·楚·古滕贝格（Karl-Theodor zu Guttenberg）之后，默克尔内阁中第二位拥有贵族封号的国防部长。他出身胡格诺派家庭，父亲乌尔里希曾担任德国联邦国防军总监，哥哥是德国商业银行的经理。赖讷·布吕德勒(Rainer Brüderle)是一位纺织品企业家的儿子。家庭部长克丽斯蒂娜·施洛德（Kristina Schröder）的父亲是高等法院检察官，母亲是房地产商人，她的先生欧勒·施洛德（Ole Schröder）是法学家、内务部国务秘书。外交部长基多·威斯特威勒（Guido Westerwelle）是律师的儿子。沃尔夫冈·朔伊布勒

---

① 德国老牌糕点企业，中文译作"百乐顺"。（译者注）

（Wolfgang Schäuble）的父亲曾任税务顾问、巴登—符腾堡州议员。内阁的近三分之一由律师和法学家构成。类似的格局早在施罗德领导的红绿联合政府便已形成。尽管这位前任总理是一名杂工的儿子，前外长约施卡·菲舍尔（Joschka Fischer）是一位屠夫的孩子，但奥托·席利（Otto Schily）的父亲领导着一家钢铁厂，汉斯·艾歇尔（Hans Eichel）和佩尔·施泰因布吕克（Peer Steinbrück）的父亲都是建筑师，沃尔夫冈·克莱门特（Wolfgang Clement）的父亲是营造师，赫尔塔·多伊布勒–格梅林（Herta Däubler-Gmelin）是外交官的女儿，布里吉特·居普里斯（Brigitte Zypries）的父亲是一位企业家。

当精英们不只占据经济、司法和行政的要职，还在政治领域聚在一起，他们还能代表百姓的立场吗？这些内阁成员的日常生活距离平民和穷人的生活现实有多远？涉及财富和特权分配时，他们难道不是优待与自己同属一个阶层的成员？这种富裕市民的思想不是早已渗透进政治领域？

问题不止如此。米夏埃尔·哈特曼指出："精英频繁在不同领域流动，这在德国并不是新现象。"企业家和律师投身政界，反之政界高官进入企业和经济利益集团，而且并非像早先那样，他们只进入监事会，而是走上实质的领导岗位。从政治高层跳槽到自由经济的高管阶层的第一人是罗兰·科赫（Roland Koch）。2010年这位基民盟的政客突然辞去黑森州州长职务，不久他便成为（年营业额81.2亿欧元的）建筑企业比尔芬格·博格（Bilfinger–Berger）的董事会主席。他的个人年薪估计可达150万欧元。为小人物的利益付出努力的人恐怕不会得到如此赚钱的工作。

从政界高层过于快速地转换到企业高层，这一现象受到反贪腐组织透明国际（Transparency International）的严厉批评。科赫担任州长期间，比尔芬格·博格建筑公司修建法兰克福机场西北跑道和其他设施的部分工程，备受争议，订单价值8000万欧元。该订单的委托方是法兰克福机场运营公司FRAPORT，它的股东之一便是拥有三分之一股份的黑森州。监事会主席当时是科赫的财政部长卡尔海因茨·魏玛。前任联邦财政部首席经济学家马尔库斯·柯尔贝现在担任德国工业联合会（BDI）的首席执行官，成为了德国经济的首席说客。他想要通过工业联合会为政治和经济架起一座"沟通的桥梁""改善政治和经济的关系"。说得好像这事很必要似的。政治和经济不早就一家亲吗？过去二十年里，几乎所有的政治决策都有利于经济精英：从社会福利国家的解体，到有利于雇主的薪资附加成本[①]下调，再到慷慨地把税金送给银行，为了挽救他们不惜损害集体利益。总是自下而上进行再分配。顺便提一下，柯尔贝从政之前是一位投资银行家，而且为德意志银行工作过。

这份厚颜无耻的名单可以无穷无尽，上榜的不只是保守、自由的"交换场地者"，还有施罗德内阁的一系列部长，他们过于殷勤的证明，经济如何尽责地满足他们的要求。回顾过去，《2010议程》像是一个很好的事业起点：绿党党员安德烈娅·菲舍尔（Andrea Fischer）作为当时的卫生部长对国家医疗保险公司进行了"现代化"改革，即取消救济金、保费涨价。她没有触动制药产业的利益，这对她个人肯定有利，因为任期结束后她便成了制药业的说客。首先她在国际公关咨询公司Pleon担任医疗部主管，现在她是医疗政策和健康经济方面的独立顾问。马蒂亚斯·贝尔宁格（Matthias Berninger）在施罗德的红绿联合政府担任议会国务秘书，负责消费、食品和农业。任期结束后他转投美国食品企业玛氏（Mars），负责提升该企业在欧洲的形象。改善形象也是玛氏迫切需要的，该企业的可可供应商对农民和儿童进行剥削，近年来饱受指责。前任"反核能党"主席，即绿党党主席贡妲·勒斯特尔（Gunda Röstel）居然转入能源企业巴登—符腾堡能源集团（EnBW）的监事会，该集团在德国能源企业中占有最多核电份额。约施卡·菲舍尔的后政治生涯几乎可以用"精彩"形容：他为欧洲最大的二氧化碳排放者——莱茵电力集团做说客；为连锁超市雷韦集团、西门子以及宝马汽车做顾问，还为马德琳·奥尔布赖特（Madeleine Albright）的咨询公司Albright Group LLC做事，该公司有哪些客户属高度机密。

---

① （Lohnnebenkosten）各种社会保险如养老保险、健康保险、失业险等的雇主负担的部分。（译者注）

政客原本的责任是从事一份常规工作，以保持自身的独立性，但以上种种再次说明，从前民主选出的国会议员制定出违背社会大众集体利益的政策，现在正利用职务之便从中谋取经济利益。

社会民主党人沃尔夫冈·克莱门特的事业心显得格外卑鄙无耻。担任劳动部长时，他解除了保护劳务派遣的法律框架，尤其是废除了派遣契约的时间限制。任期刚刚结束他便进入了第五大人力派遣服务企业，德国工业服务股份公司（Deutscher Industrieservice，DIS）的监事会。当该公司被全球最大的瑞士人力资源公司德科集团（年营业额187亿欧元）收购后，克莱门特转任德科劳动事务研究院①主席，该机构由德科集团提供经济支持，目的为改善和促进劳动派遣市场。自从红绿联合政府取消对外来务工的所有限制，一种现代式的奴隶制度便兴盛起来，即工作不变，但没有社保、工资更低。2010年该行业共创造出260欧元的产值。

绿党政客如杰姆·厄兹德米尔、奥米德·诺利普尔和卡特琳·戈林-埃卡特甚至是精英联盟大西洋之桥（Atlantikbrücke）的成员。该社团500名会员中，有267位是来自经济界的代表，他们起主导作用。大西洋之桥的成员还包括于尔根·格罗斯曼（莱茵电力集团董事会主席）、希尔玛·科佩尔（德意志银行前董事会主席）、马蒂亚斯·维斯曼（汽车工业协会主席）、亚历山大·迪贝利乌斯（金融危机时被严厉谴责的高盛投行的执行总裁）以及凯·迪克曼（《图片报》主编）。然而《法兰克福汇报》认为，大西洋之桥是德国少有的从私人角度向政治领域渗透影响的一种尝试，它有利于建立好感、促进交流并具有催化作用。绿党代表加入这个只供少数人享用的高级俱乐部，典型说明了这个昔日反对党的"成长变化"。

种种经济团体、企业性质的基金会、金融精英、新自由主义的经济学家以及媒体不断制造压力，红绿联合政府急需做出解释，因为他们没能兑现降低失业率的承诺。在"更多经济增长、更多就业机会"的口号下，红绿

---

① Adecco Instituts zur Erforschung der Arbeit.

政府推出了《2010议程》，这一改革的最初依据来自德国素负盛名、一言九鼎的智库贝塔斯曼基金会（Bertelsmann Stiftung）发表的"给新政府执政100天的经济政策建言"。失业救济和社会救济合并，给付水平降低[①]；缩短失业保险金的给付期限；降低解约保护；降低企业的薪资附加成本；针对失业者的"合理可期"条款[②]以及强迫性、压制性加剧，这些内容仿佛是红绿政府列出的"一份长长的资本市场的圣诞购物清单"，尤塔·迪特富尔特在她的报仇性著作《战争、核能、贫穷——绿党的所言所为》中如此写道。

该书富有启发性地阐明了绿党从一个左翼反对党变为某种具有绿色风格的自民党的发展道路。它说明如果不追随主流政治的方向，不具备保守的理念，不与经济权贵团结一致，绿党摆脱反对党身份的道路恐怕不会成功。

20世纪80年代，绿党尚代表着社会平等，并且反对核能、战争和资本主义。这一立场在90年代发生变化：当绿党消除了教条主义者和现实主义者，即左翼分子和实用主义者之间的分裂后，它决定要争取一个新的理想选民群体，即乐于消费的公民。在参与执政期间绿党抛弃了其全部的立党信念。90年代末，这个反战党甚至投票支持违背国际法的科索沃战争；通过同意出售核电，绿党为其退出黑黄联合政府的废止核电计划创造了依据；绿党内90%的人为《2010议程》投了赞成票。

这种情况下绿党仍旧享有广泛的信赖，着实令人诧异。事实上只有绿党的草根阶层为该党的精神转变而生气。而主流中产阶级认为该党对其全部原则的背叛——所谓"形势所迫"政策是理智的。正因如此，该党的"执

[①] 指取消给失业找工作者的"失业救济金"（Arbeitslosenhilfe），启用使用范围更广的"失业金二"（Arbeitslosengeld II），也称"哈茨四"（HartzI IV），给付水平调低到跟贫困者的社会救济（Sozialhilfe）一样。"失业金二"与社会救济并称为"基本安定津贴"（Grundsicherung）的类型之一。（译者注）

[②] "合理可期"（Zumutbarkeit）意为："哈茨四"领取者在求职时不能对工作太挑剔。只要是合理的、能做的工作都必须接受，无故拒绝会被减发甚至停止给付。"合理可期"的条件相当宽松，健康因素除外。（译者注）

政能力"受到肯定。至今为止绿党从《2010议程》中只有获利。

绿党是所有人都可能接受的不错选择，因为它有利于经济、适应中产阶级需求、热衷技术并且"环保"；它被认为值得信赖，因为它成功保留了其作为反对党的历史传说。因此一部分核心选民始终对绿党不离不弃，他们一如既往地相信绿党代表政策改变，他们认为其他政党上台只会更糟。此外他们还赢得了其他阵营的选民——来自富裕中产阶级的投票者。国会议员马丁·林德（自由民主党成员）不无羡慕地形容绿党的左右逢源："绿党把驾驶保时捷卡宴的人和在克罗伊茨贝格地区放火烧保时捷卡宴的人联结在了一起。它将这两拨人收拢在同一个绿色屋檐下。"他们成功完成了"一种生活感觉的推销"。

政治如何优待富人

如果由中产阶级或上流社会中成长起来的人掌控政治形势，无疑会给社会造成不良影响。他们认为上层社会是贡献者，下层社会贡献较少，并把这种看法带入立法和政策讨论中。各种危机的代价不断转嫁给下层百姓成为必然。政客们断然不期望由他们所属的、给他们带来归属感的集团承担责任和经济损失，所以由国家而非投机商为金融危机的代价买单便不足为奇。米夏埃尔·哈特曼说："投机商拿出他们盈利的20%或30%作为一种特别捐献，可能足够度过金融危机。"但是消除只为寄生虫服务的社会福利国家才符合精英以及许多德国公民的世界观。涉及救助"破产的希腊人"①（《图片报》用语）时，多数人抱持这种信念。比如人们不去问责拥有数十亿财富却几十年来不缴税的船主，而是把愤怒指向平民——懒惰的南欧人才是问题所在。这是一种原始种族主义的确信性，当时只几个星期的工夫它便通过权威媒体慢慢扩散开来。

当银行家和经理人在金融危机后通过额外股利和薪资饱和继续攫取暴利

---

① 德文：Pleitegriechen.（译者注）

的事实昭然天下后，他们首先招致百姓的不满，因为他们把赌注放在了国家救援上。你我同所有的人也用自己的钱挽救了富人的财产、存款和股票赢利，这件事实际上却没有被公众察觉。

　　政客们不会拒绝用一种廉价的无偿道德高调渲染银行家和经理人的贪婪，这并不奇怪。前财政部长佩尔·施泰因布吕克（Peer Steinbrück）2008年在一次联邦议会上说："这种不断追求更高利润的疯狂行为必须停止。"佩尔·施泰因布吕克究竟何许人也？想起来了：他所在政府部门于2001年取消了对金融市场的保险理赔，取消了对金融衍生品的限制，并于2003年通过"投资现代化"议案允许银行投资对冲基金，因此"施泰因布吕克公司"为"贪婪"打造了坚实的法律基础。如今施泰因布吕克大声斥责："我们必须清理病态的金融市场，我们必须终止地下银行的活动。"他主张严格限制如类似金融衍生品一类的高风险投机交易。施泰因布吕克还与年迈的前总理赫尔穆特·施密特合著了一本书，名为《一步一步》①，收看"贝克曼访谈"②的普通观众非常喜欢听施密特权威、简明的谈话（譬如这种否定性的议论："重担？是的，我表示衷心地哀悼！你们年轻人将要面对的是一份艰难的人生。"），这本书相当于施密特为施泰因布吕克竞选总理写的推荐信。施密特平易近人的一句"他能胜任"被《明镜周刊》用作封面标题，这一点他作为大联盟政府的财政部长倒是证明了，就在几周前他还咆哮着，投资银行家"让我们倒了大霉"，但是称施泰因布吕克为理想候选者的不正是邪恶的银行家吗？施密特和施泰因布吕克显然相信选民都患了失忆症。米夏埃尔·哈特曼为此非常担忧："他们的确把这事忘了，或者他们没有意识到。取消金融市场保险理赔的措施没有在媒体公开探讨过，几个人关着门就决定了。"由此可见，施泰因布吕克是一个典型范例，他体现了精英的理念，即情况究竟如何只有精英心里有数。施泰因布吕克借助几乎被神化了的年迈总理的推荐登上总理候选者的位

---

① Helmut Schmidt, Peer Steinbrück: Zug um Zug.
② 德国电视一台（ARD）一档访谈节目，以主持人Reinhold Beckmann的姓氏命名。（译者注）

子，这种努力本身就像征了精英的心理状态。

如果现在社会民主党在竞选拉票中，承诺将最高税率从42%提升到49%，那么社民党党员显然也寄希望于多数德国人罹患老年痴呆症，因为红绿联合政府为富人量身打造的、格外慷慨的税收优惠是从前任何一届政府望尘莫及的：他们把最高税率从53%下调到了42%。450位当时人均最低年收入900万欧元的德国超级富豪，他们的实际税负通过红绿联合政府的税务改革在1998至2002年期间由41%减少到了34.3%；人均最低年收入220万欧元的45名德国富人，他们的实际税负从45%降低到了32%，降幅超过四分之一。德国中等收入者的财富拥有量在2002至2007年间并没有实际增长，只从原先的15000变化为15288欧元。相反，人均财富拥有量至少达到222295欧元的10%上层人士，其财富增幅可达6.6%。在此期间真正获利的群体是位于社会经济最顶端的那1%，他们的人均净资产至少有817181欧元，其中10%是他们用5年时间便赚到的。换言之，手握接近四分之一总资产的极少数居民额外拥有了1500亿欧元；最富有的10%得到1000亿欧元，缴税却只有200亿。德国居民中收入最高的10%，其财富所得的80%是没有缴税的。

自此，"从毛收入中获得更高净收入""无需努力获得财富"便只适用于富人。大联盟政府继续采取有利于富人的方针，并于2009年推出清偿税（Abgeltungssteuer）：股息或红利之类的所有资本收益只需缴纳25%的清偿税。而且自2000年起，公司在企业转让或企业股份转让中获得的利润已经完全免税。

当"贡献者"抱怨财产被收入所得税剥夺时，他们喜欢引用一个论据：2005年最富阶层贡献了全部所得税的22.7%，收入最高的10%的人缴税额约占全部所得税的一半。然而事实是：这10%的人获得了全部所得的40%；自1997年取消财富税后，他们的其他财富不受丝毫影响，而国家却少收进1000亿欧元税款。

所得税占全部税收的三分之一。各种间接税款如增值税给中低收入者造成的负担远远大于富人。生活在德国的百万富翁人数仅次于美国；爆发金融危机的2007年，又有72000名百万富翁来到德国；1998年，德国共有65万所谓的美元百万富翁（Dollarmillionär），2006年这一人数已经到达190万，上涨3倍之多。这一切归功于利于富人的持续减税。

通过政府批准的骗税致富

《别人缴税我发财——不公平的政治如何滋润富人的生活》[1]读起来如同一本商业侦探故事。作者萨沙·阿达梅克和金·奥托与富豪们交谈，采访财政官员和税务稽查人员，他们揭穿了空壳公司的伪装，全面阐明了过去几年的种种政治决策，最后得出结论："德国是巨富的避税天堂。"

富人不仅通过减免税获得好处，而且政府机构还为他们创造了广泛的安宁空间。在德国只有平均15%的收入百万富豪（Einkommensmillionär）定期受到审查，与此相对，哈茨四受领者的每一分钱都被检查，导致他们担心一点微不足道的挪用会遭到严厉惩罚。根据联邦审计署的调查，对收入百万富豪的每次审计后会产生平均13.5万欧元的税款补征。据估算，16000名收入百万富豪(不同于全部财产核算成货币价值的美元百万富豪，收入百万富豪只指收入达到百万，他属于美元百万富豪的一部分)可能造成至少17亿欧元税收亏损。然而财政机关的人员配备却异常匮乏，而且越来越少。德国缺少2700名企业审计和300名税务审计员，即便他们为国家带来的利润远远大于国家为他们的付出：每一位企业审计一年平均可索回税款150万欧元。

然而审计人员的工作条件非常糟糕，几乎无法为正常有序的工作提供保障。不仅人力资源缺乏、工作时间长，而且设施配备相当窘迫：许多财政单位中，500位员工共用一台能上网的电脑；他们必须自己购买报道企业盈利的财经杂志。一位财政部门的女公务员告诉作者，有时，为了弥补拖欠的工作，私营者的收入申报不经审查便通过，这段时间就是所谓的"放水

---

[1] Sascha Adamek, Kim Otto: Schön reich - Steuern zahlen die anderen. Wie eine ungerechte Politik den Vermögenden das Leben versüßt.

周"。偏巧在富人聚居的联邦州，财政单位的工作岗位过去几年里大幅减少。目前370万家企业中一年可能最多只有20万家被审计。

对消除官僚主义和减少政府开支的持续要求使得财政单位不断精简，这对富豪只有好处，意味着他们可以得到实实在在的现金。政府希望通过众所周知的对税收犯罪的睁一只眼闭一只眼吸引并留住企业。服务行业工会认为，德国因此每年丢失120亿欧元；阿达梅克和奥托估计，累计损失达到每年700亿欧元，光逐年的偷漏税就达300亿欧元。根据阿达梅克和奥托的调查，迄今为止，骗税者已将5000亿欧元转移到了海外。对公众利益的盗窃是一种犯罪行为，然而偷逃税者并没有被送进监狱，反而一再获得政治给予的慷慨赦免。2004年格哈特·施罗德以税率减半酬谢逃税者，如果他们把海外的黑钱转回德国。他盼望能有1000亿欧元进账。事实上，他的赦免偷税者只一次性为国家带来10亿欧元。政府不尽力强化法律和监管、改善财政单位的配备、打击避税天堂和取消银行保密，而是花费数百万欧元购买存储有逃税者资料的光盘，并表示自首者将免除惩罚。沃尔夫冈·朔伊布勒准备和瑞士签订的税收协议，无异于一份对骗税的法律认可，因为协议拟定对黑钱储户征收20%至30%的税款；由于追查期限的规定，政府只不过追讨过去10年转移到瑞士的钱，预计它将为政府带来100亿欧元的财政收入。ATTAC[①]称该协议为"逃税和洗钱的帮凶"。让普通百姓相信该协定的合理是轻而易举的事，因为民意调查显示60%的德国人视骗税为"不丢脸"的过错。

"捐赠誓言"：财富的慈善化

2010年夏季，一批美国超级富豪打开他们的钱包、拿出部分财富投进全球的功德箱，引来人们一片欢呼。在世界首富沃伦·巴菲特和比尔·盖

---

① 中文译做"征收金融交易税以协助公民协会"，1998年成立于法国，目前在55国成立组织，是一个提倡征收金融交易税的社会运动团体；法文名称：Association pour la taxation des transactions financières et pour l'action citoyenne，缩写ATTAC。（译者注）

茨的倡议下，57位富豪宣布加入"捐赠誓言"①并捐出其财产的一半做慈善用途。究竟最后募集了多少款项，不得而知，坊间流传大约6000亿美元。这相当于德国联邦预算的两倍多，但比经济危机的代价要低。通过慈善事业，超级富豪们节省了大笔税款，而且这些钱如何使用，由他们自己决定。比如巴菲特捐款给了比尔与美琳达·盖茨基金会（Bill & Melinda Gates Foundation），该基金会打着公益的幌子，推动有利于全球经济精英财富增长的可疑项目。捐赠成员还包括速食餐厅达美乐披萨的创始人汤姆·莫纳根，美国最慷慨个人捐赠者之一，他把钱主要用于实现他个人的反动保守世界观，比如资助反同性恋组织或者在尼加拉瓜建造大教堂。

富人以施主的姿态赏给穷人面包屑，这种倒退回19世纪的慈善态度被马修·毕夏普（Matthew Bishop）和迈克尔·格林（Michael Green）称为"慈善资本主义"（Philantrokapitalismus）。他们同名著作的副标题包含了一个重要论题："捐赠如何拯救世界"。

该书通过研究指出，富人的捐款进一步拉大了社会差异：富人常常把钱捐给大学和文化机构，这根本无法惠及穷人，富人却能为自己买来尊贵赞助者的名誉，它会留在人们的美好回忆中。钢铁大王安德鲁·卡内基（1835~1919年）是第一批通过基金会提高名誉的美国企业家之一，他还建了卡内基音乐厅。

"捐赠誓言"曾部分地受到严厉批评，但自民党和绿党的政客却呼吁德国富豪效仿。绿党主席克劳迪娅·罗特（Claudia Roth）说："'捐赠誓言'是一个好榜样，有捐赠能力的人应该效仿。"这无异于让财富为少数人服务的政治走向破产的宣言。

显而易见，国家服务的对象主要是那些想要将它据为己有的人——富人和经济精英。经合组织明确指出：自上世纪末本世纪初以来，没有任何一个经合组织成员国的收入差异和贫穷的增长速度比德国严重。这足以说

---

① The Giving Pledge，比尔·盖茨和沃伦·巴菲特发起的一个慈善运动。（译者注）

明，德国社会发展的现实状况。然而政治不迫使富人承担应有的责任，反而帮助精英提升个人财富。如其所愿，中产阶级的愤怒并非针对上流社会，而是针对社会最底层。除了经济和政治之外，还有一种权力强化精英的影响、改写"贡献平等"的童话，它就是媒体。

"这个阶级的成员热爱权威,热爱它带来的全部光辉和权力象征;他们参与到权威之中,并且获得安全,体验强势。他们的生活即便不绚烂多彩,也被安排得妥妥当当。他们在经济上有安全感,自己的钱自己作主。某些他们也想拥有的反叛感已深深地隐匿起来。"

埃里希·弗洛姆(Erich Fromm)写于他的社会心理学研究
《第三帝国前夕的工人和职员》(1929年)

第五章　终于有人说话了！

报纸副刊如何维护创办者的权利

轻松谜语：猜猜以下引文出自哪份报纸？

1) "事实上，任何一个现代国家的人口中，有一半属于长期无收入者或者低收入者，他们被豁免赋税，他们的生计依赖于另一半纳税人的贡献。"

2) "另一方面，怀疑不由自主地产生，因为德国被攻击的社会福利制度依旧有足够吸引力，它吸引大批移民加入其中。这是对移民原则——在陌生的国度，通过自己的双手创造幸福的歪曲。"

3) "博人同情的罪犯故事已经多到泛滥，我不想再多写。一个破碎的童年不是凶杀和打人致死罪的豁免券。"

4)"自民党在年轻人中口碑很差,在初中毕业生和退休者中口碑上佳。后者虽然赚得保护,但未来堪忧。"

5)"单亲父母已经得到悉心照顾:他们中的40%获得哈茨四,生活条件已经优于穷人。他们既犯不着去工作,也不必找个新伴侣。"

6)"只要政府认为,儿童可以拥有随意获得公共资助的权利,下层社会的妇女便把怀孕当作资本。要有效改变现状,可以推行一种支付期限定为五年的社会危急保险,取代终生的赡养资助。这样的社会福利国家的变革或许可以终结利用福利'曲线救国'的行为。"

7)"人的尊严还包括,具备自助和自我负责的能力以及在依靠他人、国家养活自己时感到羞愧。收到礼物但没有回报的人应该感到痛苦,这对于走出没有尊严的处境也是种激励。"

答案:
1)彼得·斯洛特戴克,《法兰克福汇报》
2)卓凡尼·迪·洛伦佐(Giovani di Lorenz),《时代周报》
3)苏珊·莱讷曼(Susanne Leinemann),《时代周报》
4)约瑟夫·约弗(Josef Joffe),《时代周报》
5)格奥尔格·默尔克(Georg Merck);赖讷·汉克(Reiner Hank),《法兰克福汇报》
6)贡纳尔·海恩索(Gunnar Heinssohn),《法兰克福汇报》
7)格特·哈伯曼,《世界报》

类似上述引文的内容本来是《图片报》或蒂洛·萨拉辛的拿手好戏,而当人们煞费苦心地将措辞修琢一番,权威媒体的文化市民读者便予以支持。其实本质上传达的都是同一件事:社会寄生虫依赖贡献者养活自己。

自从知识分子（他们大多是领国饷的）和权威媒体加入这场自上而下的争斗，攻击贫民、弱者便成为合情合理的事。高贵外国人、《时代周报》主编卓凡尼·迪·洛伦佐的各种排外论点传播到《图片报》，这一具有历史意义的情况足以证明最讨文化市民喜欢的《时代周报》不时向煽动性报纸《图片报》靠拢。2010年洛伦佐声称"大批移民进入社会福利体系"后的第二天，《图片报》的标题是："《时代周报》主编卓凡尼·迪·洛伦佐发起棘手的辩论：为何移民比德国人更频繁地得到哈茨四？"洛伦佐所谓的大举进入社会福利体系根本不可能，家庭团聚移民政策的改革早已设法避免它的发生。如今，每一位想要把家人接到德国的移民必须证明他可以支付家人的生活费。

许多论断都可以被轻易驳倒，譬如彼得·斯洛特戴克抱怨"贡献者"承担过重的税收负担。这位由国家奉养的大思想家当然也在"贡献者"之列。他那篇混乱无序的号召书《放开手脚革命》阐述的观点：国家是一个"吞钱怪兽"，其税收政策是"盗窃统治"，连作为哲学教授的他都不甚明了。在他的论战性文章中，他以严肃认真的态度鼓励精英，克服被穷人的嫉妒和反感挑起的所谓自我鄙视，加入一场保卫个人财产的"国库的公民战争"。

"斯洛特戴克从一个寂寞的高度宣告了期盼已久的未来政治形态口号——终结令人伤感的社会福利国家梦想。"来自法兰克福的哈贝马斯门徒、社会哲学家阿克塞尔·霍耐特(Axel Honneth)针对斯洛特戴克"不成熟的思考"于《时代周报》写下上述反驳。

霍耐特在文章中称斯洛特戴克的论述为一种"上层社会阶级斗争智慧的畸形产物"。他还写道："那不过是一些受媒体青睐、受政治舆论崇敬、学院用无数勋章予以表彰的句子，认识到这一点，便足以对抗那样一个荒谬、极端轻率鲁莽的斗争口号引起的解脱般的笑声。"这仿佛是为《时代周报》量身打造的漂亮结束语。然而《时代周报》更愿意把结语任务交给斯洛特戴克，霍耐特的反对意见发表后《时代周报》留给斯洛特戴克双倍版面，他以严峻的标题"为何我依旧正确"发文再度完善他的论点。

由社会教育学者、右派民粹主义政治宣传博客"如意轴心"(Achse des Guten)的作者贡纳尔·海恩索通过《法兰克福汇报》传播的生命政治的思想，盘算着一个危险的主意而且长期以来制造无道德的观念：海恩索要求社会福利金的发放限定为5年，以便结束对教育水平低的小孩支付"公务员形式的报酬"，通过这种要求，他公开表达的观点是，社会福利制度繁殖了太多"错误"，因此要把贫民小孩对社会的无用记录在案。接下来又会有哪一个蔑视人的要求经过智慧地修饰表达出来？是强迫节育吗？

所谓下层社会以捞钱为目的而进行兔子式繁殖的真实情况是：女性哈茨四受领者，必须用救济金自己支付避孕产品的费用，而人工流产免费。根据Pro Familia[①]科隆分会2007年的一项调查，在意外怀孕的下层社会女性受访者中，80%的人表示她们没有能力支付安全、昂贵的避孕产品如避孕药或避孕环；同时超过三分之一的女性害怕她们的生活因为多个孩子可能变得更糟，尤其自从实行给付额度更低、领取条件更严格的"失业金二"（Arbeitslosengeld II）以来，80%的意外怀孕受访者都面临这一情况。然而毫无意义的辩论无关事实，不过是争论权利和财富的分配。在辩论中，记者乐于兜售精英的价值观，并重复着古老的思维模式。如果社会批评过多，他们无法营造利于刊登广告的环境、无法创造销量。

阿克塞尔·霍耐特称这类报刊小品作家为"常规化的知识分子"：他们远离所有的社会科学理论，只想在无论如何都不会出错的原则内发表观点；当真实的社会批评对这些惯用的社会准则刨根问底，他们一定具备变通兼容的能力。卓凡尼·迪·洛伦佐几乎就是"常规化的知识分子"之典型。他用他的移民论点侮辱下层社会，同时向上流社会寻求团结，这方面可以参见他那无尽无休的系列作品《对话赫尔穆特·施密特》[②]。不久前，迪·洛伦佐为前任国防部长卡尔—特奥多尔·楚·古滕贝格举办了一场公关活动。一个是货币贵族，一个是书写贵族[③]——两人可谓一见如故、情投

[①] 隶属德国政府的家庭计划、性教育和性咨询机构。（译者注）
[②] Helmut Schmidt, Giovanni di Lorenzo: Auf eine Zigarette mit Helmut Schmidt.
[③] 古滕堡家族先辈约翰内斯·古滕堡是第一位发明活字印刷术的欧洲人。（译者注）

意合。在访谈录《暂时失败》（Vorerst gescheitert）的作者照片上，你几乎无法将他们区分开来：两个人都穿衬衫搭配淡蓝色的针织套头衫，二人中间摆放着录音设备，身后是白色的壁炉，采访地点位于伦敦一家豪华饭店的客房。虽然迪·洛伦佐必须容忍编辑部内的许多批评和同事的挖苦，但那场带有温和批判性的、只能对古滕贝格有模糊认识的访谈，成功帮助这位博士论文剽窃者恢复名誉，他再度从政的愿望仿佛近在咫尺。然而许多德国人的反应令人震惊：49%的民众希望古滕贝格重返政治舞台。

编辑部里的中产阶级小孩

传媒界上述那种"突出的发展"早已引起米夏埃尔·哈特曼的关注，因为作为精英问题专家的他，本身就是一名被采访对象，而他讲的内容至少坚持精英范式的保守编辑并不希望听到。哈特曼说："我的立场是精英批判者，而且没有站在编辑的队伍里为精英说话，这的确惹他们生气。"他多次接受《法兰克福汇报》负责精英课题研究编辑的深入访问，然后这些编辑总想不断引导他支持精英教育，刊登出的文章则对他的论点只字不提。哈特曼认为，这是编辑有意识地从一开始就把重点转移到他们期望的方向，归根结底这是对他学者身份的一种贬低。

哈特曼的博士生克拉丽萨·卢埃克在她的博士论文《习性、出身和定位——新闻业的逻辑》[①]中，借助三所德国知名新闻学校对记者出身以及它对职业产生的影响进行了调查研究。她发现了一个拥有相似出身的封闭群体。她的研究结果可以推测出与之相匹配的同质化思维定式。据卢埃克的调查，68%的新闻专业学生来自富裕的中产阶级，他们的父母是知识分子、企业主或医生，这个阶层绝对没有技工或一般工人的孩子。新闻学校被认为是新闻学教育的特有主力，用某位新闻学校校长的话说，"能进入新闻学校的人，等于已经跨进了这个行业"，因此新闻学校的学生被视为行业

---

① Klarissa Lueg: Habitus, Herkunft und Positionierung: Die Logik des journalistischen Feldes.

精英。事实上，他们得到知名报刊和主流媒体中重要职位的机会，相当于其他教育背景的记者的两倍。

准确地说，这意味着在新闻业中，富裕中产阶级定调子、挑选题、做选题，并以他们的目标群体为导向。通过与几位校长的交谈，卢埃克发现，习性在录取中扮演最重要的角色：唤起信任的态度、传媒认知、引导对话的能力、语感、灵活性和一种谦逊的自我评价都是关键因素。它们被视为文化和社会性资本。一个初看令人惊讶的研究结果是，来自上流社会的学生，对主编这个职位几乎没有兴趣，他们更想力争成为"高尚的文人"，也就是意见领袖，如专栏作家、社论作者、评论员、杂志记者或驻外记者。被卢埃克归为新闻学校中最低社会等级的学生，反而多数把主编锁定为职业目标。一个领导职位对他们意味着经济能力和社会地位的提升。在今天的社会，主编并不一定等同于有才智的发言人，但在媒体困难时期，他绝对是自家企业的经理和整顿者。这意味着主编的工作多、声誉低、与经济领域相比收入普通。如此职位上流社会自然不感冒，想要从事企业性工作的人会直接进入商场。譬如在麦肯锡公司，对其他企业的无情整顿关系着一份正常薪水和同类的认同。

米夏埃尔·哈特曼认清了一个新闻业的自卫体系："记者主要来自中产阶级，于是人们不再探究前提，而是在彼此的对话中弄清事情。"走近下层社会比解开经济和权力的纷繁之网更容易："相比之下，哈茨四群体显得很简单。对此，人们有一个既定印象，他们给人容易被看穿的感觉。"另外，故意挑起与权力和主流的争吵是很危险的，"这对事业没有帮助。"

哈特曼说：的确有一些人对记者写的东西深信不疑，因为他们也生活在精英圈子里。另一些人，鉴于加剧的社会分化，至少凭直觉感到会有不好的结果。"但他们的愿望很简单，只是希望现实社会和记者笔下的社会一个样。"他们总是把一切希望寄托于这种信念："没有一个国家能像德国这样顺利度过危机。"因此，哈茨四不再受到追究而是获得理解：它不是件好事，但也没有更好的选择。遗憾，遗憾！把它当作"令人为难的事实"推销出去再好不过了。然而这般"令人为难的事实"总是统治阶级最理想的借口。这个统治阶级的成员有评论员和"专家",如麦肯锡前经理人乌茨·克拉森、阿努尔夫·巴林、汉斯-奥拉夫·亨克尔和麦肯锡前总裁赫伯特·亨茨勒,他们不只多年来主宰着电视政论节目,还撰文著书,传播适应他们个人需求的"事实"以取悦大众,譬如巴林指出,"事实"证明"社会公平存在界限";克拉森说,"事实"证明德国过着挥霍的生活。这当然反映出他们自己以及同类人的真实面貌。

多米尼克·布鲁纳尔——慕尼黑索恩车站的勇士:一次大众传媒界的突然行动

慕尼黑音乐厅的地下停车场停着光亮的轿车,身穿阿尔卑斯地区节日传统服装和绸缎礼服的女士们,手拿一杯香槟,悠闲地走过音乐厅的休息厅。那是2010年9月一个周六的晚上,慕尼黑广播交响乐团上演贝多芬的钢琴协奏曲,巴赫合唱团演唱勃拉姆斯的《德意志安魂曲》;演员沃尔夫·欧巴朗诵阿达尔贝特·施蒂弗特的《1842年7月8日的日食》,黑暗于当日中午笼罩着地球成为最富感情的一段描述:"有些事物,人们五十年来已经了解,而在第五十一年突然对它蕴含的重要性和可怕性感到惊讶。"电视女主持人阿诺什卡·霍恩身着晚礼服登台说道:"他义无反顾铤而走险,为他人贡献了自己的生命。"这种类型前有古人后有来者,耶稣基督之后又诞生一位多米尼克·布鲁纳尔(Dominik Brunner)。这位"城铁英雄"(《图片报》用语)在一年前并没有为了拯救人类而死去,他没能实现阿诺什卡·霍恩刚刚的"提议",但在位于慕尼黑高贵地段的索恩城铁站月台上,发生青少年暴力纠纷时,他在上车后试图保护孩子抵御青少年的攻击,之后他毕竟献出了生命。

多米尼克·布鲁纳尔基金会为了纪念布鲁纳尔逝世周年举办了这场音乐会,它是对死者表达无比英雄敬仰的最隆重仪式。布鲁纳尔死后获得了巴伐利亚功劳勋章、德国电视二台颁发的英勇无畏奖以及德意志联邦共和国一等十字勋章。他的故乡埃尔戈尔茨巴赫修建了一座超过真人大小的纪念碑，以示对他的敬仰。在那里，这位法学家曾作为财税董事在父亲的砖瓦厂工作过。墓碑由巴伐利亚州内政部长隆重揭幕。多米尼克·布鲁纳尔幼年和小学时居住的房子前立着一座雕塑，一个男人为了保护一名儿童而伸手防御。另一所多米尼克·布鲁纳尔故居位于兰茨胡特。慕尼黑将索尔站附近的一条街道命名为"多米尼克布鲁纳尔路"。在黑森州城市迪岑巴赫，诞生了一个"多米尼克布鲁纳尔广场"。在这场纪念音乐会的节目单上，多位巴伐利亚政界和社会团体的重要人物写下致词，他们包括：巴伐利亚州州长霍斯特·泽霍费尔、巴伐利亚州内政部长约阿希姆·赫尔曼、慕尼黑市长克里斯蒂安·乌德、拜仁慕尼黑俱乐部经理乌利·赫内斯、慕尼黑储蓄银行行长哈拉尔德·斯特勒特根，以及慕尼黑警察局长威廉·施密德鲍尔。最后，慕尼黑大主教里夏德·马克思将基督教的生活准则转化为对布鲁纳尔行为的认识："你像爱自己一样爱你的同胞。"

至此，一切就绪，在嘉斯泰格（Gasteig）文化中心的这个夜晚，敕封圣徒即将开始。主持人霍恩高声说："问问自己，救世主想要做什么？"救世主是否在通往他居住的富人区的回家路上，出于困境向那位青年的脸上挥了一拳？这一切人们并不十分清楚。

大家知道的情况是：2009年9月12日，多米尼克·布鲁纳尔坐在开往索尔方向的城铁7号线上，途中他发现2名青年，17岁的塞巴斯蒂安·L和18岁的马尔库斯·S，以拉扯和打人对4名中学生进行威胁。布鲁纳尔为了保护那4名学生，站到了他们面前，并且报了警。他没有袖手旁观而是选择插手干涉，这无疑是勇敢的一步，是见义勇为的榜样行为。布鲁纳尔和两名青年一同在索尔站下车后，他们残暴地将这位50岁的中年男人殴打致死。以上便是该事件最广为流传的版本。从案发直至2010年夏季法院审理，它成为所有媒体最重要的新闻报道之一。

事发次日，乌利·赫内斯在慕尼黑安联球场面对69000名观众发表悼词："不可思议的事情发生在我们热爱的城市。一名慕尼黑居民因为对孩子们遭抢劫和骚扰，进行了阻止而被野蛮地殴打夺去生命。我们向一位为了保护他人献出生命的人鞠躬。"当天的比赛，足球运动员统一戴上了黑纱。布鲁纳尔死后三天，在慕尼黑举办了一场500人参加的户外礼拜仪式；市内所有公共交通停止运营一分钟以示默哀。当日上午，霍斯特·泽霍费尔和联邦总统霍斯特·克勒已经宣布，授予布鲁纳尔巴伐利亚功劳勋章和联邦共和国十字勋章。身在柏林的总理安格拉·默克尔也转达了她的哀悼。此外，还有各路名人参与其中，譬如拳击运动员弗拉基米尔·克里琴科、演员玛丽亚·富特文格勒以及电视布道者于尔根·弗利格——他如同手握对两名青年的判决书一般说道："这场凶杀具有改变我们这个社会的潜在力量。"

弗利格只是复述了符合公共看法的内容：失业、反社会、粗野的有前科的斗殴者在酗酒过度后，将一名勇敢正直的商人野蛮杀害。一位被他的朋友和生意伙伴形容为谨慎平和的男人，被赋予了追求正义的深刻意义。据坊间传言，布鲁纳尔50岁生日时不想收到礼物，而是要为医院提供捐助。家乡的市长形容他是"一个正人君子"。

审判和判决

此后，媒体披露了该案件的许多可怕细节。《图片报》公开了一段布鲁纳尔报警求救的录音。据一位调查人员的记录，那段录音听上去非常恐怖，"就像一个人被打死"；他形容罪犯的肆虐"如野兽般的吼叫"。检察长巴尔巴拉·施托金格证实："他共有22处重伤，死亡由这些创伤所导致。"这虽然和后来的调查结果相吻合，但检察长的确认还是有些仓促，因为当时还未提交最终的尸检结果。尽管如此，"出于卑劣动机进行凶杀"的控告成立。

在2010年夏季的审判过程中，英雄形象开始动摇。多个证人案发之时注意到，在布鲁纳尔向第一被告的脸上揍了一拳后，暴力冲突才逐步升级。这之前，英雄的攻击都被当作"自卫"被新闻报道一笔带过。城铁司机描述案发情况时说："当时那儿有大麻烦了。"在布鲁纳尔脱下外套和背包、举起拳头冲向两名被告之前，他应该叫喊求救；塞巴斯蒂安·L还取笑他说："哟，你还真是个硬骨头"，然后布鲁纳尔就朝马尔库斯·S的脸上打去；几秒钟的惊吓过后，马尔库斯·S像疯子一般予以反击；他的朋友L开始还忙帮，但很快便收手；当布鲁纳尔已经倒地后，他还试图让马尔库斯·S停止攻击。布鲁纳尔的行为是抢先一步的正当自卫，还是他高估了自己的力气？他是否只是想用拳头告诉犯罪青年，这个世界谁说了算？——这一切皆有可能，但毕竟未得澄清。

他的行为不表示有理由遭受两个青年的暴力对待；暴力始终是一种犯罪行为，而且布鲁纳尔的死亡是可怕的。但布鲁纳尔的大打出手，使媒体一再塑造的逝者的榜样作用突然受到质疑：是他自己把威胁生命的危险引了过来。专家建议面对类似情况选择降温处理不是没有道理。检察机关却继续鼓励英雄神话，声称布鲁纳尔"所做的一切是正确的"。然而在审判过程中得到的新的要点是，多米尼克·布鲁纳尔并非死于殴打，而是心脏衰竭。他的心脏病变性增大无法负荷当时那种情况带来的压力。被告造成的那22处伤害如果针对一个健康的成年人，不会导致死亡。这一认识本应对被告的量刑尺度起关键性决定作用，即究竟是谋杀或是打人致死，还是可能导致死亡的严重身体伤害。然而检察机关作出的判决为："出于卑劣动机的凶杀罪行"，理由是：对于布鲁纳尔的干预行为，犯罪人刻意对他进行报复。马尔库斯·S被判处九年零十个月有期徒刑，已经接近青少年刑法的最高量刑；塞巴斯蒂安·L被判处七年有期徒刑。这是一个"完全符合民意"的判决案例。

可以设想，司法屈服于媒体构筑的压力，媒体利用民众对青少年惯犯的恐惧，煽动起对多米尼克·布鲁纳尔空前的英雄崇敬，让这位代表所有人付出努力的白马骑士反抗来自下层社会的暴力。"检察官有义务依法收集证明被告有罪的罪证，同时也必须收集无罪或减罪的罪证。布鲁纳尔案为期八天的审判过后，在事关案发经过的一些重要问题上仍旧不明所以。但有一点是明确的：检察机关已经拨开了一些开脱罪责的证据来证明谋杀指控。"耶尔格·申德勒（Jörg Schindler）于《法兰克福评论报》发表上述评论。除了《明镜周刊》吉泽拉·弗里德里克森（Gisela Friedrichsen）的报道，《法兰克福评论》是对审判过程提出批评的少数几家报纸之一。

这些经过漫长历程才在社会建立起的司法的准确细微之处，对公众而言早已不再重要。英雄的故事可以讲得非常精彩。在慕尼黑音乐厅演出的《致索尔英雄的安魂曲》，就发生在公布判决的几周之后。演出休息时，一位老先生说："人们不应该讨论任何不属于实际行为的事情。"他和夫人专程从雷根斯堡前来对布鲁纳尔表达敬意，他认为布鲁纳尔的确出拳打人了。一位年轻男士淡然地说："毕竟没有人强迫任何人去抢劫别人。"一位穿着奢华的男士认为："法律的细微差别不会损害布鲁纳尔的事迹。这事要是发生在纽约的布朗克斯区，估计没人在乎。"引起轰动的是，事件发生在慕尼黑的索尔，那里有着田园般的风光和生活，"而且，我们一直都有安全感。"

或许这就是问题所在，这便是引起集体惊骇的根本原因："那类人"通常不会误入到上流社区，富人区发生的犯罪通常只是盗窃。

事实上，布鲁纳尔事件中产生的落差，在另一起被称为埃梅卡·奥科隆科沃（Emeka Okoronkwo）的事件中几乎荡然无存。2010年5月，在法兰克福火车站附近，尼日利亚人奥科隆科沃看到几名男人在一间萨尔萨舞俱乐部前骚扰两名女性并向她们吐口水，于是他出手干涉。奥科隆科沃也没有按标准模式行动，而是大打出手。厮打过程中，后来成为被告的勒贝尔·G拔出一把刀刺向他的心脏，这位21岁的青年因流血过多而死。他的葬礼虽然有100多位宾客参加，但没人认真考虑过授予他联邦十字勋章，也没人想到要为他修建一座纪念碑。勒贝尔·G没有被判凶杀罪，而是打人致死。

慕尼黑音乐厅里豪华铺张的纪念活动，显然对审判过程中产生的对布鲁纳尔高尚道德的怀疑置若罔闻，它如同粘合剂，将英雄纪念碑基座上的裂缝重新弥合。音乐会的主办方是多米尼克·布鲁纳尔基金会，它是由商人布鲁纳尔的朋友们在他死后不久建立的，拥有多位有财力的赞助者，比如从高尔夫比赛中拿出25000欧元捐给该基金会的特罗因斯泰因扶轮社。英雄的幻灭不仅会玷污基金会的声誉，它的董事会成员可是包括媒体模范生乌利·赫内斯和玛丽亚·富特文格勒；弄不好还会玷污国家、州和市一级政客们的声誉，他们利用轻率的敬意和评论帮助媒体和公众作出提前判决。

以"若无英勇无畏，莫谈拥有自由"为座右铭的多米尼克·布鲁纳尔基金会，所起的主要作用是把布鲁纳尔塑造成为正直果敢的象征。也在一家基金会的董事会占有席位的安德烈亚斯·弗尔姆勒（Andreas Voelmle）说："一个人牺牲生命就必须得到一种意义，的确是不可能的。眼下我们必须长期扶植某种东西，以便使这样的事并非完全没有道理。"弗尔姆勒还是公关公司Engel & Zimmermann的董事会成员。该公司专攻危机公关，它的长期客户包括Wiesenhof和Kik公司，它还为属于布鲁纳尔家族的生产砖瓦的Erlus股份公司以及多米尼克·布鲁纳尔基金会提供咨询。这家公关公司位于施坦贝尔格湖附近的小城高廷，坐落在一栋被美丽的公园环绕的小城堡里。

弗尔姆勒和其他基金会成员对布鲁纳尔案的新闻报道和法庭审讯密切关注。"审判之初我们说过：我们不予表态。量刑尺度我们不感兴趣，因为无论怎样，它都无法让布鲁纳尔先生复活。"他们收到许多采访要求，但并未回复。直到舆论开始倾斜，布鲁纳尔因为先出手打人可能蒙羞，"那时，董事会的同事吓得毛骨悚然。他是暴徒理应遭到报复——我们很担心最后是这样的结果。"所以他们决定作出回应。"所有认识布鲁纳尔的人都感受到，他是一个谨慎淡定的人。他绝对不会无缘无故那么做，当时他肯定感受到巨大的恐惧，否则他不会先动手。"因此，他们"积极与媒体接触"，与先前被他们拒绝的那些媒体单位沟通："我们已经改变了我们的想法。"于是，他们接受了《南德意志报》《星期日世界报》和"Frontal 21"[①]的采访，这几家媒体对受害者被曲解进行了相关报道。

把审判结果归咎于职业公关无疑太过简单，几个活动家没有如此大的影响力。确切地说，是多种社会根源推动着布鲁纳尔事件向前发展，其结果是必然的。一方面，人们对青少年惯犯存在先入为主的固有认识，他们的

---

① 德国电视二台（ZDF）一档著名新闻杂志类节目。（译者注）

危险、冷漠甚至被夸张放大；另一方面，人们渴望一个十全十美的英雄。在这个过程中，不仅能说会道的布鲁纳尔支持者、政治影响力难逃其咎，还有一种"媒体关注经济学"推波助澜，在这种经济中，与暴徒正面较量结果悲壮牺牲的国民英雄的故事，意味着一笔巨大财富。一个并不复杂的故事甚至有个近乎完美的结局：青年遭受史无前例的严厉惩罚，为死去的英雄偿命。

高级中学学生和下层社会的怪物

接下来的实例将说明，类似的事件完全可能有另一种解读，准确地说是更糟的版本。2011年4月柏林的弗里德里希大街地铁站里，酩酊大醉的18岁暴徒托本·P几乎将一位29岁的男性打死。在争执中，托本·P用一只装满可乐的瓶子打对方的脸，把对方摔倒在地，当那位男士昏迷后他又踢了数脚，还用尽全力踹对方的头。当时，也出现了见义勇为者，一名游客在插手干预中受了伤。受害人最后捡回条命，但身负重伤。

不同于慕尼黑的暴力犯，托本·P原本出身不错，他就读于高级中学。但托本的父母身患重病已经提前退休。他的父亲患帕金森，母亲有抑郁症，他自己多次转学。托本或许是一个精神遭受打击，以至于在某个时刻完全脱离正轨的年轻人——为什么人们唯独做出这种揣测？抱持同样谅解的法官，判处这位青年以两年零十个月的处罚，相对宽大的处理使他的未来不至于被严厉的徒刑彻底毁灭。判决执行之前，托本·P可以到柏林的天主教圣母玛利亚中学读书，那是一所针对高能低分者的学校。《时代周报》写道："这种做法没有把罪犯变成牺牲品，而是把魔鬼变成了人。"记者可以饱含同情——当然绝非为了像塞巴斯蒂安·L和马尔库斯·S那样的下层社会的恶魔。他们的案件没有为严厉徒刑的意义和无意义、扩充社会福利机构以及青少年暴力的根源提供讨论空间，而只是再一次，在一条放任暴力产生的长链条的末端，要求人们放弃那种"袖手旁观的文化"，鼓励人们见义勇为，我们拥有的是一个把全部责任推诿于个人的修复系统。

多米尼克·布鲁纳尔基金会除了促进见义勇为、资助见义勇为的牺牲者，还致力于阻止暴力。它资助了一些值得赞许的儿童和青少年福利事业，并计划建设有幼儿园、学生托管和应急住所的"多米尼克·布鲁纳尔家园"。这尤其显示了对布鲁纳尔的一种敬仰，它可以使其他计划的实施得到保障。"布鲁纳尔家园"计划建在慕尼黑的哈森贝格尔区，然而没能付诸实施。附近的居民担心它会成为贫民聚居区，该项目便被暂时搁置了。

没能像托本·P一样得到英才中学促进名额的两位慕尼黑的犯罪人，很容易被描述成怪物。他们的生活自幼支离破碎：塞巴斯蒂安·L的父母在他四岁时离异，父母都是酒鬼。刚满十岁的塞巴斯蒂安也开始喝酒，只有这样他才能入睡。后来，他的母亲脑中风，至今昏迷不醒。他的父亲死于酗酒引起的并发症，尸体是被儿子发现的。此后，塞巴斯蒂安被安置在孤儿院和其他福利机构，他一次又一次地从那些地方逃出来，他酗酒、吸大麻、偷窃，始终和堕落少年混在一起。一位青少年法律援助代理人形容他为"悲伤、寂寞的年轻人"。马尔库斯·S的家庭情况不详，唯一确定的是，他有一个哥哥，是他唯一的依靠和榜样。他的哥哥因为贩毒正在坐牢，这显然引起了马尔库斯对警察的极度仇恨。他们没有获得同情，没有得到名副其实的改过自新的机会，未来已把他们拒之门外。"如果一个人坐牢五年，他的人生已经结束了，"刑事辩护人、作家费迪南德·冯·席拉赫说，"如果一个人被关押十年，他当然会改变，但变得更好几乎是不可能的。"

对于从事精英阶层研究的学者米夏埃尔·哈特曼而言，媒体对布鲁纳尔案的处理证实了他的论点："这是我们的一员！人们按照这样的世界观阐释问题。如果人们只和那些气味相投的人打交道，那么一致的思想就被复制，然后变成真理。"

零容忍战略

"深夜，一位女性走在柏林的街道上。这条女儿上学、儿子上幼儿园的必经之路她再熟悉不过。那里是她的社区，威尔默斯多夫（Wilmersdorf），10年前她就在那儿生活。她的脚步声格外清晰，新买的靴子，鞋跟掷地有声。"这段描述开启了苏珊·莱讷曼（Susanne Leinemann）写下的那个愤怒的故事。它以"突袭"（Der Überfall）为标题，作为封面故事刊登于《时代周报》。那个夜晚，莱讷曼是一起残暴突袭的受害者。三个年轻小伙子抢走了她的手提包，并用一块木头狠狠地打她。事件经过非常可怕，她甚至可能死于颅骨骨折、脑膜破裂、脑震荡这一系列重伤。

然而，文章中令人惊恐的部分并非上述内容，而是反复出现的物主代词："她的"女儿的路，"她的"儿子的幼儿园，"她的"社区。莱讷曼写道："要理解这个社区遭受的刺激，必须了解柏林。尽管这个城市存在犯罪，比如入室盗窃、抢劫，但依然有许多和谐美满的社区，它们以公路干线为界，就像一座座岛屿。路德维希基希广场周围就有一个这样的社区，那里的人相互认识，见面问候，彼此照顾；他们通过沟通解决问题，有时也用钱，但肯定不会动手。'拳头会毁了我们的社区，'一位熟人后来愤慨地对我说。拳头，那是罪犯的专利。的确，他们从外面来到一个对他们毫无意义的地铁站……"我们在里头，他们在外面：几乎没有一位《时代周报》读者抗拒将自己并入更大的"我们"——女作者和社区居民自称的"我们"。莱讷曼未经反思的牺牲者视角，迫使读者将自己与叙述者"我"划上等号。

"他们从专门准备的包里拿出一只厚厚的楼梯横档，那属于他们居住的地方，一排德国繁荣时期的楼梯扶手上松脱的零件。繁荣时期的建筑不是小打小闹，而是宏大铺张，所以那块精雕细刻的横档坚固扎实。在这个时代青年的手上，它变成木制利器、变成球棒，以便对我进行致命的痛击。通常我写长篇小说、消遣小说，在我上一部作品里，繁荣时期扮演着重要角色。"犯罪的下层阶级偏偏用上层阶级的标志物攻击他们！读到这些，有些《时代周报》读者受到惊吓，手里精雕细琢的手工象牙汤匙都掉了下来。"我注视着罪犯，没有任何感觉。我不认识这三个家伙，我和他们未曾有过任何交集、任何冲突，什么都没有过。唯一使我们联系在一起的，是他们几乎把我杀死的事实。至于他们是谁,他们为什么变成这样,我其实没有兴趣。如果我在此简短叙述他们的故事,也只是为了公众的兴趣,与罪犯无关,因为我曾经不得不亲身经历,发生在神秘的、与社会隔离的收养院教育和集中教育学领域中的某些失败后果。博人同情的罪犯故事已经多到泛滥,我不想再多写。一个破碎的童年,不是凶杀和打人致死罪的豁免券。"至此,莱讷曼圆满完成了牺牲者视角的叙述。其中两位罪犯后来被判处五年和十年的有期徒刑,另一位被判处两年半徒刑缓期执行。莱讷曼最后写道:"那是艰难的,那也是正确的。"

这的确可能。每个受害者都希望罪犯受到严惩。人们不能期待,一个几乎被打死的女性拥有同情心和判断力,所以才需要法官做出判决,而不是受害者。《时代周报》杂志的撰稿是刻意的"政治不正确",它用受害者满腔的绝望怒火,反对看似无处不在的对罪犯的宽恕;它以自私自利的方式(妇女和儿童优先!)触到了中产阶级的深层不安;它要证明,排斥和区隔有充分的道理:文章作者指责,"无法理解的、与社会隔离的"青少年惯犯得到过多同情,其实,她是要求大家采取置之不理的态度。这样一份零容忍辩护词,令人回想起2011年夏天,某位英国法官只用几分钟时间便对一位滋事少年做出严厉判决后说的话:"正派的社会成员受够了你这样的人,我们对你们感到厌倦。"

这同样属于来自上层的阶级斗争。在一个新闻作品中,至少应该尽力维护客观性。然而莱讷曼的文章没有收获批评,而是得到了为这个国家御用文人创造结交机会的最负盛名的新闻奖项:亨利那楠奖(Henri-Nannen-Preis)。显然,她的表达是"正确的"。

"劳动越使人感到厌恶,工资就越少。"

卡尔·马克思:《共产党宣言》,1848年2月

第六章　团结互助的终结

政治如何为了经济利益损害就业、压制百姓

"自从社会福利金由劳工部门，而不是社会救济管理局发放，福利欺诈的难度明显降低。劳动力中介提供了一些明确的实例，证明有些登记为失业的人，实际完全没有尽力在劳动市场寻求安置，并试图骗取社会救济。另一些人，试图利用规章的漏洞和对某些条款的巧妙解读，以歪曲改革法精神的方式达到领取救济的目的。"

只看措词，你当然以为上述内容又是《图片报》的作品。事实不然，它出自一本书名动听的信息手册：《君子优先——反对存在于社会福利国家的滥用救济、"敲竹杠"和自取所需》[①]。红绿联合政府时期的经济及劳动部，于2005年8月编辑出版了这本32页的宣传读本。就在半年前，即2005年1月，第四现代化劳动力市场服务法正式生效，简称哈茨四。该法案将失业

---

① Vorrang für die Anständigen – Gegen Missbrauch, "Abzocke" und Selbstbedienung im Sozialstaat.

救助金（Arbeitslosenhilfe）和社会救助金（Sozialhilfe）合并，这实际上意味着二者双双缩减。改革前的社会救助金虽然低于失业金二[1]，但社会救济管理局在必要时，通过住房装修补助、学习用品和衣服以及圣诞节补助提高了它的额度。曾经基于个人需求发放的社会救助金，如今由哈茨四救济金统一给付。劳动市场改革前，领取失业金一（上一份工作月薪的60%）的期限，取决于失业者在工作期间缴纳失业险的时长；如今，失业金一的给付期限最多只有12个月，只有55岁以上者可延长至18个月，58岁以上者的领取期限为两年。这对于所有在一年之内没能找到新工作的人，意味着迅速跌入贫穷。

哈茨法案推行的基础，是一场前所未有的反对失业者的煽动性运动，一种对寄生的普遍怀疑，以及"被政府合理化的不信任"，如同时事评论员阿尔贝希特·米勒的著作《制造舆论：政治、经济和媒体要我们戒掉思想》[2]所论及。施罗德总理在联邦议会介绍《2010议程》时说："今后不允许任何人因偷懒而加重集体的负担。拒绝接受可承受的工作的人，一定会受到相应制裁。我们也将修改可承受标准。"失业没有被归咎于某些政府部门的失职，而是失业者本身，这样便不会遭致误解。《2010议程》提出的口号叫做"促进与要求"，它的潜在含义是，如果人们对失业者严格要求，他们早就去找工作了。施罗德期待，制裁能够带来200万份新就业。然而总理的梦想没能照进现实，德国失业者人数反而剧增。为了对公众有个合理的解释，这一现象也被归咎于"社会寄生虫"的道德败坏，而非加剧失业的真实原因，即政府制定的严重削弱被雇佣者权利、进一步放宽解约保护的错误政策——它被企业及时利用达到大幅裁员的目的。

与冷酷的内容相匹配的，是那本政府宣传手册的措词。劳动部长沃尔夫冈·克莱门特亲自撰写了前言："这种顺手牵羊的心态，伤害了大多数意愿工作者和真正的穷人。在劳动力市场'骗取'的每一分钱，不再提供有

---

[1] 参见注解46。（译者注）
[2] Albecht Müller: Meinungsmache. Wie Politik, Wirtschaft und Medien uns das Denken abgewöhnen wollen.

意义的资助。可见，滥用救济金不是社会可以宽容的过错，而是欺骗了那些真正需要帮助的人，欺骗了千百万诚实缴纳税费和社会保险并对这个国家充分信任的人……因此，我们将竭尽所能揭发和打击滥用福利，为那些无法自力更生，或者需要第二次机会的人，提供最好的帮助。对想要骗取救济金的害群之马，我们绝不退让，这也是社会福利国家公平原则的一部分。如果我们尊重现实，顾及他人，我们一定可以赢得属于我们国家的未来。"

"奶牛型社会福利国家——从公共福利中自取所需"是宣传手册第一章的标题，该篇以轻蔑嘲讽的口吻叙述了一些诈骗轶事："'黎明时分，一个赤裸的小伙子站在阳台上，他不是那家女人的丈夫……'在德国，下酒的笑话总是这样开始。但此般家庭惨剧不仅仅发生在，戴绿帽的丈夫比往常提前回家的时候，有时，只是地方劳动局做上门调查的工作组在黎明按响门铃。当来自曼海姆的迪特尔·舒斯特黎明时听到走廊里的动静和关键词'核查任务'，他便立刻明白选择哪个方向逃跑。只穿着内裤的舒斯特慌张地从卧室飞奔向天台，他站在室外，淋着细雨，冻得浑身打颤——只怪调查工作不该安排在三月初。"据说，这是曼海姆劳动局碰到的情况。"几乎没有任何有破绽的说明和借口是劳动局和社会救济管理局没听过的。"接下来还有一系列关于隐瞒伴侣、伪造住处、申请表填写虚假信息、掩盖财产、外国人骗取社会救济以及非法劳工的故事。而且，"有些人利用公共利益为自家的组合柜筹措费用时，无动于衷。"寄生和"顺手牵羊心态"在德国再度流行，这种印象人们显然很难摆脱。"生物学家把'暂时或长期依赖其它生物寄生——摄取养分，以维持自身生活的生物'，统称为'寄生物'"。这些内容不是出自RTL2台的纪实肥皂剧，我们必须再次强调，它来自红绿联合政府。

立起这样一个"怪物"的人必然盯住两件事情：一来，他要证明那些在其他情形下将很难实施的政策是正确合理的。此种情况下，哈茨四受领者的私人生活遭到无尊严式的仔细审查，甚至被子下面都要被一探究竟，反正这样一来，大规模作弊的机会已经微乎其微，但是富人的精打细算几乎不被干扰，而且他们还能把财富转移到国外。于是，转移对此的注意成为这个恐怖恶魔的第二个目的。事实上，社会福利的滥用率只占哈茨四受领者的1%。

　　这种途径并没有创造额外的工作岗位，相反，被黑黄联合政府于2010年底宣告为巨大成功的所谓"就业奇迹"，只是被创造出来的一个庞大的低收入"产业"：目前，730万人从事月薪400欧元的迷你工作[①]，90万派遣工从事只有在编职工一半收入的工作。这意味着，10%的德国人从事着难以维持正常生活的二等工作。收入微薄的独立经营者几乎不在统计数据之列；为了粉饰数据，许多人一次又一次被派去参加转行培训和实习，这个不断增大的黑数字完全未知。一个可怕的数字揭穿了"就业奇迹"传说的虚伪面具：每四名失业者中，有一名会立即跌入哈茨四。这是联邦劳动局2011年12月公布的信息。此后，280万人登记为失业，73.7万人没有领取失业金一的资格，他们或者工作时间过短，或者收入太少无法达到哈茨四的其他条件。总而言之，谁一旦落入哈茨四这个下行螺旋、得到更为困难的工作，谁就再也别想翻身。

二等劳工

　　铺着塑料桌布的桌子上放着一张绿色卡纸，桌布上还粘着一些包装纸碎屑。卡片上列着一个清单，手写的字迹很漂亮："我要在今天，在你的大日子，送给你：一张驾照，一辆汽车，一套房子，一次你一直期盼的旅行。"接下来的内容："你知道，可惜这一切我都做不到。但是我要对你说：你是发生在我生命中最美好的事情；你是我人生中最重要的人，是我的唯一和全部。我爱你胜过爱我的生命。"这是一张为弗兰齐斯卡[②]18岁生日自制的贺卡。她的母亲比尔吉特·克拉默坐在三角凳上，椅背上搭

---

① 2013年，迷你工作（Mini-Job）的月薪上限调整至450欧元。（译者注）
② 非真名。

着几条毛线织的蛇，上面配有价签。我们正在B-商店，它是社会福利商店互联百货（Contact）的一家分店，位于奥格斯堡，也是比尔吉特工作的地方。她又往卡片的正面贴上一条礼品包装纸，然后笑着问我："你觉得这样如何？"

我认为它美丽且令人震撼。对比尔吉特来说，那是个好日子。弗兰齐斯卡职高毕业，开始在拍卖行接受培训。高兴的事不止一桩，比尔吉特·克拉默高举双臂说："我摆脱劳动局啦！"

如果按照联邦政府的认知，这位52岁的女性属于"就业奇迹"的一部分。这并不表示，她能拥有一份上了社保的工作。在做了一份一欧元工作后，比尔吉特成功得到了一份迷你工作的临时合同，基础月薪400欧元，就是现在这份在社会福利商店的工作。尽管如此，她说："现在我又能呼吸了。"她未来的家庭财务计划是存钱：弗兰齐斯卡得到400欧元净学徒工资，加上子女抚养金[①]和女儿的赡养费，她们共同拥有了一份略低于哈茨四的收入。这其实比从前的情况还要差，因为房租、水电、暖气、看牙医等所有支出都得她们自己负担。"今后的生活应该不成问题，"克拉默怀抱希望地认为。她们本来也没有更多选择：当弗兰齐斯卡获得培训名额后，比尔吉特获悉，如果女儿继续和她住在一起，她的哈茨四救济金将被削减。只有女儿弗兰齐斯卡搬出去，她才能为自己重新申请哈茨四。"当我不得不告诉女儿，她恐怕得搬出去时，我难过得放声大哭。"

几乎同所有哈茨四受领者一样，比尔吉特·克拉默曾拥有一份再正常不过的工作履历。她是一位受过专业培训的外贸营业员，在一家保险公司工作了四年。直到女儿没有得到上幼儿园的名额，因此她不得不放弃良好的工作机会。"然后就开始了。"她的意思是：好几年的时间她都在打零工。保洁、超市上货、电话推销她都做过。在她病休了6年后，便再也找不到工作了。家庭灾难接踵而至：搞外遇的丈夫不仅带来一个女人，还有

[①] "子女抚养金"（Kindergeld）是一项国家福利，旨在帮助家长减轻养育子女的负担。按照目前的标准，第一和第二个孩子每月得到184欧元，第三个孩子每月190欧元，第四个及以后的孩子每孩每月215欧元，所有孩子都能拿到18岁。（译者注）

一大堆账单。比尔吉特自己没有过错，却不得不申请私人破产。最后她只剩申请哈茨四这一条路。这之后的两年里，她得到的唯一一个正常的应聘机会，是位于蒂尔克海姆的一家公司的秘书职位，条件是应聘者能用克罗地亚语进行会话和写作。某天，她结识了奥格斯堡二手货商场互联百货（Contact）的创建人罗斯维塔·库格曼（Roswitha Kugelmann），从她手中比尔吉特·克拉默得到了她的一欧元工作。

社会福利商场——"穷人的乐园"？

互联百货坐落在一个巨大的、足有4000平方米的大厅里，它位于奥格斯堡的工业区豪恩施泰藤（Haunstetten），大厅中摆满了捐赠的二手家具；这里出售廉价的餐具、家居用品、窗帘、桌布、毛巾、衣服、小饰物、鞋子和书籍；来这里购物不需要证明身份的社会福利券。罗斯维塔·库格曼说："我们这座城市有很多穷人，他们几乎连到我们这儿的电车票都买不起。"因此她专门布置出一个"赠送厅"，里面所有物品用于免费发放。互联百货的分店B-商店位于这座城市一个安静的居住区，这里主要出售总店四周内没有卖出的衣服、书籍和玩具，价格更为低廉：一件商品50欧分，三件一欧元。

60名志愿者和11名雇员在互联百货工作。就在不久前，该商店还雇用了30名一欧元工作者。但由于资助措施的期限没有延长，库格曼只能接纳一半数量的迷你工作者或者让他们当学徒。商店盈利的唯一渠道是销售，而劳动力成本占到每月用于租金、水电和物流的4万欧元运营成本的一半以上。工资亏欠的部分，库格曼试图通过其他供给予以补偿：工作人员可以得到用捐赠食品烹制的免费午餐；类似食品银行，互联百货也能得到剩余食品。更准确地说，他们得到的是那些连食品银行都不想要的食物。自从奥格斯堡食品银行拒绝了里德尔的捐赠，这家平价超市便转而为互联百货供货。食品放在一个房间里，每位员工都可以在里面随意用餐。因此没有人因为难为情而想要戴上头巾。在这里，大家不必为了免费食物"排在队伍后面"等待，不需要证明贫困的证明，不会被教训，也没有人期待明确的感激。夏季还组织过一次前往达尔湖的员工集体郊游。

某种程度上，互联百货是一个平行的世界，一个为那些无法使用第一消费品市场的人们建构的平行的购物世界；也是旧货市场猎手的天堂；还是为在第一就业市场丧失机会的人们提供平行的工作世界。许多渴望工作但其实已经不能胜任的人在这里打工：无法依靠退休金生活的老人、生病的人、患有抑郁症的人、由于劳动局的管束而变得精神脆弱的人。许多人在这里找到了一个有价值的工作岗位：曾经的酗酒者约翰内斯[①]在货仓修补家具；青少年还可以在此服社会劳动役；例如，偷窃5欧元并侮辱警察的米尔科[②]，以极大的热情在图书部工作，他自愿接受为期一年的职业准备。

萨尔瓦多·托齐[③]将一壶刚煮好的咖啡和一盘杏仁糖放到桌上。"尝尝吧，今天我自己做的。"托齐46岁，但身上的刺青使他看起来像个年轻人。和比尔吉特·克拉默一样，他也在B-商店工作。萨尔瓦多是个工作狂，尽管他的身体一动就疼。他是受过专业培训的瓷砖工人，多年来，作为个体户靠铺瓷砖赚钱。然而经历三次椎间盘移位以及一次严重的背部摔伤后，他无法再从事这个职业。严格来说，他根本不应该继续工作。"我不能长时间地坐着，站着和躺着也不行。我其实也不能抬超过10公斤的重物。"由于多年对酒精和药物依赖，托齐不能服用止痛药。他说："不工作对我来说比疼痛更糟糕。"萨尔瓦多·托齐已经工作了一辈子。他的父亲来自撒丁岛，70年代家里曾拥有几家冷饮店和披萨饼店。专制、暴力的父亲在他还是个孩子时，就把他借给亲戚们工作，他的工钱则被父亲占为己有。

在托齐不得不放弃铺瓷砖的工作之后，他想要为青少年工作[④]服务："我想我自己的经验可以帮助那些走上歧途的青少年。"他在几家相关机

---

① 非真名。
② 同上。
③ 同上。
④ 指为青少年福利事业服务的工作。（译者注）

构完成了实习,但这并未给他带来任何工作机会。他讽刺地说:"我太笨了,我的教育程度不能满足这类工作的要求。"他曾在一家机构完成了一欧元工作,这家机构愿意把布置整个健身中心的活儿交给他,而且因为这个原因,他才在劳动局反复延长雇用。这是一份他没有赚到钱的全职工作。劳动证明上写着:"他勤奋地予以协助。"他请求劳动局至少把它评估为是真正的工作。然而劳动局的答复是:"很遗憾,这不可以,"因为这项工作一定得由一位师傅级的工匠完成。萨尔瓦多·托齐还能讲述很多这样的故事。"你为了不被饿死,不知不觉已经付出了全部。"他开车分送食物,每份80欧分;在养老院做清洁,每小时1欧元。"我始终坚持完成所有的事情。即便如此,你还是每次都得把所有的事,对劳动局里一个20岁的新面孔从头至尾再讲一遍。你讲的内容再被记入电脑。"人们时常给他提供他根本就做不了的铺瓷砖工作。他做了一系列一欧元工作,而只要有新工作出现,他正在做的事情就得中断。"你属于劳动局,你其实是在为他们打工。"

最不堪忍受的是权力的滥用。他申请哈茨四那段时间,劳动局的工作人员让他每天早晨七点报到;他们总是欺骗他说缺少一份文件;他早就邮寄过去的房租合同,他们总说没有收到。最后他终于忍不住愤怒,来到劳动局要求查阅他的档案,结果第一页就是房租合同。他把文件夹对着工作人员的脑袋猛地一合。"叫警察,"他当时大喊,"我要让他们看看,你们在这儿是怎么工作的。"

如果施罗德和克莱门特通过他们的"清剿寄生虫运动"播下的种子,在某个地方生根发芽,那地方肯定是劳动局。

萨尔瓦多·托齐是一名斗士,他不气馁、不屈服。为此他经历了太多遭遇。

如今他倔强地捋高衬衫展示身上的大片刺青:一张张阴森扭曲的脸孔。"这是我停止酗酒后刺上去的,都是我从前的酒友。我现在看他们,就只是几张怪脸。"但哈茨四如同一个劣质刺青:"它去除不掉,你无法摆脱它,那是个骂人的词;如果你领哈茨四,你先天就是危害社会的;如果你用拐杖走路,那你就是个装病的人。"

托齐还要顺便照看母亲,帮她买东西和做饭。

当初他向劳动局提及此事时,他们问道:"那您和母亲一起吃饭?"

每个问题都布下陷阱:诚实回答的人必定面临惩罚。在母亲家吃饭意味着缩减他的救济金。甚至收到礼物人们都要说明:"如果你收到一件别人送的新大衣,你必须申报。然后这件大衣将用救济金结清。"

萨尔瓦多·托齐已不再是哈茨四受领者。他和比尔吉特·克拉默一样,在互联百货从事一份月薪400欧元的低收入工作。

"你工作只是为了让自己莫名其妙又两手空空。然后是新一轮的计算。现在我是个傻瓜,因为我有一份工作合同。电、天然气和牙科账单如今都得我自己支付。"

他说,如果他在家里呆着能得到更多钱。"但我就是想工作。"

多项研究早已证明,长期失业者具有更高的工作积极性。哈茨四受领者绝非只是懒坐在家中,他们也承担义务。

萨尔瓦多·托齐和比尔吉特·克拉默在B-商店不单单只是打一份工,他们从事的是公共福利性工作。

比尔吉特·克拉默站在门口,严肃地劝诫一位逃避课外辅导的小女孩。克拉默还提供免费的家庭作业辅导和英语补习。

佩特拉[①]免费教授外国人德语,并且指导着一个编织小组。另外奥尔加和弗拉基米尔[②]为俄罗斯的成瘾患者建立了一个互助团体。

在我们交谈期间不断有人来到商店。有的人干脆坐到三脚凳上。他们之中有许多老人,他们安静、疲惫并庆幸自己不是一个人在这里。萨尔瓦多·托齐为他们准备咖啡,他几乎认识所有顾客、了解他们的人生故事。

B-商店也是一个聚会地点,一个非正式的团结互助网。

克拉默说,有时老人们来到店里,他们对于能和别人聊天感到非常感

---

① 非真名。
② 同上。

激,以至于想要送钱给对方。

萨尔瓦多·托齐使这个商店变成了一个有自主权和尊严的地方。起初,这里只有装满衣服的大口袋,人们在袋子里翻寻自己想要的东西。如今这里整齐地摆放着货架,还有更衣间和立式衣架。

为了营造舒适的氛围,托齐用水煮柠檬草,然后把这自制天然香水喷洒到店里。有时他还为顾客烤蛋糕。一些人开着奔驰来到店里,想要把成袋的便宜买进的品牌服装高价卖出,他会直接把他们赶走。

托齐对他的顾客已经非常熟悉,所以他会为某些客人保留一些衣服。譬如酷酷的T恤、牛仔裤和迷你裙,专门留给那些因为母亲不得不到这里购物而感到羞愧的年轻人。

萨尔瓦多·托齐骄傲地说:"我为穷人创造了一个乐园。"

"就业奇迹"的赢家

互联百货即将结束一天的营业,店里渐渐空了。卡罗拉·迈斯讷[1]在收银台前计算这一天的收入。一位中年女性垂头丧气地走进店里。"嗨,英格[2],你好吗?"迈斯讷高声问候。英格只是耸耸肩膀,缓慢无力地径直朝办公室走去。不久前,英格在互联百货有一份一欧元工作。"对她来说,倒霉的事如今卷土重来。她又登上了劳动局那艘贼船,人们亲眼所见,她再也不能真真正正地工作;多数必须离开的人都面临这种境况。他们在这里工作是那么地好。"英格今年55岁,但看上去老得多。此时她来店里领取免费食物,否则她将无法度日。"我的天哪,这太令人伤心了!"卡罗拉·迈斯讷说道。

她说,其他那些一欧元工作者会得到亚马逊的临时工作。这家网上书店于2011年在奥格斯堡附近设立了一家仓库,应公司自身的要求,他们希望

---

[1] 非真名。
[2] 同上。

创造1000个新的就业机会，外加2000个为季节性员工设置的工作岗位。亚马逊借助劳动局的支持寻找劳动力，其原因很简单：作为全球最大的网购公司（全球销售额342亿美元）亚马逊可以有两周时间不支付雇员工资，如果他们的工作被申报为"试用工"。然后工人得到的只是哈茨四。这是一种合法的无耻行为，因为它是重新加入就业市场措施的一部分并且由哈茨四法案做出决定。实习或工作试用期可以得到多至八周的资助；高达工资50%的补助金可以延续一年。换言之，大众替代企业支付工人的劳动报酬。亚马逊已经在维尔内、赖因贝格和格拉本的分公司中充分利用这种资助，而且三番五次。因此雇工始终无法得到一份稳定的工作。亚马逊的工作是临时性的，多数工人忙完圣诞节前的销售就得走人。通过这种雇佣方式亚马逊已经节省了高达百万欧元的成本。

2010年130万人得到失业金二，尽管他们从事了某项工作；劳动局将109亿欧元政府补贴发放给了企业；30万所谓的"半饱者"从事全职工作却得到最高不过800欧元的毛收入。

在"更多经济增长、更多就业机会"的口号下，红绿政府于2003年推出了《2010议程》。此改革并非政府为促进经济送出的一份厚礼，这一点，人们从施罗德于2002年任命的哈茨委员会的人员构成便可看出。那里聚集着唯利是图的经济精英，他们中有戴姆勒-克莱斯勒公司董事会成员诺伯特·本泽尔（Nobert Bensel）、罗兰贝格咨询公司的约普斯特·菲德勒（Jobst Fiedler）、德意志银行人力资源部长海因茨·菲舍尔（Heinz Fischer）、麦肯锡德国分公司的主管彼得·卡拉杰克（Peter Kraljic）、德国中小企业联合会秘书长汉斯-埃伯哈德·施赖尔（Hans-Eberhard Schleyer）以及巴斯夫集团董事会成员埃格尔特·福舍劳（Eggert Voscherau）。委员会的主席是大众汽车前任董事会成员彼得·哈茨。这位经理人曾经在大众汽车总部沃尔夫斯堡借助麦卡锡的帮助挽救了3万个工作机会，而他采用的方法是按照陈旧的工会理念将现有的工作以低工时、低工资的方式分配给更多的人。对此哈茨赢得了广泛认可，直到2006年，他因为44起贪污公款遭到刑事诉讼。此外，哈茨对当时的企业委员会主席克劳斯·福尔克特

（Klaus Volkert），以每年20万欧元的"特别分红"进行行贿，长达10年，他的巴西情人也从哈茨手里得到每月7600欧元的"附加收入"，每年将近40万欧元汇集到这两个人那里。

贝塔斯曼基金会也输送了重要资源。凭借6.19亿欧元的基金会资本和300名员工，贝塔斯曼是德国最有实力的基金会，它拥有贝塔斯曼集团股份资本的77.6%，基金会受企业家的指导思想和贡献公平理念的影响："基金会工作的基础是坚信竞争和公民义务对社会进步至关重要。"1998年施罗德政府上台后，基金会在经济学期刊《资本》（Capital）上发表了"给新政府执政100天的经济政策建言"。其核心建议是：消除十年期内的失业保险并削减社会救济；工资下调15%，降低解约保护；到计划实施的中期，工资附加成本全部转嫁给职工。无论施罗德还是默克尔都能让这家表现出没有政治倾向的基金会出谋献策。

贝塔斯曼基金会受到严厉批评：作家、前社民党顾问阿尔布雷希特·米勒抱怨说，他们在向社会输送"新自由主义意识形态"。哈拉尔德·舒曼(Harald Schumann) 在《每日镜报》写道："贝塔斯曼基金会的专家在最高层面上参与国事，他们既是顾问也是调解人，还是监工。从文化部到总理府、从地方政府到总统官邸，几乎没有不与基金会合作的政治机关。"可是该基金会并没有外部、独立的监督。贝塔斯曼基金会还按照自己确定的标准制作了一个地区排名，对一些重要工业国家的增长报告和就业报告作出评价。在这个榜单上德国常常排在末位，瑞典排在国家支出较低的美国之后。舒曼写道："瑞典人的生活水平远远优于多数美国人，这一点那个地区测量器完全不在意。"记者托马斯·舒勒在他的著作《德意志贝塔斯曼共和国——一个搞政治的基金会》[1]中，就基金会对劳动力市场改革的影响进行了调查。该基金会成立了一个内部工作小组，他们制定了一份七页的战略文件《对失业救济和社会救济的讨论》[2]。文件中写道："工作组对

---

[1] Thomas Schuler: Bertelsmann Republik Deutschland. Eine Stiftung macht Politik.
[2] Zur Diskussion um die Reform von Arbeitslosen- und Sozialhilfe.

最高目标达成一致：减少和避免对援助的需要。所有其他目标——透明、亲民、客户导向性和接纳必须放到一边，以免出现影响最高目标实现的矛盾和冲突。"社会现实被呈现在委员会的文件中，且摇身一变成了"专家意见"。基金会把包含要点的立场性文件寄给了社会法和劳动法专家、新自由主义政治的批评者黑尔加·施宾德勒（Helga Spindler），她的答复是："现有体制中存在的不公平我实在看不出来。可我看到公民的社会权利越来越不受重视，他们的物质生活状况不断恶化。而在我的印象中，这些现实，在诸位的思考中扮演着一个更为从属的角色。"她的批评并未引起注意。2002年8月，彼得·哈茨将344页的委员会最终报告递交给了格哈特·施罗德。《法兰克福汇报》印制发行了一份阐释改革的报告，其作者是贝塔斯曼基金会的弗兰克·弗里克（Frank Frick）。一个月前《明镜周刊》刊登了一篇关于哈茨方案的故事，其中一些资料也出自弗兰克·弗里克，批评和反对声音则完全没有。通过在主流媒体发文，公关活动被授予了独立性和可信性。

劳务派遣：现代奴隶交易

"我们今天谈谈，如何利用人才服务机构把临时工作这条羊肠小道发展成为长期失业者提供机会的康庄大道，以便他们进入第一劳动力市场①。……为了临时工作能被接纳，它必须从肮脏邋遢的角落里出来。它必须得到社会的认可。因此我们将废除'雇员转让法'的全部规章。"2003年，特亚·迪克特（Thea Dückert）以这番话宣告了劳务派遣的全盘脱轨，她是绿党在劳动力市场政策和社会福利政策方面的发言人。

1967年以前的德国禁止实行劳务派遣。70年代，限定劳务派遣的最高期限为三个月；1985年变为六个月，1994年变为九个月，1997年提高到十二

---

① 指劳动力市场的一种划分：工资较高、工作条件较好、工作岗位有保障且就业前景较好的为第一劳动市场；第二劳动市场的工资较低、工作条件差、岗位不稳定、发展前景差。（译者注）

个月，2002年则延长至24个月；自2004年起，劳动派遣完全不再有时间限制。此外，禁止再次雇佣的规定也被取消。这意味着，同一雇员，理论上可以在被解雇的第二天继续（以更低的工资）被雇佣。劳务派遣是没有权利的劳动——奴隶制的一种现代形式。今天超过三分之二的派遣劳动者领取的是一份低工资。据纽伦堡就业市场和职业研究所的一项研究，派遣劳动者的收入比正式职工平均低20%至25%。根据德国工会联合会（DGB）的数据统计，从事全职工作的派遣劳动者收入甚至只达正式工的一半；仅有19%的派遣工月毛收入超过2000欧元；计划的每小时7.89欧元（税前！）派遣工最低工资对他们的收入状况没有任何改变。因此派遣劳动者的贫化风险比整体经济中存在的贫化风险高四至五倍；一些派遣劳动者尽管就业但仍需依靠哈茨四生活，他们的比例占到八分之一。此外，劳务派遣几乎是老年贫困的保证：低工资和派遣劳务之间的停顿只会导致养老金请求权变得无足轻重。社会学家桑德拉·西本许特在她的研究《劳务派遣——社会融入的障碍》[①]中发现，派遣劳动者在找房子时面临更大困难，因为他们无法提供一份固定雇佣关系的证明。越来越多的派遣工从事基础月薪400欧元的低收入工作；2006年，从事迷你工作的劳动者人数接近5万名，而2010年底，已经有82000名从事迷你工作的劳动者与劳务派遣公司有合同关系；1万家劳动派遣企业盼望得到更多顾客：他们派遣工人的价格越低，赚的钱就越多。

　　派遣劳动者不仅工作条件恶劣、工资极低，还引起在编职工的不满。那些拥有正式工作的人，视这些派遣工人为威胁的化身，是悬在自己头上的达摩克利斯之剑——"今天他们，明天换你"，从而轻而易举地实现降低固定员工工资成本的目的，可怜的工资标准结算包括在内。派遣劳动者几乎是没有权利、不受法律保障、任凭摆布且可被替换。当企业陷入（假想的）困境，他们首先被解雇。2008年7月，即金融危机爆发前夕，派遣劳动者的人数是82.3万，到了2009年4月则降到58.2万。仅仅两年时间这一数字

---

① Sandra Siebenhüter: Integrationshemmnis Leiharbeit.

又上升到了如今的近90万。

金属和电气工业对派遣工人的使用格外可观，这两个行业里派遣工几乎占在编职工总和的四分之一，欧洲没有任何其他国家拥有如此高的比例。劳务派遣早已不再用来平衡短期的订单波动，而是用来规避解约保护以及降低甚至恶化雇员的工作条件。金属和电器工业联合会主席马丁·卡尼吉塞（Martin Kannegiesser）2010年7月接受《法兰克福评论报》采访时说：2009年在编职工的人数减少了20万。卡尼吉塞显然拒绝派遣工和正式工获得报酬相同。公共服务行业中派遣工的数量也不断增多：公共非营利机构占用了全部派遣雇佣关系的40%。在医院、养老院和家庭护理服务中，派遣劳动者的数量自2004年起上涨了5倍。

根据临时工作联邦协会的报告，30%的雇员已"转入私人雇佣关系，在他们被临时就业机构雇佣之后"。该协会声称，每年有超过20万人被纳入第一劳动力市场，但独立的学者对这些数字表示怀疑。纽伦堡就业市场和职业研究所的科尔斯廷·齐格勒说："即便临时工作常被誉为进入正规劳动力市场的跳板，但一名派遣雇员被他的雇主纳入正式职员的可能性很低。在临时工作结束时，只有7%从前长期失业的派遣工得以长期地正规就业。"

为经济增长过早牺牲

劳务派遣不仅破坏就业岗位，而且临时工作易使人患病。技术人员医疗保险公司[①]2011年7月的一项调查证明，2010年，每名派遣劳动者一年平均请假15天。辛苦的工作给他们造成身体伤害，长期的不安全感、工作岗位的频繁变换、悲惨的工资和派遣工的贬值带来的精神压力还影响他们的心理健康。2010年，有50%的派遣劳动者曾因心理疾病请假。过去两年里，因心理不适导致的缺工时间增长了12%。肌肉和骨骼疾病导致的旷工

---

① Techniker-Krankenkasse，简称TK，是德国最大的医疗保险公司。（译者注）

则更为频繁。

贫穷和恶劣的工作条件不仅使人生病、抑郁，它甚至会缩短寿命。2011年12月发生了一个值得注意的事件。在联邦议会上，政府在回答左派的质问时，提供了一份他们事后不愿承认的调查结果：在德国，穷人的平均寿命较低，而且最高比富人少活七年。超过十年时间，最富和最穷的人在平均寿命上的差别始终如此。当德国人总体平均寿命略有提高时，低收入者的人均寿命反而降低了两年。平均寿命上的差别竟然与社会经济地位联系在一起，这对于富裕的德国而言是一个骇人听闻的诊断："地位较低、教育程度较差的社会阶层属性代表身体和生命受到最大程度的威胁。"维尔讷·巴滕斯（Werner Barthens）在《南德意志报》明确指出。

然而，人们通常回避违背个人意愿的现实，所以政府立即宣布，对德国退休保险（Deutsche Rentenversicherung）递交数据的解释是错误的。劳动部甚至拒绝承认这些数据反映的现实。劳工部长乌尔苏拉·冯·德莱恩在数据公布几天后的讲话中，毫无顾忌地将所谓的错误解释归咎于保守派极力创造的陈词滥调，她认为左翼党派活在过去、活在现实的彼岸。冯·德莱恩说："这是个证明左翼党派无法处理这些数字的样板，它显示了左翼人士的严重脱离现实。"

如此装腔作势的不是别人而是劳动部长，其原因再简单不过：预期寿命较低与劳动本身有关。这里的"劳动"不是指不良生活习惯带来的行为，如帕特里克·贝尔瑙在《法兰克福汇报》发文，试图要穷人对自己的死亡负责（因为他们吸烟、吃冷冻披萨饼和汉堡包，而且缺少运动和朋友）。这种以过错指派的方式贬低下层社会的言论，多年来行之有效：那些拿钱买酒和香烟而非儿童读物的人；那些整天懒洋洋地坐在平板电视前，通过所谓"下层社会的电视节目"（保罗·诺尔特使用的字眼）观看他们的同类揍孩子、欠债和欺骗劳动局的人，如果这些人变胖、生病，人们无需惊讶。然而，即便他们很少运动；即便他们不常就医（想必因为他们无法负担昂贵的治疗费）；即便他们吃得很差（或饥饿）；是的，即便他们喝酒抽烟——这一切都与他们的道德毫无关系，新型劳动关系带来的不幸、失业和社会的排斥才是造成他们苦难的元凶。

多年来一系列调查研究证明，职业不安定性、经济危机、生存焦虑和财务困境如何对健康产生影响。辛苦干活却仍然原地踏步的不幸劳动者患心肌梗塞的风险是他同年龄的工厂老板的3倍。心肌梗塞和中风的患病率在经济危机发生后升高。人们越担心自己的工作岗位，越会带病工作。流行病学家凯特·皮克特和理查德·威尔金森在他们的著作《平等就是幸福：为什么公平的社会对我们更有益》[1]中，汇集了数年来对社会不公平等现象的全部调查。根据该书的内容，科学家早在1967年就已确定，男性基层公务员的死亡率比领导干部的死亡率高3倍。所谓的白厅调查（Whitehall Study）证实：较低的社会、经济地位容易引起心脏病、肺病、肠道疾病以及背痛和抑郁。20世纪70年代以来，社会融入和社会地位对疾病和寿命的影响显而易见。哪里生活艰苦，哪里的人死得更早；收入差距越大，国民健康越受到危害。

富翁的奴仆

在杜伊斯堡的一处停车场，一个骨瘦如柴的男人进入画面：彼得。事实上他不叫这个名字。现在是上午10点，他一个小时前开始工作，目前为止还没赚到一分钱。他是赫尔梅斯快递公司（Hermes）的快递员，收入按件计价，而不是按小时。每一次交货他得到60欧分。今天他只往自己的私家车上装了29件快递。彼得估算接下来送货的4个小时他将赚到3欧元工钱。即便他送再多的包裹，彼得说，他的最高净时薪也只有3欧元。

彼得是德国电视一台纪实报道——《赫尔梅斯原则——百万富翁和他的天使邮递员们》[2]中的主角。那位百万富翁是米夏埃尔·奥托（Michael Otto），其家族财富据估达187亿欧元，是这个世界最富有的人之一。赫

---

[1] Kate Picket, Richard Wilkinson: Gleichheit ist Glück. Warum gerechte Gesellschaften für alle besser sind.

[2] Das Hermes-Prinzip. Der Milliardär und seine Götterboten.

尔梅斯公司（年销售额10亿欧元）经营物流和快递，是奥托集团（Otto-Group）（年销售额114亿欧元）的全资子公司。不过，奥托和赫尔梅斯巧妙地摆脱了这桩剥削丑闻：赫尔梅斯把货物交付给了独立企业Sat-Depots，而这家企业又聘用分包商投递包裹。在法律上，赫尔梅斯对送货员的工作条件不负责任。

随着国家垄断邮政的解体以及电子商务的蓬勃发展，产生了一个为追求速度和低价而展开残酷斗争的巨大市场。这只是证明私有化和竞争伤害公众，却对富人大有益处的诸多例证的其中之一。

彼得生不起病，所以他连生病都去送货。休假更不必想，如果他不送货就没有收入。他工资的一半得花在汽油和汽车保养上。如果舍不得这些开销，他将无法工作。自从他为赫尔梅斯的包裹东奔西走、跑上跑下；自从他有时必须在买烟和吃饭之间做出选择，这个男人已经瘦了15公斤。"如果您领取哈茨四，您的日子不会更好过些吗？"记者莫妮卡·瓦格纳问道。"其实会好些。我也领过一段时间哈茨四。但那会儿我觉得自己是个没用的人。"彼得回答。这便是许多人接受没有尊严的工作的原因。他们之中的很多人，只是为了不牺牲在哈茨四造成的压制和屈辱之下。"为什么这个系统正常运转？"瓦格纳问道。"因为总是有些人在这个系统里得到了某个工作，尽管他们在劳动力市场上不是绝对没有机会。他们却遭到剥削，或者说迫于压力，因为他们接收到的讯息是：'你现在必须去送货，否则你明天不用再来了'。"如果你仔细观察像彼得这样的人，他并非特例，你便会觉得那个无情的、讨好企业的"促进与要求"[①]原则其实是现代形式的强迫劳动。

米夏埃尔·奥托在为慕尼黑大学企业经济学专业的学生做演讲时说道："80年代，我们就已经开始研究环保和公益标准，那时几乎没有人思考这些问题。如今，许多年轻人把我们看作值得尊敬的雇主，因为我们承担责任、履行义务。"他的演讲收获了热烈的掌声。在奥托集团的网站上

---

① 《2010议程》提出的口号，也是"哈茨四"遵循的原则，详见第六章。（译者注）

写着："奥托集团的使命叫做'责任的力量'。它代表本集团所有企业承诺的价值：经济效益、创新性、多样性和可持续性。这些价值适用于每一位员工，即分布在20个国家的近5万人。"在商业世界，奥托被认为是公益企业家的先驱。此外，他担任汉堡商会副会长、政治经济团体管理委员会主席、世界自然基金会顾问委员会主席、德国工业联合会文化集团的副主席；他还是世界未来理事会（World Future Council）的荣誉成员，并于1993年建立了致力于环境保护的米夏埃尔奥托基金会。这位汉堡的亿万富翁因投身公益被授予极高的荣誉：他成为"德国环境奖"和"可持续发展领导奖"的得主。他是汉堡大学以及恩斯特-莫里茨-阿恩特大学的大学评议会荣誉评议员。奥托曾在2001年当选年度最佳经理人，2005年他获得精英联盟大西洋之桥颁发的"弗农·A·沃尔特斯奖"。特奥多尔豪斯基金会授予他"特奥多尔·豪斯奖"，以表彰一种"在经济上和道德上具有榜样意义的企业文化"。这些由类经济组织颁发的种种奖项，不过是宣传内容的一部分，旨在传达经济在追求利益的同时，也很关心人类和世界的幸福。

俗话说：谎言重复一千遍，也会变成真理。于是奥托荣获联邦十字勋章便成为实至名归的事，尽管许多人为了给他的财富王国添砖加瓦，不得不为一天3欧元的工钱，带着重感冒出去送包裹。如果奥托确实具备示范企业应有的社会责任感和公益心，他就会立刻支付赫尔梅斯快递员合理的工资。这可能还没他打一通儿电话的花费高呢。在米夏埃尔·奥托在慕尼黑大学演讲的提问时间里，德国一台的记者拉尔夫·赫特迫使这位企业家面对赫尔梅斯的状况。奥托回答："我只能说，相当多、相当多的多数人可以靠这份工作过很好的生活。这是一个有挑战性的任务，一个个辛苦的工作，毫无疑问。但是人们也能赚取合理的收入。许多刚刚失业的人，在赫尔梅斯得到一个机会，找到一个能赚钱的工作岗位。所以从这方面看，一定有很多人对此感到非常满意。"

这些人里肯定不包括彼得。曾经的钢铁建筑工格哈德·哈恩也不在此行列，他从事送包裹的工作，直到身体累垮。每件快递他赚70欧分，扣除所有税费和成本后的剩余根本不够生活。"那您为什么做这个工作呢？"记者瓦格纳问哈恩。"咳，我总算是有点收获，所以我挺高兴的。"起初他想，从事个体经营肯定会有前途。然而除了绝望和烦恼什么都没增加。哈恩甚至连支付医疗保险的钱都拿不出，更谈不上退休保险了。在3年无休的送货后，他患上了中风。非常幸运的是，妻子施特凡妮的医疗保险公司接纳他为家庭受保人。但如今他失去了工作能力，由于他在没有保险的情况下送包裹，伤残养老金他也得不到。施特凡妮·哈恩说："这其实把我们打垮了。"她带着无奈的愤怒要求说："那些高高在上的人仔细想一下，他们使普通百姓遭受了怎样的痛苦。"

但是，"那些高高在上的人"是不可能反思的。米夏埃尔·奥托遗憾地表示："一些人感到失望这当然很遗憾，特别是对个人而言这的确是糟糕的，但这确实是个别情况。我们99%的速递员和企业主管，都对我们表示满意或者非常满意。那些确实只是个案。"这离奇的数字是如何得出的呢？那些每递送一件包裹赚60、70欧分或最多1欧元的人非常满意？赫尔梅斯前任总裁哈特穆特·伊雷克接受德国一台采访时解释说，企业15000名员工中，只有100人主动表示不满，"这远不及1%"。

纳奥米·克莱恩在她的著作《精神打击战略：灾难资本主义的兴起》[①]中发问："新自由主义者真的相信自由的市场能消除落后，就像他们常常宣称的那样？还是他们的全部观点和理论只是为无度贪婪寻找的借口，为其利己主义动机提供依据？"这是一个无需回答的反问，因为确保德国在出口和资本上的市场竞争力，以及创造更高的利润，社会保险保障性劳动遭到损害。其结果是，一方面，催生出一个极度庞大的廉价劳工后备军，他们受压制、脆弱、被恐惧折磨以至于完全不再进行反抗；另一方面，又产生了一支向上卑躬屈膝，同时向下流动的充满不安感的中产阶级队伍。位于中产阶级之上的是经济掌权者，他们想要利用"社会义务"填补巨大的贫富差距，进而转移公众的注意，以便逃避支付公平的工资和相应的赋税。

---

① Naomi Klein: Die Schock-Strategie. Der Aufstieg des Katastrophenkapitalismus.

"仁慈有限，商业无限。"

穆罕默德·尤努斯（Muhammad Yunus）

第七章 世界援助的私有化

是社会化商业还是利用穷人赚钱

"不要等待。创新！"印在波茨坦大学前的一面面旗帜上，它们在四月冰冷的风中飘飘荡荡。三天前，这所位于格里博尼茨湖畔的校园，成为了"想象的园地"，第四次"展望峰会"（Vision Summit）在这里举行，它是全球最大的公益创业论坛。出租车驶进拥挤的停车场，司机对我说："我能问问这儿有什么事吗？""一个公益企业家的会议，"我答道。"噢。那是个怎样的会呢？""这个会主要展现如何利用公益理念赚钱。"司机笑了起来："哼，真是瞎扯。公益是需要花钱的，它根本不能用来赚钱！"这便是民声。

可百姓知道的又是什么呢？幸运的是接下来几天，只有专家和企业家发言，每一位专家都有个人愿景，每一位企业家都致力于实现一种有良心的资本主义。因为有良心的资本主义是企业家公益精神的体现。所谓"公益创业"（Social Entrepreneurship）指社会问题，如贫困，不再由政治而是由企业解决。当前，公益创业被颂扬为一种经济范式转换。它的倡导者和先行者不吝惜对其赞美："无论饮用水的获取，贫穷国家能源的获取，还是我们国家的社会问题，通过经济上的可行性和可持续性发展方式，都可以比我们预想的更快地加以解决。而且超越了慈善，超越了社会福利国家的援助分配。"此番美言出自"展望峰会"的创办人彼得·施皮格尔（Peter Spiegel）。

管理咨询公司麦肯锡，曾在一项研究中证明道德化的经营可以盈利，至少自此以后，经济与道德相结合便成为市场经济学的普遍真理。如今几乎没有哪家企业不树起"负责任的行为"这面旗帜，也几乎没有企业不把公关部扩展到"企业社会责任"领域。这类部门的主要任务是，消除企业在对社会和生态的破坏性经营中收获的坏名声，社会福利项目或者承担社会义务（当然是自愿的）是他们的惯常漂白手法。但公益创业的愿望不止于此，它认为企业的经营宗旨应该是解决社会问题。

彼得·施皮格尔说："'可以实现一个更美好的世界'是全球公民社会在过去十年的口号。目前这十年的主题应该叫做'可以经营出一个更美好的世界'，达成这个目标，依靠热心公益的公民——他们不坐等国家的帮助，而是自己学习研发创新的解决办法，应对种种社会和生态问题，以自己可以承担的方式进行实践。"含义相同无非措词略微粗糙的内容（譬如用"社会福利吊床"对照责任自负）我们还从吉多·韦斯特韦勒、汉斯—奥拉夫·亨克尔、哈特·施罗德、汉斯—维尔纳·辛恩以及其他社会福利国家破坏者那里听到过。然而当自诩为"能者"的彼得·施皮格尔，把ATTAC组织①批判全球化的警言改写为全球经济的口号，这听起来便像一场社会运动。

超级明星穆罕默德·尤努斯：市场经济的救世主

一位银行家被授予诺贝尔和平奖，这件事展现了商业行善者当下对解决

---

① 见注解52。（译者注）

社会问题的信念是多么坚定：2006年孟加拉国经济学家穆罕默德·尤努斯凭借为穷人提供的微型贷款模式，获得了这一久负盛名的奖项。此后，尤努斯被认为是全球经济救援的救世主。他的另一个著名理念叫做"社会化商业"（Social Business）：一家为解决特定社会问题建立的企业，其盈利不分给股东，而是投资于该企业，以便促进企业成长、增加社会效应；在这个过程中企业必须产生经济效益并自行承担经营后果，以免依赖国家的补助或捐赠。这种经营模式成为受大型集团企业青睐的指导方针：尤努斯已经与跨国企业达能、阿迪达斯、巴斯夫、威立雅和奥托在孟加拉建立了"社会化商业"模式的合资企业。

尤努斯凭借他的新救赎教义已成为"展望峰会"最具影响力的人物。在该峰会前三年的活动中，他每一次都是明星嘉宾。从那时起，来宾从600人增加到了1250多人。他的出席对"社会化商业"在德国的推广和认可功不可没。在2007年第一次峰会上，这位经济学家便荣获"远见奖"并引起了媒体的广泛关注，尤其因为这位颇具口才，发表了如此精彩的讲话："穷人好像盆景，如果人们把一棵最好的参天大树的树种种在花盆中，它只能长成几寸高，因为它缺少营养，就像穷人一样。他们的问题不是种子，而是社会没有为他们提供生长空间。如果我们改变这种状况，将不再有人贫穷。"这听上去像禅宗哲学和圣经比喻的混合。与此番准宗教的说词相一致的是，尤努斯总穿着家乡的民族服装。当照片中的他与西装革履的经济界人士握手时，看上去并不像两个市场原教旨主义者刚刚达成了一桩利润丰厚的交易，倒更像高僧为商人送上祝福。

"贫穷不属于文明社会，它只属于博物馆。"这是尤努斯的著名格言。通过这种充满隐喻的表达方式，他使精英和普通人、非政府组织和企业高管受到同等鼓舞，使自己成为具有独特魅力的领导者。甚至作为演讲嘉宾，他受邀出席全球化批评者于2007年在海利根达姆的G8峰会期间组织的音乐节。尽管他本人及其个人观点，倒是与当时在"增长与责任"的口号下促进全球化进程的凯宾斯基饭店更为配套。

尤努斯的用词有时似乎玩世不恭，譬如他把穷人无法获得贷款的现象称为"金融种族隔离",或是称这类穷人为"金融贱民"。"贱民"是印度教中最底层的人,他们在南亚国家如今仍受压制和歧视。通过这样的类比手法,尤努斯把债务问题拔高为人权问题。

"格莱珉银行(Grameen Bank)以及在全世界的效仿者,帮助人们把他们所需的意愿和力量集中起来,用来拆除困住他们的围墙。"这段华而不实的文字背后显现的无非是朴素的新自由主义咒语——"每个人的幸福靠自己把握。"尤努斯给人一种格外亲近穷人的印象。他喜欢重复饥饿者的故事:青年时他眼见挨饿的人相继死去,直到他再也无法承受那种悲苦的景象。可事实上,尤努斯是一个珠宝商的儿子,他来自富裕的中产阶级,曾在美国研读经济学。如果你仔细观察,会发现他对贫穷的印象同样具有西方特色,如同他那能带来经济效益的发展援助理念。由于他熟悉西方精英的习性,所以受到他们的认真对待。他的追随者不仅有希拉里·克林顿或尼古拉·萨科齐这样的政界名流,还包括超级富有的世界级巨星如安吉丽娜·朱莉和布拉德·皮特、博诺、鲍勃·格尔多夫,以及畅销书作家保罗·科埃略。穆罕默德·尤努斯是一种流行:他甚至作为一个动画人物出现在《辛普森一家》中。当纳尔逊用小额贷款开了家自行车商店后,片中的尤努斯感叹道:"哈,哈!"

有良知的企业经济学家

波茨坦大学主楼的大厅中搭建了一些信息台,各路"社会企业家"[①]在台边介绍他们的项目。一家小型企业推出了一种可降解的环保咖啡杯;某家旅行社为度假者提供在印度尼西亚做义工的机会;一个非政府组织推广旧衣回收;一家小公司在非洲种植树木。多个组织用照片宣传"公益投资",照片上的地方尽管贫穷但风景如画。在一张桌子前人们可以花40欧

---

① 指致力于"社会化商业",即通过企业经营解决社会问题、改善社会的创业者(德文:Sozialunternehmer;英文:Social Entrepreneurs)。(译者注)

元买到图集《尊严的力量——格莱珉家族》①，里面是罗杰·里希特收集的照片，那是一本有关贫穷的茶几读物。

几位中年女性环保人士站在信息台前，她们求知若渴、充满自信地拿起信息手册并把它们塞进棉布袋里。许多年轻人脖子上挂着标牌，上面写着"我对创新解决方案感兴趣"。吧台桌旁站着身穿西装的男士，他们指手划脚，展现出最具活力的实干家的笑容。

或许正是这些人，在宣扬社会化商业的神话。作为新一代的经理人，他们不同于过去那些坐在笨重的橡木桌子后、在吱吱作响的皮椅上，一边抽烟一边看着结算表发出恶魔般笑声的大老板，对社会问题他们有自己的思考。尤努斯在他的著作《战胜贫穷》②中写道："在电视和互联网时代长大的年轻一代企业领导对社会问题比前几代人更加了解。他们关注气候变化、童工、艾滋病、妇女权利和全世界的贫穷。随着这一代人在企业中升官晋职，全球性问题也受到公司管理层的关注。"

经济伦理学现已成为工商管理专业的常规课程。许多大学设有企业伦理学教授职位，并且提供有关企业社会责任的研讨课。如此这般，仿佛新一代的企业经济学教师集体良心发现，不再想要获得最大利润转而追求社会效益最大化。不过的确没有任何一代像他们一样，在一个经济无处不在的世界中成长起来。这些未来的经理人，确实想要对社会状况以及不负责任的经营带来的后果有更多了解，同时也信奉这样的逻辑：人们不能用政治消除贫穷，而只能用经济成效和实用主义。因此在公益创业的世界里他们叫作"改革者""问题解决者""创新者""有远见者""启发者""打破规则者"和"经验分享者"，他们至少想要承担某项使命或某种风险。

今年"展望峰会"的开幕式上，坐满宾客的大厅中显然缺少了一个重要人物：穆罕默德·尤努斯。这是他第一次不担任该活动的明星嘉宾。这位诺贝尔和平奖得主，此时正与孟加拉政府发生争执，因为政府

---

① "格莱珉家族"（Grameen Family）指格莱珉银行（Grameen Bank）的穷人客户。（译者注）
② Muhammad Yunus: Die Armut besiegen.

以"年龄原因"免除了他的职务。该国总理谢赫·哈西娜还指责他为"穷人的吸血鬼"。

2010年末，印度有54名无法偿还债务的贷款者自杀，微型信贷的理念首次陷入严重的信誉危机。是因为尤努斯形象受损，今年没有受到邀请？峰会主办人施皮格尔出面辟谣："我们没有邀请他的原因是，这次的峰会，我们不想只局限于研讨'社会化商业'。"但施皮格尔又号召全体记者关注尤努斯被解雇的"丑闻"。银行家的追随者们猜测，对他的免职是一种政治阴谋：政府企图将尤努斯的成功和权力"据为己有"。然而并不寻常的是，这位诺贝尔和平奖得主参与建立的合资企业也缺席了今年的峰会。阿迪达斯、奥托以及巴斯夫都没出现在波茨坦。就连穆罕默德·尤努斯的德国代理"格莱珉创意实验室"也没有参加该活动。

只有达能参加了会议，为了再次推广使"社会化商业"闻名世界的"最佳方案实例"。2006年，这家全球乳制品市场的领导企业与穆罕默德·尤努斯开展合作，在孟加拉建立了一家"社会服务型酸奶工厂"。据说那里生产一种富含维生素和矿物质的酸奶，它能防止儿童营养不良，穷人也消费得起。格莱珉达能的员工都是附近的居民，牛奶来自当地的农民，贫穷的妇女做"推销员"，到贫穷的农村挨家挨户兜售酸奶赚取收入。达能，这个各种世界援助事件的赞助商，于2009年获得"远见奖"。媒体当时将这个酸奶厂项目作为实现"社会化商业"的"最佳方案实例"进行推广。可是，彼时还在宣传达能的企业文化、健康和可持续性的安德烈亚斯·珂瑙特，今天却强调，他们与尤努斯的合作只是推动"社会化商业"的开始，如今达能已在全世界建立了30个这样的项目。

讲演者们完全照着那位诺奖得主的样子，在活动上竭尽全力挥洒激情，为了使"新的社会化经济奇迹"成为"迄今为止最大的经济奇迹"。其中一位讲演者是安顿保险（ERGO）的董事长彼得·恩德雷斯，他可以在会上展示新的广告片，毕竟他的企业是会议的"优质赞助商"。然而六周过后，便爆发了一个新闻事件：被合并到安顿集团的汉堡—曼海姆保险公司，在2007年为业绩最好的员工安排了一次前往布达佩斯的"买春度假"。反正安顿集团随后会将这笔83000欧元的色情消费作为营业支出，从应纳税的收入额中扣除。

报告人的兴致好到令人倒胃口，听众即将呈现强迫性集体摇摆，一切看上去像是一种秘教集会、教派研讨会和管理人员动机培训的诡异混合："请您解除我们的思想障碍！""喳咔！喳咔！"①弗兰茨·阿尔特（Franz Alt）在报告厅讲话。这位40年来使用笔名弗兰塞斯科·阿尔蒂尼公开现身的业余生态学家、专业巫师，用地球和太阳构成的极富象征意味的图画作为他演讲的背景。当他提出农业能源具有发展前景，指责德国人不愿使用E10汽油时，我以为自己听错了。连世界银行和经合组织都知道那是一个重大错误，但弗兰茨·阿尔特却不明白。他向听众展示一幅画，画上有位农民站在芦苇田里："这个人理解了一些事情。现在他不再是农民而是能源的主人。"此时，台下一片掌声。

受欢迎的国际企业达能

2010年3月初，我就孟加拉的"社会服务型酸奶工厂"采访了达能德国的首席执行官拉民·卡比普尔（Ramin Khabirpour）。那是我为探讨"公益创业"的经济杂志《Enorm》做的第二次采访。为了完成系列访谈《Hartmann!》，我和一些企业代表当面对质，譬如宜家、星巴克和麦当劳。这类企业的核心生产带来危害性影响，可他们却热衷于强调企业在环保和公益方面的投入。达能便是典型代表，有大量材料可以证明。

达能是世界第二大乳制品生产商。该集团已在120个国家设立分公司，年营业额达150亿欧元。通过收购比利时的婴儿食品厂努米克（Numico），它跃升为第二大婴儿食品生产商，仅落后于全球市场领导企业、达能的竞争对手雀巢。在瓶装水市场，达能（依云、富维克）位居世界第二位。和

---

① （Tschaka, tschaka!）培训师使用语，表达"你能行"的意思，在进行动机培训时用于鼓舞积极性的口号。（译者注）

所有的跨国企业一样，达能也力求在新兴工业化国家和发展中国家扩展业务，从而实现利润的增长。因为欧洲市场已经饱和，即便"创新型产品"，例如号称增强免疫系统的酸奶，也无法为达能带来利润增长。相反，该企业目前在贫穷国家可以赚取年销售额的30%。

在贫穷国家有许多针对这些企业的指责。有些公司，如达能、雀巢和可口可乐利用债台高筑的第三世界国家没有资金建设饮用水设备而从中赚钱。近10亿人无法获得干净的水，这就是为什么世界上每年至少有200万人死亡。饮用水生产厂商在所谓第三世界购买当地的水源或总水量的使用权，或是像达能一样把西方的昂贵瓶装水卖给第三世界。穷人想拥有干净的水，就得被迫购买瓶装水，而它的最高售价可达自来水的1000倍。瓶装水目前拥有25%的年增长率，全世界每年有468亿欧元用来支付瓶装水，这对企业而言绝对是个美妙的业务。相比之下，洁净自来水的全球供应每年大约花费233亿欧元，不足瓶装水的一半。

不过达能已经做好准备，对付靠贫穷赚钱的指责。譬如它与联合国儿童基金会合作，在埃塞俄比亚搞了一个钻井工程项目。作为回报，马尔库斯·伦茨抱着满面笑容的部落儿童拍照，然后把照片大量复制，四处展示。达能用这种方式，为主题为"1升换10升"的"富维克水运动"做广告。但是，这并非事情的全部。几年来，多家非政府组织，如国际婴儿食品行动网络（IBFAN），不断指责达能集团及其子公司美乐宝、贝乐蒂和努米克，违反世卫组织制定的《国际母乳代用品销售守则》的行为。按照该守则的规定，为了使母亲不放弃母乳喂养，不允许推销适合3岁以下儿童的人工婴儿食品。根据世卫组织估计，发展中国家每年有150万婴儿死亡，因为他们的母亲用污水冲泡奶粉，或者用过量的污水把奶稀释，因为他们很快连奶粉也买不起了，也就是说到了母乳停止分泌的时候，然而企业却在奶粉市场上贪婪地攫取利润。自从西方国家再次确信母乳喂养对孩子最好，奶粉生意在西方便停滞不前。但在贫穷国家，某些教育程度低的女性很容易被说服，相信西方企业的人工奶粉对婴儿更为健康。一些公司使用卑鄙的行销手段推销奶粉，例如用厚礼贿赂发展中国家的护士和助产士：

只要他们完成了自己的销售目标,就可以前往麦加度假旅游,可以得到冰箱或者干脆拿到钱。

托比亚斯·奇克（Tobias Zick）,为他刊登于家庭杂志《Nido》的研究报告"牛奶的权力",特地到印度尼西亚进行了调查。在当地,他遇到了一位助产士,她一年内平均每月销售出20包奶粉,于是获得了号称"培训"的海滩之旅作为推销报酬。她说,有一次,受印尼婴儿食品市场龙头企业努米克的邀请,四架载满助产士的飞机到了巴厘岛。该公司的发言人证实了激励和奖励制度,但也强调了3万名助产士进行的200个"培训"项目的成功:"好处是,新生儿母亲可以从助产士那里得到专业知识。这些项目对降低产妇和婴儿死亡率的影响,是我们所关注的。"在印度尼西亚,每年有3万名儿童死亡,原因是他们在出生后的前6个月没有被纯母乳喂养。在产妇最脆弱的时候,护士和助产士对她们有针对性的影响,便于实现提高国际企业利润增长的目标:这实在卑鄙。不管怎样,达能在2011年第三季度销售额再度提高,与前一年相比增长了5.9%,达48.1亿欧元。同年7月至9月,在中国和印度尼西亚,婴儿食品和医药产品取得了极高的销售业绩。

我在达能德国的慕尼黑总部,对首席执行官拉民·卡比普尔进行采访,接待我的是苏珊·克尼特尔（Susanne Knittel）。她主管"对外沟通及企业社会责任","社会化商业"是她的课题之一。克尼特尔是一位热心公益的女性,当她谈到孟加拉国的项目时,眼睛闪闪放光。显然她对达能参与了著名的"社会服务型酸奶工厂"感到自豪。当然,谁不喜欢自己的雇主多做好事呢?凝聚员工是企业社会责任的一个重要方面。通过远远超出公司捐赠这一旧式公益模式的"社会化商业",企业使它的员工在感情和道德上对其更加认同。相反,谁会愿意为一个被指控害死成千上万婴儿的企业工作呢?达能在最贫穷的国家开设了一家"专为穷人服务"的工厂,这的确能产生正面效果。

然而,达能是否真有可能突然大发善心?究竟是什么动机使这家全球乳制品领导企业在孟加拉设立一家"社会服务型酸奶工厂"?

克尼特尔终于把我带到了拉民·卡比普尔的办公室，他靠在椅子上说："早上我来到一家企业，我知道它能带给我其他一百家企业无法实现的东西，这一点对我非常重要。"我问："酸奶项目难道不是占领孟加拉销售市场的第一步？"他答道："不是。我们要在孟加拉履行我们的使命：'把健康的食物尽可能带给更多的人'。'社会化商业'提供了一种可能性，它使越来越多的家庭能够购买我们的食品。"优质的达能酸奶使贫穷的孟加拉人民收获健康？他们在一家生产和销售方面提供良好工作条件的工厂赚钱，然后可以消费该工厂的酸奶？这我倒要看看。

她们究竟去了哪里？——寻找达能女推销员

一年后，我开始寻找来自优质工厂的优质酸奶。韦次拉尔[①]是我探寻之旅的起点，因为德国的孟加拉倡议网络坐落在那里。但该组织的工作人员只是透过报纸了解到达能的项目。在酸奶工厂所在地博格拉市（Bogra），"倡议网络"本身并不活跃，但他们承诺向孟加拉的合作组织打听工厂的事情。副主任彼得·迪茨尔说："采访工厂的女推销员应该不成问题。"不久迪茨尔打来电话，从声音中，我听出他的意外之感："真奇怪，我给当地的合作伙伴写了信，但关于挨家挨户卖酸奶的达能女销售员，没有任何人了解。"这的确有可能，并不是每个人都知道那里发生的一切，毕竟在孟加拉生活着1亿5850万人。穆罕默德·尤努斯如何赞美他的同胞来着？"人们不注意在隔壁做疯狂事的人。"几个星期后，在法兰克福，我与孟加拉的政治学家梅格纳·古哈萨库塔（Meghna Guhathakurta）会面。她是孟加拉研究计划的主管，该组织为致力于对抗贫困的研究提供支持和资助。古哈萨库塔在达卡和英国约克大学授课，她在国内和国际有很好的人脉，对孟加拉的非政府组织和发展领域非常熟悉，当然还有穆罕默德·尤努斯。她笑着说："是的，我当然知道那个酸奶。达卡的超市里有售。我

---

① Wetzlar，德国黑森州的城市。（译者注）

承认我挺喜欢喝的,我觉得它的小杯包装特别方便。"当我提到女推销员并且问她是否对酸奶厂的社会性影响有进一步地了解时,她愣住了。"没有,"她说,"我从来没听说过。"

接着,我求助库什·卡比尔(Khushi Kabir)进行下一步尝试。她是孟加拉Nijera Kori组织的负责人,翻译过来的意思是"我们自己做"。Nijera Kori是一种政治和社会运动,它拒绝市场经济方式的减贫,主张广泛动员和自主行动。自1974年以来,它为妇女、小农和无地农户的权利,为孟加拉穷人的自主和膳食独立进行斗争。在孟加拉公民社会和国际发展领域,Nijera Kori均得到认同:2005年,库什·卡比尔成为被提名诺贝尔和平奖的1000名女性之一;该组织与福音教派发展服务(EED)、基督教援助(Christian AID)和国际非政府组织粮食第一信息和行动网(FIAN)开展合作。另外,Nijera Kori的办公地点设在达卡和格莱珉达能的所在地博格拉,具体位于博格拉行政区内一个名叫诺古拉(Noongola)的地方。酸奶工厂设在马德拉(Madla),那里也是女销售员的第一分派区,距离Nijera Kori组织的办公地点有几分钟车程,至少库什·卡比尔应该了解这个项目。她写道:"在达卡和其他大城市的所有超市里,都可以买到那种酸奶,也包括它的生产地博格拉。对于在农村进行的上门销售,我会尽力查找相关信息,但在Nijera Kori的我们,没听说过任何这方面的事情。"两周之后的来信:"我询问了居住在博格拉和周边地区的同事及其家人,是否对格莱珉达能的酸奶产品Shokti Doi,以及挨家挨户卖酸奶的格莱珉女销售员有所了解。其中一个家庭甚至就在博格拉地区的酸奶厂工作。但是没有人,我再说一遍:没有人听说过格莱珉女销售员,更别说见过。"

清晨七点钟,雨滴汇集在破旧不堪的公交车窗上,经过充满惊险超车和持续喇叭响的11个小时辛苦旅程,我们终于到达乔蒙尼尔哈特(Joymonirhat),一个位于孟加拉北部朗布尔地区古里格拉姆县的村庄。与我同行的是为膳食独立和性别平等而斗争的当地农民组织,它以地区和人名命名,简称为BKFS。我想要和他们一起走访该国最贫穷的地区,和通过微型贷款变得更加贫困的人交谈。村长阿卜杜勒·卡里姆把我们四人访问组接到村子里。除我之外，有一头黑色长卷发的BKFS的领导巴德鲁·阿拉姆（Badrul Alam）、孟加拉解放战争中的前抵抗战士阿卜杜勒·马楠·阿扎德（Abdul Mannan Azad），和参与该农民运动的年轻女性施普拉·拉尼（Shipra Rani）。

我们受到热情接待。BKFS在农民中享有极高的认可，该组织已拥有过百万的成员。与喧闹杂乱、有时雾霾遮天的达卡完全不同，这里的乡村安宁平和，令人非常放松，即便极度炎热时，也不觉得憋闷。我还在德国时，巴德鲁写信说："先到我们这里来吧，在这里我们看得更多更远，这事我们一定会办得到。"对于当时还在地球另一边想要去旅行的我而言，这样的描述听起来相当模糊。巴德鲁也从未听说过达能女销售。他是尤努斯和格莱珉银行的批评者。而当我们在达卡第一次见面时，我真切体会到"因祸得福"的意义。那晚，我与巴德鲁和马楠在我住的饭店会面。对于我想调查微型贷款和"社会化商业"的想法，而且是不依赖相关企业帮助的调查，他们感到很高兴。巴德鲁说：只有极少数西方人有这种要求。

我们坐在铁皮小屋中，一只母鸡在角落孵蛋，小山羊欢快地在门槛间来回跳跃。屋外几个孩子踮起脚趴在窗前，笑嘻嘻地观察我们。巴德鲁和马楠穿着传统的男士筒裙笼基（Lungi）。马楠冷笑着从包里拿出4杯格莱珉达能生产的酸奶，那是出发前他在达卡买的。我自己已经在达卡一家新开张的、门前有保安驱赶乞讨者的高价超市里看到了这种酸奶。它的蓝色塑料杯小到如同一只"水果小矮人"；蓝色盖子上的狮子十分显眼，它应该象征力量，因为该产品名称"Shokti Doi"的意思是"能量酸奶"；狮子旁边有一个风格别致的房子，房子中间印着孟加拉文花体字的达能商标，它是格莱珉达能的象征。房子是格莱珉的标志。这个名字由孟加拉语"Gram"一词派生而来，意为乡村。"格莱珉银行"（Grameen Bank）指"乡村银行"。这个"穷人的酸奶"只要3勺就吃完了。它的味道和达能的Actimel系列一样甜。此时，巴德鲁一直在打电话。他让所有认识的人帮忙打听达能女销售，所以手机响个不停。"别担心，"他反复说，"我们会找到她们。"回来的路上，我们想在博格拉停留，而的确就在出发前，巴德鲁兴奋地告诉我，博格拉的一名村长，在漫长地寻找后，终于发现一名女推销员。

当我们抵达博格拉市卡阿鲁县的沙乌尔村（Shaul）时，已是黎明时分。孟加拉最古老城市之一的博卡拉是西北部的贸易中心，整个地区大约居住着300万人。这一地区相对较为富裕，但穷人的比例仍占30%，其中10%生活在极度贫困中。这里的穷人月收入在2000至5000塔卡（20至50欧元）之间，极贫穷人的甚至低于2000塔卡，而且也没有可种植粮食的土地。三分之二的人口靠农业谋生，工资一般低于每日150塔卡（1.44欧元）。

在村池塘边，其实更像个污浊的小水坑，几把塑料椅子摆在被烈日烤得干硬的土地上。一位个子不高，身穿退色纱丽的驼背妇女等候在那里。她叫苏日娜，55岁，但看上去像位年迈的老妇。在孟加拉，贫穷妇女的平均寿命是65岁。苏日娜说："从一开始我就在那儿。"她卖了3年酸奶，然后放弃了，因为"那是非常艰苦的工作。"她用了很长时间讲述这项工作的艰辛：难以忍受的酷热时在村子间徒步跋涉；雨季时在水深至脚踝的泥地里，深一脚浅一脚地艰难行走；无论何时肩上都背着几公斤重装着酸奶的保温包。"艰苦的工作"，她握着自己的腰和腿一次次地重复这句话。"但是它没使我的生活有任何改善。"酸奶由一位经销商提供，苏日娜必须先从他手里购货。每杯酸奶5.5塔卡（约5欧分），她必须一次买下50杯。然后她再以每杯7塔卡的价钱出售，也就是说每卖出一杯酸奶盈利1.5塔卡。如果50杯全部卖出，她将赚得75塔卡，附加一份40塔卡的奖金。换算下来相当于工作3天赚1.15欧元，但是她很少能卖光所有的酸奶。和所有生活在乡下的人一样，苏日娜也没有冰箱，所以三天之内，必须把酸奶卖出去，否则就会变质。"有时，我购进一大批酸奶，但一杯都卖不出去，彻底赔本，"她说话时，你能在油灯的暗淡光影中，看到她眼里的愤怒。人们面对上门卖酸奶的苏日娜会做怀疑的反应，有的人甚至很不客气。在孟加拉这样的穆斯林国家，女人长时间出门做生意是不寻常之事，这是父系社会的男性难以接受的。此外，7塔卡相当于一个普通农工一天收入的10%，这样昂贵的酸奶人们也消费不起。经济和金融危机使孟加拉的贫穷和营养不良进一步恶化。根据世界粮食计划署的统计，穷人吃的甚至比以前更少，他们的饮食质量变得更糟。令苏日娜感到吃惊的是，有些顾客不给钱而是给她米和鸡蛋，它们只够买一块填不饱肚子的点心。但苏日娜也不想饿着肚子，最终她还是收下了食物。有些人赊账购买，再也没有还钱。还有些人辱骂她，明知大家没钱还在这儿卖这种东西。"那太可怕了，"她在椅子上蜷缩着身体说道。社会声望是孟加拉农民的最大财富，被公开辱骂是一种莫大的耻辱。

你和其他女销售员有联系吗？"几乎没有，"苏日娜说。她只在开会时和其他女销售员见过面，而且相互间也不太交谈，毕竟她们是竞争关系。虽然人们鼓励她招揽更多女销售员，"但我认识的妇女没有兴趣，她们不想给自己找不痛快。"对于一个必须操持家务的年轻女性，这份工作无利可图。苏日娜再次重复道："这工作非常艰苦，而且不可能靠它为生。"有一次，工厂承诺每位女销售员可以得到一件纱丽，但她丈夫去领纱丽时稍迟了一点，到达时已经没有了。想要了解一件新纱丽意味着什么，你只需看看苏日娜身上的破布。就是在那一天，她决定不再卖酸奶。当供货商劝说她改变主意时，她回答："先给我纱丽。"于是，她再没见到那位供货商。

"为什么我们妇女工作了，却得不到相应的工资？"苏日娜问道。

在我对达能德国的首席执行官拉民·卡比普尔进行采访时，这也正是我向他提出的问题。

我：为什么那些妇女必须先购买酸奶？达能为什么不支付她们作为销售员的工资？这对达能而言很贵吗？

卡比普尔：不是，当地的工资水平很低。微型商业的理念恰恰是促进妇女独立自主。

我：人们通过他们的工作获得合理的报酬，这难道不是独立的重要体现吗？

卡比普尔：这是我们欧洲人的想法。在欧洲我们拥有一个安全的社会保护网，但孟加拉没有。在那里，不依赖公司的岗位独立工作的人，反而获得更大安全感。

我：但女推销员的确是依赖于达能的，她们只卖达能酸奶。

卡比普尔：她们发挥技能使自己的业务独立。她们学到可以应用于其他方面的本领，这可以帮助她们解放自己。

当我把这些答案告诉苏日娜时，她笑得那么大声以至于惊得村里的流浪狗都开始吠叫。黑暗中，围在我们四周的邻居们，深有同感地加入她的笑声。

最后苏日娜说："是的，我当然学到了一些东西。但我从中得到的经验是非常非常痛苦的。"

达能的网站上至今还展示着美好的图片：几十个身着五颜六色纱丽的妇女露出幸福的微笑，每个人的手上都拿着Shokti Doi酸奶。据格莱珉达能的数据，共有650名女销售员卖酸奶。

或许苏日娜只是个不幸的特例？

回到达卡后我来到库什·卡比尔位于拉尔马蒂亚区的办公室。她对我找到一位女销售感到惊讶。

库什说："就算根本没有女销售我也不会惊讶。企业捏造事实，这并不是头一回。"至于那些美丽的照片，靠摄影就可以办到。

然而这一切就到此结束了吗？

我决定再次前往博格拉。我在酒店与记者沙伊杜尔[①]会面。他身边有一位高大魁梧、表情阴沉的年轻男人。"他是我保镖，"沙伊杜尔解释说。

[①] 非真名。

身为一位社会评论员，他已经为自己树起敌人，并且受到过死亡的威胁，因此需要一位贴身保镖。也正是出于这个原因，他才不希望公开真名。他说起话来很开心，仿佛在叙述参观德国园博会的感受。然后他谨慎地向我透露，接下来三天，他的保镖放假。此时他环视四周，从裤兜里掏出一把手枪：

"不必害怕，你骑过摩托车吗？"

20分钟后，我们来到博格拉市中心以南11公里的科宾纳戈尔村（Chopinagar）。

一间小屋的前面坐着塔拉巴努·拉尔弥亚。她的右眼是浑浊的，大概患有白内障。在欧洲，这种眼部疾病通过常规手术便可治愈。但在孟加拉，没钱支付手术费的妇女只能失明。

她身旁站着萨利姆·慕扎曼，一位30出头的年轻男人。他没有半点犹豫地说道："那家公司太令人恼火。"萨利姆在格莱珉达能工作了4年，他的工作是把酸奶分配给女销售和小商店。为此他必须以每杯4塔卡的价钱向工厂购买酸奶，还须额外支付250塔卡的人力三轮车费用。他说："我自己负责一切。"至少300塔卡他得自掏腰包。过了一会儿，他继续道，他还认识其他11名出于同样原因辞职的送货员。他们一次又一次地询问工资，却始终被拒绝。如今他很生气，因为供货商的月收入已经达到5000塔卡。和塔拉巴努一样，萨利姆每杯酸奶也只能赚1.5塔卡。他说："公司不允许把酸奶退还回去。如果我没能把全部800杯酸奶卖掉，意味着它没有销路。"

塔拉巴努的情况相似："有时，我甚至卖不到四分之一。"对她而言这是一份至少赔本800塔卡的工作。为了买进第一批酸奶，这位之前经销纱丽的妇女向家里人借了钱。

帮助达能开拓市场的是一笔笔私人债务！

销售培训时人们告诉他们，穷人将受益于格莱珉达能的酸奶生意。

结果呢？

塔拉巴努和萨利姆发出冷笑。"没有，这里没人受益"，塔拉巴努说。穷人消费不起酸奶，更别说为孩子买了。通常他们只能买一杯，然后央求多送给他们一些。

塔拉巴努说:"当我说不能送的时候,他们很不高兴,这令人很为难。"有些人想用赊账的方式购买酸奶,还有些人用大米和鸡蛋当钱用。雨季时她向工厂申请得到一把雨伞的请求遭到拒绝。她恳求拿固定工资时,得到的只是摇头。当初承诺奖励给女销售的雨衣和纱丽,塔拉巴努一样都没得到。

她和其他女销售员还有联系吗?

她摇了摇头。"有些人到其她妇女销售的地区卖酸奶,试图把人家的地盘抢过来,为这事常常发生争吵。"

为一家国际企业走街串户的女推销员们无法成为朋友。

把糖给穷人吧——对抗贫穷的工业化食品

萨利姆要带我们去他母亲家。她是博格拉市的首位小额贷款借贷人,因而几乎成了当地名人。现在说起这事他还带着几分骄傲。娜萨玛·贝古姆(Nasma Begum)是一位美丽的女性,她颧骨高,保养得宜,穿着鲜艳的粉红色纱丽,和苏日娜同岁可看上去更年轻。娜萨玛·贝古姆是我在孟加拉遇见的少数自认从小额信贷中受益的女性之一。她家不住铁皮屋,而是一个有木门的庭院,房子是砖砌成的。对比乡村院落,这里的确像富人区。院子对面的棕榈树下坐落着一间大铁皮屋。就在那儿,沙伊杜尔说:潘基文在2008年访问孟加拉期间和尤努斯一起视察了微型信贷项目。当时人们也向潘基文介绍了娜萨玛·贝古姆。1989年她接受第一笔贷款,之后数年多次贷款,这使她获得财富和土地所有权,因此她被视为小额信贷的典型受益者。她的家看起来已没有早期的贫穷模样,更像传统的中产阶级。娜萨玛·贝古姆强调:"早年间我过得很不好。"如今她指导着一个由5名女性借贷人组成的小组。她严肃地表示,没有一位女性有还款问题。"尤努斯博士在这里做了许多好事,"说这话时她充满热情,然后再度微笑。

我在孟加拉由北至南一路走来,听到的却是另一回事。"为什么许多妇女的生活比从前更差？"她的微笑凝固，耸了下肩膀后说："她们没正确使用钱，这才是原因。""那达能女销售如何解释？为什么工作没能改善她们的经济状况？""她们误解了。儿童的健康才是重点。"她从身后的女性借贷人小组中拉过来一个约莫7岁的小女孩，高兴地说："您看看她，这小家伙每天吃6到7杯Shokti Doi呢！"在孟加拉国，一半的儿童营养不良，36%发育迟缓，但那小女孩的外貌令人错愕：她看起来不是健康，而是肥胖。

体重过重不是富裕的指标，相反，它是贫穷加剧的标志之一。没有被注意到的事实是：三分之二的过重者生活在发展中国家；越来越多发展中国家的家庭中出现体重过重或过轻的问题。糖尿病、中风、心肌梗塞和癌症都属于营养不良的后果。全世界已有2.85亿人患有糖尿病。世界卫生组织预计，到2030年，糖尿病人将增至3.66亿，其中2.98亿在发展中国家。由于这些国家的医疗保健水平较低，上述疾病更加难以得到控制。

一方面饥饿和营养不良，另一方面体重超重。在援助发展政策中人们称这种后果为"双重负担"。虽然孟加拉尚不属于这种情况，但所有贫穷国家符合同一个规则：许多西方企业的新型工业食品，譬如格莱珉达能的Shokti Doi酸奶，纷纷涌进发展中国家的市场。这类产品通常被铺天盖地的广告大力推销，新兴中产阶级总是最早的购买者，因为他们在这类商品中看到权威的象征。不久穷人便也渴望得到它们。

消费者组织对利用健康承诺把高糖和高脂肪产品加以美化的食品企业的批评由来已久。降低胆固醇的人造黄油、有助骨骼发育的巧克力棒、清肠保健的加糖酸奶，这类食品占据德国食品市场的四分之一，尽管证明其功效的研究报告都是企业自己赞助得来的。糖是一种格外有利可图的原材料，因为它是一种会使人上瘾的廉价调味品。Shokti Doi酸奶就含有大量糖分，以便迎合儿童的口味。穆罕默德·尤努斯写道："孟加拉人非常热爱甜食，习惯吃很甜的酸奶。所以格莱珉达能的团队试验了各种配方，力求酸奶的含糖量既符合儿童的偏好又能改善他们的健康。"虽然从食品营养学的角度看这纯属胡扯，可一旦"穷人的银行家"写下这些仿佛来自童话叔叔的关怀，达能在人们眼中直接幻化成善良天使。

事实上，到目前为止没人知道Shokti Doi究竟含多少糖。酸奶中的维他命和添加剂来自德国化工巨头巴斯夫，该企业与尤努斯在孟加拉建立了一种特有的"社会化商业"。依照达能的产品说明，Shokti Doi酸奶涵盖了一个儿童对维生素A、锌和碘的日需求量的30%。依据全球营养改善联盟（GAIN）的研究，3岁至15岁的儿童每周喝至少两杯酸奶，营养状况将会得到改善。这是迄今唯一针对Shokti Doi酸奶的营养评估，它听上去相当含糊空泛。且不说农村的贫穷家庭无法负担每周每个孩子两杯酸奶的支出，单是全球营养改善联盟这个组织的身份就很可疑。它并非如格莱珉声称的是一个"独立的非政府组织"，而更像是全球食品工业的游说团体。除了美国、中国、印度、孟加拉国和若干其他亚洲、非洲国家的政府，全球营养改善联盟的合作伙伴还包括许多大型集团企业，如联合利华、可口可乐、嘉吉、卡夫食品、百事公司，当然还有达能。

迪尔克·尼贝尔（Dirk Niebel）领导的德国发展援助部决定开展一项"紧密合作"：联邦政府支持基金会的疫苗接种计划，增加的700万欧元税收将投入基金会在肯尼亚的水处理工程项目。

软件行业的垄断者、个人财富达560亿美元的全球第二富人盖茨，现在看来要迫使自己成为世界援助的垄断者。

该基金会恰恰投资像孟山都和嘉吉这样的企业，它们对有效克服全球范围内的饥饿和贫困，贡献微乎其微，多数时候是在利用自身的垄断加剧贫穷。基金会还对制药企业葛兰素史克进行投资，它以在发展中国家高价销售药品而闻名。难道全球营养改善联盟就是要这样客观地证明达能产品对孟加拉人民的好处？

消费状况替代人权

"全球营养改善联盟是一个快速成长的全球网络，对于找到以市场为基础的解决贫穷的办法它起到推动作用。经济通过在'金字塔底层市场'中效力，从而在对抗贫穷的斗争中发挥更大作用，本着这一目的，全球营养改善联盟于2005年成立了经济联盟。""金字塔底层"，或者也叫做"金字塔基底"（Bottom/Base of the Pyramid），简称BOP，用来形容世界收入金字塔中位于最下层的部分。同时，BOP也指一种试图使位于金字塔底部的人，作为买方和卖方融入资本主义的市场经济构想。世界人口的三人之一，估计40亿至50亿人，处于经济的沉淀层，另外将近三人之一的世界人口属于全球新兴中产阶级，这两部分构成了一个利润丰厚的大市场。

这一饱受诟病的BOP概念由印度裔美国经济学家、企业管理顾问普拉哈拉德（C. H. Prahalad）发明。在他的著作《对抗贫穷的理念——第三世界的财富》①中，普拉哈拉德致力于挖掘"成长中的消费者"的市场潜力："这40亿人可能成为下一阶段全球贸易和繁荣的驱动力。"但是穷人早就在为别人的富裕辛苦干活，直到累垮那天为止。作为服务于西方市场的血汗工厂和种植园中的最廉价劳动力，他们生产的原材料和食品出口到富裕国家，而他们自己却常常饥肠辘辘。缺乏调节的世界贸易造成的这种剥削结构，是保障经济强者的财富增长和盈利的先决条件。然而显然还不够，穷人还得成为消费者，增加企业和其股东的利润。

完全不出所料，普拉哈拉德最感兴趣的是，穷人以及赤贫者的购买力。世界资源研究所（WRI）与国际金融公司（IFC）的一项研究表明，穷人的购买力达50亿美元。在普拉哈拉德的书中，这种冰冷的经济逻辑被一种温暖的表达加以粉饰："金字塔底部的消费者得到他们有能力支付的产品和服务。但更为重要的是，他们得到认可，受到尊重和公平对待。在金字塔底层，建立自信和事业心很可能是私有经济做出的最持久的贡献。"这样的经济模型等于将穷人的尊严和参与社会的权利捆绑在他们的消费者身份上。这和西方消费社会别无二致。创造一个把赤贫人口也纳入消费资本主义的市场，这个原理既没有考虑贫穷的经济结构，也忽视了贫穷的社会政治结构，它甚至没有触及贫穷本身。相反，它进一步促进了从金字塔底向

---

① C. H. Prahalad: Ideen gegen Armut. Reichtum der Dritten Welt.

塔尖的再分配。在这个逻辑中，消费实际取代了人权，它比获得饮用水、医疗服务、膳食独立和保障生存的工资还要重要，而这些只有政府通过适当的调节才能保障。普拉哈拉德把穷人变为消费者的地位转变，看成"包容性资本主义"的一部分。因此，他完全是步穆罕默德·尤努斯的后尘。尤努斯认为资本主义是"不全面的"，为了使其完备，需要引进小额信贷，以及超越利润最大化、只致力于解决社会问题和环保问题的社会化企业。一旦资本主义以这种方式实现"完整"，将"不再需要任何政府的福利组织，国家的社会救济也将是多余的。救济厨房、食品券、学校和去医院的交通都将免费，街头乞讨会成过去时。同理，适用于国家的失业和养老保险"。这便是诺贝尔和平奖得主的梦想，他和所有的市场经济拥护者一样，把国家看成一个"怪物"。

想象一下下面的情景：你的房子着火了，但由于无力支付消防队的费用，所以没人来救火。房子彻底被烧毁后，女推销员卖给你一条毯子，免得你日后在户外睡觉时被冻死。听起来很恐怖吧？欢迎来到"社会服务型资本主义"！

假借服务社会开拓市场

沙伊杜尔骑摩托车把我载到两家当地的酸奶手工作坊。博格拉是孟加拉国的酸奶之都，那里有许多不同规模的工厂生产Mishti Doi——一种焦糖色的甜酸奶。在路边摊到处都能见到这种被装在大小各异的陶罐中出售的酸奶；有些男人带着装满酸奶陶罐的巨大圆托盘走街串巷。据说很久以前，国王希望吃到一种甜点，200年前人们就发明了Mishti Doi。直到今天，这种酸奶仍然以传统的手工方式生产，不含任何化学添加剂。巨大的圆形铁筒架在火上，汗流浃背的赤膊男人，在热辣的蒸汽里不停地搅拌。加了糖的牛奶长时间地熬煮，直至变成淡咖啡色。然后它被装进陶罐中，并用棕榈叶制成的罩子盖起来，等待发酵。Mishti Doi是博格拉的标志，作为婚礼、节日和家庭庆祝活动中不可或缺的甜点，它早已融入人们的日常生活。在一家酸奶工厂中，老板把装满金棕色酸奶的陶罐放到我面前，请我品尝。我问他们，是否把袖珍塑料杯包装、售价更便宜的Shokti Doi（格莱珉达能酸奶）视为竞争对手。他们轻蔑地予以否定，但我觉察到自己的提问刺伤了他们的骄傲。Shokti Doi是一种机器加工而成的产品，当地没人对它感兴趣。有些人甚至从未听说过它。

在采访中，我向达能的拉民·卡比普尔提问："Shokti Doi比孟加拉当地的普通酸奶便宜吗？"他的回答令人非常讶异："在孟加拉没有别的酸奶。"在种种称赞达能的媒体报道中，也从未提及博格拉是传统酸奶之都的事实。而穆罕默德·尤努斯倒是在《战胜贫穷》一书中提到："博格拉之所以是一个相当不错的选择，还有个比较偶然的原因：在孟加拉，这座城市以优质酸奶的发源地而闻名……因此，从市场营销的角度考量，把工厂建在那里也是明智的。"不仅如此，博格拉地区有四分之一的人口年龄在15岁以下，他们是达能产品的目标群。格莱珉达能估算，在其酸奶产地周边存在75万潜在顾客。格莱珉达能的约亨·艾伯特坦率承认："Shokti Doi高度模仿一种当地传统酸奶产品Mishti Doi。对于哪种产品可以展现全民效应，我们做了认真的市场研究。"尽管如此，卡比普尔仍在采访中强调："再次声明，我们没有隐秘的动机。"

事实是，80%的酸奶在博格拉以外的地区销售，其中43%以每杯12塔卡的售价摆放在大城市的超市里。在博格拉，该产品的市场渗透率只有1%。格莱珉达能酸奶的电视广告里，出现尤努斯和一群快乐的孩子——瞄准孟加拉的中产阶级和上流社会。人们显然认为通过一番"社会洗礼"也可以晋升到这个阶级，如同西方的消费精英。

2008年，即合资企业成立的两年后，格莱珉达能因其"创新的、公益的以及具有可持续发展的企业模式"获得"远见奖"的前一年，这家"社会服务型酸奶工厂"濒临破产。它做到企业盈利这一"社会化商业"提出的根本挑战。它既不可以获得补贴，也不可以造成亏损。项目网站上曾经写着：至2016年将在孟加拉建立50家工厂，就在那时，企业却因"社会化商业"的核心要求而失败了。生产成本超过预期，因为在孟加拉食品价格波动极大。2007年，牛奶价格几乎翻了一倍。穷人买不起售价5塔卡的80克杯装酸奶，而且几乎没有女销售员认为工资有吸引力——对某些人而言，恐怕是巨大的意外。当工厂决定将酸奶的售价调高到每杯8塔卡时，销售部和分销网络彻底瘫痪，达能不得不给工厂170万欧元补贴。格莱珉达能顾问委员会的某位成员表示："从现在起我们的战略是：1.销售，2.销售，3.销售，4.降低成本。"可是，曾经的宣言不是1.消除营养不良，2.对抗贫困，3.妇女自主，4.创造就业岗位吗？

格莱珉达能公布的新战略与公益创业的捍卫者宣传的"改革"和"创新"相去甚远。低价生产，高价出售——实在是最古老、最普通的市场经济的成功原理。它产生的实际后果，最先触及30名工厂员工以及女销售员和穷人。格莱珉达能的工人每日收入133塔卡（约1.3欧元），无薪加班属于家常便饭，因此达能工人的收入，甚至还比不上一位普通农民，低于当地贫困水平。女销售员每卖出一杯酸奶赚0.6塔卡（0.5欧分），卖出50杯可以得到5杯免费酸奶。如果她们一个月至少工作24天，月收入是550塔卡。克尔斯汀·洪贝格调查发现，在最好的情况下，女销售员日收入120塔卡，最糟糕的情况则只有60塔卡。对穷人而言，酸奶也变得更加昂贵，因为酸奶含量降到每杯60克，售价却提高到7塔卡。

20%的女销售员是小额信贷的借贷人。为了买入酸奶，一些妇女要先在格莱珉银行贷款，而小额贷款的利率是20%。对于达能和格莱珉银行这是一种美妙的双赢。如果用每杯0.6塔卡的"赢利"偿还利息和欠款，她们每年必须销售近1万杯酸奶。如此微薄的收入以及附加的债务，人们如何摆脱贫困？答案非常简单：不可能。

当我们的摩托车在坑洼的路上颠簸时，沙伊杜尔给了我一个大到始终在我头上晃动的安全帽。孟加拉的街道大多坑洼不平，我们前往坐落于贝特卡里区的达能工厂。"也许在那儿，我们还会发现女销售员，"沙伊杜尔说道。达能工厂是一座被围墙环绕的白色建筑。"社会化商业型企业"和"欢迎光临"写在传达室旁饱经风雨的淡蓝色墙上。上面象征Shokti Doi

酸奶的狮子已经褪色，仿佛远古时代的壁画。工厂周围看不到人，非常宁静。一扇漆成蓝色的金属大门锁住了工厂的入口，门背后有两名保安在巡查。沙伊杜尔高兴地大声说："你好！我带来一位德国客人，她读了许多有关格莱珉达能的正面报道，对'社会化商业'非常感兴趣，所以想到工厂里参观一下。"一名保安来到栅栏边，"不行，这是不可能的，您必须询问设在达卡的总部。"

所有的请求都无济于事，我们被搪塞，连这家所谓的示范工厂的接待处都没能进去。"我突然想到还有个办法，"沙伊杜尔说完，便跨上了摩托车。我们跌跌撞撞地驶过一片沙土地来到一栋房子前，那里是"舒拉雅那社会服务协会"的所在地。一位名叫赫斯尼·迪尔·阿弗洛泽·鲁巴的年轻貌美女性创办了这个规模不大的机构。在这个距离达能工厂步行一刻钟的地方，她和她的朋友为达能酸奶的目标顾客群，提供免费的数学和英语课程。她用自己的钱建造了这栋房子，50名来自贫穷家庭的孩子，每天来到客厅里上课，连学习材料也由她捐赠。通过这种资助，她希望减轻贫穷家庭的负担，并且帮助妇女创造收入。如果工厂真如声称的那样已经在周边30公里内的地区创造了1600个工作岗位，鲁巴没有理由不认识在格莱珉达能工作的人。她和这个地区的许多母亲和孩子都有往来。但女推销员她从未遇见过，关于项目本身她知之甚少。她说，她想知道得更多一些，"但要找到了解渠道，并获取信息真的很难。"法兹鲁尔（Fazlul）前来拜访，他也是记者，并且对鲁巴的计划提供帮助。他对格莱珉达能的项目持批判态度："为什么他们不想和我们接触？所有的事都是不透明的。在我看来，这一切是一场巨大的欺骗。"其中也包括法国前足球运动员、格莱珉达能的代言人齐内丁·齐达内兴建工厂的传说。他的亲笔签名印在工厂的纪念板上，十分引人注目。法兹鲁尔说："齐达内从没来过博格拉，"虽然他在一群保镖的护卫下来到孟加拉，但他只在达卡参加了尤努斯的一个庆祝活动，两天后就回国了。鲁巴建议："或许我们可以在村子里找到了解情况的人。""那我们散步过去吧。"

湿闷的酷热几乎令我窒息，我的双腿沉重，感觉自己仿佛走在雾里。即使习惯了这种气候的当地妇女，背着一只三公斤半重的保温包一走就是几公里，也是相当艰苦难耐的。我们走了一个小时，途中，询问了每一个遇见的农民、妇女和小孩，见到房子和田庄，我们就停下来打听，但没人见过达能女销售员。在结满大菠萝蜜的树下参加婚宴的人也没见过。男人们忙着把马套在装饰着鲜花彩带的木制马车上；身穿节日纱丽的妇女已经坐在了车上，牢牢地扶着礼盒与陶罐。罐子里装着金棕色的优质酸奶Mishti Doi。

麦肯锡的顾问克尔斯汀·洪贝格通过她博士论文《通过社会化商业扶贫格莱珉合资企业的经验教训》①发表了对格莱珉达能的首次科学评估，并且谈到把净化过的河水卖给孟加拉穷人的法国威立雅集团的水务项目。洪贝格在波茨坦的展望峰会上，介绍了她的论文。她在论文中说明：175位女销售员常常卖酸奶。许多妇女通常4小时后已经疲惫不堪，她们的推销范围，一天不可能超过三个村子。即使每人一天完成3平方公里，也只能覆盖博格拉地区的五分之一，所以几乎没人看到她们不足为奇。为了推动Mishti Doi的销售增长，格莱珉达能聘请了国际非政府组织CARE。二战之后，这个援助组织曾向德国发放至今仍然知名的"食品包裹"（Care-Package）。同时CARE与来自跨国企业的杰出人士——通常意义上的"可疑人物"进行合作。如果你读了那份长长的业务合作伙伴名单，你会以为是在翻阅克劳斯·维尔讷-洛博的企业批评权威著作《品牌公司黑名册》②。CARE的赞助商和合作者，包括因人体试验（如百时美施贵宝公司）和价格过高的艾滋病药物（如雅培）而受到严厉批评的制药企业，当然还有可口可乐、嘉吉、宝洁、沃尔玛、麦当劳和卡夫食品。CARE已经帮助多家大型企业，如联合利华将其产品推广到"金字塔底层市场"。准确地讲，毫无所知的捐赠者的钱流进了那些假借公益占领市场的大型企业。CARE派出19名女销售

---

① Kerstin Humberg: Poverty Reduction through Social Business? Lessons learnt from Grameen Joint Ventures.

② Klaus Werner-Lobo: Schwarzbuch Markenfirmen.

员到孟加拉地区以及达卡的贫民区上门推销酸奶。据说，她们在一周内，总共售出16000杯酸奶，相当于每人每天卖出120杯。至于工作条件和工资如何，没有任何相关信息。

我们驱车前往博格拉东部、贾木纳河沿岸地区。贾木纳河是布拉马普特拉河在孟加拉境内的河段。布拉马普特拉河发源于喜马拉雅山脉，全长3100公里，是亚洲水量最丰富的河流。贾木纳河是孟加拉国的主要河流，向南汇入恒河与梅克纳河，自孟加拉湾入海。这个大部分土地位于河流三角洲上的国家总是被严重的洪涝灾害侵袭。气候变化已经给孟加拉造成不良影响。海平面上升一米，五分之一的国土则会淹在水里。最宽达14公里的贾木纳河河床上穿插着许多移动沙洲，那里有一些小村庄。萨里亚凯迪（Sariakandi）分区是博格拉地区最贫穷的地方，基础设施简陋。那里的人拥有很少的土地，或者只有不能种植任何作物的沙地。另外还存在一个危险，水量不断增多的河流会把土地吞没。已经有不少人一夜之间失去了房子和院子，有的人甚至经历多次。许多人因此不得不迁走。

在萨里亚凯迪，有一处格莱珉达能的集货地，总共280位小农中的一部分在那里交付牛奶。日落前，我们抵达集货地，农民们带着各自装得满满的牛奶桶站在小铁皮屋旁。每升牛奶农民得到24至26塔卡，价差取决于牛奶质量，无固定合约，这个价钱低于每升30至32塔卡的当地市场价。一位名叫阿弗索·蒙多的老人，留着浓密的胡子，戴着厚厚的眼镜，身上脏兮兮的T恤打了个结，露出干瘪的肚子。他说，每月最多挣4500塔卡，"动物饲料越来越贵，食品也是，赚的钱不够生活。"他只有一只奶牛，每天最多产奶8升。"至少我不必再把牛奶送到离这儿很远的市场，"老人说道。另一位明显更年轻的男人表示满意："是的，我赚到钱了。"在阿弗索·蒙多面前承认赚钱，他显得有点尴尬。每天他可以提供40升牛奶，这意味着他可能有更多的奶牛。为了格莱珉达能，每两名农民中就有一名，接受1万至2万塔卡的微型贷款，用于继续购买奶牛。虽然多数农民认为他们的收入过低，但洪贝格强调说，他们觉得定期得到收入是有利的。市场价低的时候，他们便有保障。这种情况出现在雨季。另外，他们不受达能约束，所以也可以到市场上出售牛奶，或者卖给其他人家。但在某种意义上，依赖性依然存在，因为他们必须用微薄的收入，支付用来买奶牛的贷款产生的利息。相反，达能却从低廉的牛奶收购价中赚取利润。格莱珉达能的约亨·艾伯特说："如果养殖场的牛奶贵出40%，我不能从那里购买牛奶。虽然我通过别的方式购买牛奶引发'社会影响'，但是不会造成成本过高。"

女销售员不仅无法靠自己的收入生活，还不得不忍受村民的辱骂。酸奶对穷人而言太贵，而城市的中产阶级却愿意购买。它是否真的有助于解决营养不良，迄今为止，尚未经过检验。工厂的职员收入低于全国最低工资标准，农民也不得不满足于低于市场价值的价格。年销售额——我们必须不厌其烦地提及——152亿欧元的上市企业达能，其工厂之所以只能维持，是因为它把成本压得过低。但这不是"社会化商业"，而是常规生意。或者好像约亨·艾伯特形容的："这就是对一种社会福利幻想的修正。只有当我也足够'冷血'地倡导商业原则时，那种幻想才起作用。"然而，反复强调"社会化商业"不是慈善活动的尤努斯，在他标题浮夸的著作《社会化商业：从展望到行动》[①]中庆幸道："博格拉的工厂已经充分发挥了作用，这是一个了不起的成果。下一个里程碑将是抵达收入超过支出的成本回收点。这之后，公司将很快获得一笔能够投资建设其他工厂的赢利。"阿门！据说在达卡附近即将开办第二家格莱珉达能工厂，估计是为了配合那里的超市。对于企业是否只想利用它为自身塑造一个良好形象的问题，这位银行家的回答出乎意料的简单明了："也许他们利用我，也许我也利用他们。关键是，好事发生了。"

在同一本书中，尤努斯对他的达能合资公司的其他业务津津乐道。"酸奶产品上只写'Shokti+'，以便为格莱珉达能未来拓展到其他产品领域创造更多自由，譬如瓶装矿泉水或婴儿食品。"瓶装水和人工婴儿食品在贫穷国家闯下哪些祸端，我已经叙述过。一些批评者如孟加拉经济学家阿

---

① Karl Weber, Muhammad Yunus: Social Business. Von der Vision zur Tat.

努·穆罕默德（Anu Muhammad）谴责尤努斯，带有明确企图地把跨国公司引入国内，并对教育、卫生、水供给、能源供给和农业方面的国家机制进行瓦解。从中受益的不仅仅尤努斯本人，还有他"格莱珉家族"旗下的活跃在全国所有重要经济行业的40家公司。

拒绝国家帮助的"社会化商业"不会伸手向国家要钱，事实绝非如此。达能以及一些同类食品企业，已经试图在欧盟实现他们的意图，以"社会化商业"为借口，从发展援助那口大锅里分到钱。尤努斯还主张对"社会化商业"给予税收优惠。在达卡举办的一次"社会化商业"会议上，孟加拉贸易部长法鲁克·可汗承诺降低十个百分点的税收。这种情况下，假借"社会化商业"名义的公司，在其产品生产国只需支付极低的税额。英国慈善机构基督教援助估计，发展中国家每年将因此损失1600亿美元，跨国企业将通过虚构的转让价格，或做假账将其盈利转移到税收极低或根本不必缴税的国家。基督教援助对税收收入和儿童死亡率之间的关系进行分析后，得出结论：如果企业正确纳税，每年将少死35000名儿童。

穆罕默德·尤努斯与大型跨国集团企业的合作并非始于"社会化商业"。1998年，美国的一次小额信贷峰会上，尤努斯与因转基因种子和农药而备受争议的种子企业孟山都商定成立一家合资公司。他们想要在孟加拉国，一个超过半数人口靠农业为生的国家里，建立一个"格莱珉孟山都网络"。通过这一网络，微型贷款的借贷人将得到实物贷款，即种子和农药，然后借贷人需要把它们卖给农民。孟山都当时计划投资15万美元。利用农民使其他农民陷入不幸，显然只要企业年度广告预算的0.5个百分点作为投资便足矣。当尤努斯与孟山都的暧昧尽人皆知后，孟加拉的农民组织进行强烈抗议，孟山都的国际批评者发起了一场反对运动，最终尤努斯放弃了这个计划。比较成功的是企业家和银行家合作建立的孟加拉国最大的电信供应商。格莱珉电话是格莱珉电信与挪威电信公司Telenor成立的合资企业。尤努斯的"格莱珉女销售"原理最初就应用于这家企业。从2000年起，妇女购买手机可以获得一笔贷款，然后这些所谓的"电话小姐"（Phone-Ladies）必须到各个村子里，向村民提供打电话的服务赚取费用。这个项目被当作和贫穷做斗争推销了出去。事实上，它在初期进行得还算正常，5000名"电话小姐"能够得到收入保障。然而格莱珉电话试图利用一切手段增加女推销员的数量，导致许多妇女在村子里遭受委屈和伤害。2005年，女销售员的人数已达到28万，她们被格莱珉电话打发到农村，进行一场绝望的竞争顾客的斗争，结果妇女们的收入迅速下降。就连格莱民银行的一位职员都承认："加入手机业务的妇女仍旧贫困。"格莱珉电话如今是孟加拉国最大的电信企业，拥有全国最高销售额，其最大份额（55.6%）由挪威电信（年营业额30亿欧元）持有。如今在孟加拉，已有3000万部手机，价格迅速下跌，所以不再需要"电话小姐"。她们现在只是尤努斯的"格莱珉电话创始童话"中的主角。

傍晚七点，天色已经漆黑。在孟加拉，太阳很早落山。沙伊杜尔最喜欢的一处地方，在河边一座石砌水坝的尽头。巨大的水流发出温柔的潺潺声，和着岸边茶舍传来的只言片语。夜色中河岛上的树木伸向暗蓝的天空，渐渐出现一轮明亮的橙色圆月，几近满月。它滑过树梢，将一个小小的金色陀螺投在如墨的水上。"你看，"沙伊杜尔轻声说，"因为这些，我爱我美丽的国家！"

"商业慈善家"：阿迪达斯、巴斯夫和奥托

如果失败的达能工厂仍然被当作样板，其他那些也驻扎在孟加拉的社会化企业状况又如何？2009年，的确出现了一段繁荣时期：三月，全球最大的化工企业巴斯夫宣布，与穆罕默德·尤努斯合作，把杀虫蚊帐和营养补充品袋卖给穷人。十一月，全球最大的邮购公司奥托透露，将在孟加拉国创建一个"社会服务型纺织厂"。同一个月，阿迪达斯宣告，"为穷人量身打造"一款防止感染的运动鞋。尤努斯表示，"在孟加拉，将不再有人光脚走路"，并且做出令阿迪达斯意想不到的承诺，每双鞋只卖一美元。米夏埃尔·奥托憧憬着，他的"未来工厂"将成为"孟加拉纺织产业和全世界同类工厂的榜样"。

然而，除了夸夸其谈，人们并没有从这些合资企业中了解到更多。难道尤努斯的明星光彩不再闪耀，这些企业便疏远了他？穆罕默德·尤努斯原本已经成为一个品牌，一个西方企业乐于用来美化自身的社会标签。但这之后，人们对他的小额信贷模式的批评增加，在他的祖国，尤努斯被控诉包围。2011年5月，他终于被免除了格莱珉银行行长的职务。与他有商业合作的企业很可能觉察到，把政府的愤怒引到自己身上是件危险的事。这不是在孟加拉开展业务的良好前提。

巴斯夫董事长于尔根·汉普雷希特，将企业的宏伟目标形容为"用价值观创造价值"；至2013年，巴斯夫每年将出售20万个预防疟疾的蚊帐和超过1500万个防止营养不良的维生素包。为创办格莱珉巴斯夫（Grameen-BASF），这家年销售额639亿欧元的化工企业提供了20万欧元、10万个蚊帐和100万个维生素包。销售蚊帐和维生素包的任务由妇女承担，销售模式类似格莱珉达能酸奶，以一笔小额贷款作为启动资本，然后每卖出一件产品得到一定的佣金。由于官僚主义，维生素包从未进入市场。在孟加拉随处都能买到便宜的蚊帐。即便在最简陋的住处，床上也挂着蚊帐。赤贫者有非政府组织为他们免费发放蚊帐。巴斯夫格莱珉有限公司的安斯加尔·维勒说，他们希望人们愿意把更多的钱用于购买蚊帐，它能确保"蚊子从此一去不复返"。巴斯夫是否因此排挤当地供应商，在"社会化商业"面前，这事显得无关紧要。关于产品的生产条件，第一批蚊帐由泰国制造——也不得而知。

蚊帐涂有巴斯夫的杀虫化学物"Fendozin"。巴斯夫主管安全的托马斯·毛勒试图消除杀虫剂危害人体健康的忧虑。他表示，企业已经对可能发生的最坏情况进行了测试："一个整夜贴着蚊帐吸吮的婴儿"，杀虫剂的含量仍低于最大限值100倍。这是有助于拯救世界的人体试验吗？新的研究表明，这种用化学制剂浸渍过的蚊帐可能使传播疟疾的蚊子产生抗药性。

在《商报》上，汉普雷希特承认，想通过"社会化商业"探索一个新的市场："这对于我们来说，是一种全新的，而且是更具成本效益的方式，它适用于为开拓市场和客户群而进行的前期行销。"

正是这样的观点促使阿迪达斯推出适合孟加拉的"一美元运动鞋"。阿迪达斯希望以子公司锐步作为该球鞋的品牌，因为锐步已经是孟加拉运动鞋市场的主导品牌。但是它其实根本不是运动鞋，而是一种系带凉鞋。"如果不是人们不常穿的话，运动鞋在这儿也会非常便宜，"孟加拉Nijera Kori组织的库什·卡比尔解释说，"雨季时，乡村的土地被雨水泡得很软，小腿都会陷到泥地里，所以人们本来就打赤脚。"拖鞋肯定会卡在淤泥中。在40%人口生活在每日1.35美元的贫困线以下的孟加拉国，对于最贫困的人而言，即便一美元的阿迪达斯鞋，也很昂贵。卡比尔猜想，"只有既不生活在乡下也不贫穷的人才对鞋感兴趣"。鞋子还有可能损害许多孟加拉鞋匠的生存基础，他们从清晨到深夜忙着压鞋底、缝纫和拼接，每双鞋只能赚40塔卡。仁慈的尤努斯，为何帮助一家跨国企业同这些本地鞋匠相竞争呢？

2010年秋季，项目进行第一阶段的测试：5000双鞋以每双80和120塔卡（0.8和1.2欧元）的价格出售。这些鞋是否都卖给了穷人，阶段测试的结果如何？对此只有来自锐步的官方答案。用来测试的鞋全部产自印度尼西亚，那里纺织厂的工作条件和工资水平都很糟糕。尽管如此"一美元运动鞋"的生产成本仍然超过售价。一种"为穷人量身打造"的球鞋竟然产自血汗工厂？这很讽刺，可也合乎逻辑——售价如此低廉的商品必须廉价生产。然而公平的工资并没有被纳入"社会化商业"的考虑范围。令人惊讶的是，像里德尔和Kik这样的平价连锁超市，由于其采购方式和低工资政策，在德国受到严厉指责，而按照相同原则运作的"社会化商业"却得到巨大认可。2011年11月，阿迪达斯终于宣布，在孟加拉国的球鞋项目失败。据首席执行官赫伯特·海纳说，该项目只带来亏损：生产一只鞋要付出3美元成本，外加3.5美元的进口关税。如今，阿迪达斯打算在印度再一次进行尝试。与阿迪达斯宣告为穷人制鞋引发巨大的媒体效应相比，项目失败的新闻，并未引起媒体广泛关注。在"社会化商业"上，阿迪达斯已经是第二个失败案例。

2011年7月，奥托宣布，由于政策和实际操作方面的困难，社会服务型纺织厂的计划不得不延缓。工厂建设原定于2010年3月动工，次年第一批服装应该已经进入市场。时至今日，这家"榜样工厂"存在与否却成了未知数。当初，奥托想要按照最新的生态标准建造工厂，有整洁的卫生设施，提供医疗保健和免费午餐。一个安全的、设施完备的建筑，在孟加拉国无疑是一大进步。然而在那里工作的人只能得到全国最低水平的工资，相当于每月19欧元。奥托宣布成立格莱珉合资公司后不久，达卡的纺织工人便走上街头进行强烈抗议，却遭到残酷的军事镇压，4名工人死亡。许多抗议的积极分子被逮捕并遭受刑讯。尽管最低工资后来上调到每月34欧元，但比工人和工会最初要求的50欧元仍然太少。

250万人为之服务的孟加拉纺织工业，其低工资是这个极为贫困的国家吸引投资的资本。奥托看中的正是这一点。在德国电视二台播出的纪录片《缝到倒下那一刻》中，记者问米夏埃尔·奥托："您在这儿生产产品，难道不是剥削者吗？"站在工厂中央的奥托回答："我的看法完全不同。因为人们必须看到，如果没有来自工业国家的订单，发展中国家根本不可能发展。"如果提高最低工资，他却表示"决不反对"。"当然很奇怪的是，消费者在购买一件一欧元的T恤时不会考虑，如此低价的产品，可能靠某些人做出牺牲才得以实现。可一旦我们为了某些标准提高价格，消费者就不愿意买了。"奥托这样解释并不奇怪，他的企业定期在"奥托趋势研究"中，从道德和种族的角度衡量顾客的购买意愿。"顾客希望如此！"——企业家玩狗屁资本游戏时的通关术语，一句假装无辜的标准废话。

但一件昂贵的T恤，也不一定是在更好的条件下生产出来的。即便德国有机棉服装的创始品牌Hessnatur，也因为其环保服装没有在公平的条件下生产而受到批评。在波茨坦展望峰会的一次专题研讨会上，来自Hessnatur的罗尔夫·海曼郑重宣布，今后将与尤努斯开展合作。他的众多格莱珉企业中，也有一家纺织工厂。根据自我评估，该工厂是全国五家工资最高的企业之一。

这家工厂位于经济特区萨瓦,距离达卡约一小时车程。在那里,我遇到了格莱珉针织品厂的工人。霍尔舍德·阿拉姆(Khorshed Alam)借给我两名女同事做翻译。他是一名活跃分子,为西方的非政府组织对纺织工业进行各种调查,并且担任研究机构资源与自由社会替代行动[1]的主管。他再三叮嘱我:"只能在家里见;低调行事;最多逗留一小时。"如果你想和纺织工人交流,必须秘密行动,否则会威胁到他们的工作。我们在一位工会会员的家门前碰面,两位工人还没到。晾衣绳上挂着巨大的毛巾,我们会坐在它后面。男主人不断打电话,先说工人稍后就来,过一会儿又说他们拒绝了。"他们说不想再撒谎了。"他们以为我是采购或检察员。绝大多数到这里来的人都与纺织工业有业务往来,他们希望听到工厂一切运转正常。这样的回答,往往是工人迫于老板压力的违心之言。"拜托,请你告诉他们,我是记者,我不属于任何机构和任何组织。"此后不久,来了两位看上去有些紧张的男人,其中一个人抱着个小孩。穆罕默德和纳斯穆尔[2]说:比起其他工厂,尤其是经济特区外的工厂,这里的总体情况要好得多,但对于工资他们并不满意。一个非熟练工的收入,只比国家最低工资高一点。纳斯穆尔是位资深操作员,属于职位较高的人,是工长的一种。他说他每月赚5000塔卡,算上加班费是7000塔卡(67欧元)。穆罕默德刚刚当上操作员,月薪4200塔卡,算上加班费也是7000塔卡。但加班并非总有薪水,"只有法律允许的五点至七点之间的两小时有加班费。"由于工作压力增大,加班成了家常便饭。其主要原因是越来越多的企业被"公益吉祥物"尤努斯所吸引。霍尔舍德·阿拉姆说,C&A和Tchibo也想把生产任务交给这家工厂。然而,那些公司不断增长的需求恰恰使工人陷入困境。纳斯穆尔说,如果有大量订单,他们经常会被管理层强迫晚上继续工作,有时干到凌晨两点。如果他们没有达到自己的工作目标,会遭到主管的责骂,还可能饭碗不保。工会活动同样不受欢迎。穆罕默德说:"如果我们

---

[1] Alternative Movement for Resources and Freedom Society, AMRF.
[2] 两人非真名。

要求更多的钱，压力就来了。"纳斯穆尔有3个孩子要养，穆罕默德得给乡下的父母寄钱。他们说："我们至少需要9000塔卡。"两位操作员还说，在经济特区内，有愿意支付更多工资的工厂。这也证实了霍尔舍德·阿拉姆的话："格莱珉针织品支付的工资虽然还可以，但在经济区里有工资更高的工厂。"

2011年7月，社会化工厂的工人发起暴动：他们砸破玻璃窗，试图点燃装满衣服的纸箱。他们的要求是：增加交通费和餐费，以及参加企业管理。格莱珉针织品的总经理认为这些要求是不合理的。工人暴力反抗愈演愈烈，以至于工厂不得不暂时关闭。或许这起事件是奥托搁置"示范工厂"项目的另一个原因。无论如何，该事件都显示了，在竞争激烈的世界市场环境下，社会化的公平生产几乎是不可能的，保障生存的工资根本办不到。

谢绝批评

在威斯巴登，汉斯·赖茨脱了鞋穿着袜子站在办公室里，捋着他那浓密卷曲的深色头发。他穿了一双彩色短袜和一件超大尺码的毛衣，黑色裤腿被卷了起来。赖茨是穆罕默德·尤努斯的德国总代理。2007年，和尤努斯的一次会面后他在威斯巴登成立了格莱珉创意实验室（Grameen-Creative Lab），专为企业搞"社会化商业"出谋献策。赖茨还参与了巴斯夫、阿迪达斯和奥托与尤努斯合作的德国合资公司的创办。

赖茨的办公室被布置成花哨的菲利普·斯达克风格，架子上摆放着图册《尊严的力量——格莱珉家族》，封面上，一位身穿纱丽的女性站在铁皮屋前，她在闪耀着黄色灯光的白色架子格里，仿佛放在伯利恒的牛棚前的圣母玛丽亚画像。

赖茨常常头戴一顶软呢帽，一身行头就是他的标志。他总是重复自己的"生存奋斗故事"：他是一位单亲母亲的儿子，在雷根斯堡附近的一个村庄中，和六个兄弟姐妹长大。十四岁那年辍学后，在一间体育用品商店打工。二十出头时，他前往印度，在那里过了七年"简单的生活"。

赖茨在会议上作报告时，从不吝惜挥洒激情，如同他的榜样——"美好的尤努斯教授"。他会说："我的基因决定，我一定要利用自身的技能帮助别人。"或者："我们开展的一切经营活动是为了人，为了创造，为了我们拥有的其他奇妙的生物。"除了"社会化商业"，他还为世界援助行为颇值得怀疑的大型集团企业工作，如安联保险、阿迪达斯、巴斯夫、贝塔斯曼、意昂电力和普华永道会计师事务所。他是多次获奖的活动策划公司Circ的创办者和总经理（公司座右铭："成就意味着责任，责任意味着成就"）。可见这位44岁的男人非常善于"导演"。

赖茨为格莱珉创意实验室投入了70万欧元。除了实验室和活动策划公司，这位"全才"还创办了一家连锁咖啡馆和一间儿童服装店，另外，在威斯巴登经营一家阿富汗餐厅。他全部公司的年营业额估计达2000万欧元。他付给自己的工资比作为策划公司老板的工资低30%。按照格莱珉创意实验室的指导方针，总经理的收入不得高于德国平均收入的7倍。在各类商业杂志看来，这接近共产主义。可是按照这样的标准，主管一年最高收入21万欧元，相当于每月收入17500欧元，超过了工业领域总经理的平均工资——平均年收入18.6165万欧元，在德国属最高收入阶层。不过赖茨给自己定的标准是年薪9万欧元，即每月7500欧元。他说："这些钱足够过得不错了，"在他看来，从事这项工作是无比快乐的。格莱珉创意实验室的指导方针也对员工收入有所规定：员工工资应符合"市场公平原则"。顾名思义，工资应以市场为导向，是有市场竞争力的工资。此外，格莱珉创意实验室聘用所谓的"社会化商业志愿者顾问"，进行三个月的无报酬全职工作。的确，一旦事关世界援救，谁会在乎那几个臭钱呢？而且，人们每天还能收获"巨大的快乐"，可以带着幸福感和尤努斯通电话。

当被问及"社会化商业"为何在孟加拉与其承诺背道而驰时，赖茨说："如果我们在一个发展水平相当落后的国家做生意，在理念转化为现实的阶段，遇到各种挑战是很正常的。'社会化商业'绝对处于一个探索阶段，大家不能对它评价过高。"我为经济杂志《Enorm》进行采访的过程中，每次问到公益及环保方面的努力该如何平衡不健康的核心业务时，永远得到这些回答："这不是一蹴而就的事"；"这是一个过程"；"我们才刚刚开始"；"我们必须学习"——都是商业欺骗游戏里的惯用废话。孟加拉国被当作企业进行"社会化商业"的"实验室"。与此相应，"社会化商业"的捍卫者，喜欢强调"学习过程"。以这种方式，小白鼠的生活现实不过只是评估经济收益能力的计量单位。

赖茨有点被激怒，他申明："所有的项目合作者，绝对是以无私的方式去到那里并且积极推进项目，没有任何把市场拓展到那里的需求。这点您可以相信我。"好吧，随您怎么讲。

你能很快察觉到，即便是最轻微的批评也不受欢迎。

"社会化商业"其实远远没有达到预期目的，当我的相关文章在《Enorm》上刊登后，来自世界援助者的读者来信如下冰雹一般向我袭来，仿佛愤怒的泪水密集落下。但如果报刊亭将这期杂志撤回，下一期对内容予以更正，那些颇为深思熟虑的人似乎就满意了。

"有些人只是杜撰合他们心意的故事，"穆罕默德·尤努斯对《商报》记者赫尔穆特·豪斯施尔德针对指责格莱珉银行迫使其客户负债累累的意见不予理睬。事实上，有足够多值得认真对待的证据，可以证明指责的合理性。然而依照"TINA原则"①，市场捍卫者更喜欢发布谈话禁令，而非与批评者进行讨论。在我进行调查的过程中，所有被报道的企业，有足够的机会打消我的怀疑：我曾以书面形式请每一个人，以及孟加拉的尤努斯中心提出意见。除了锐步和奥托（寄给我一份毫无意义的新闻报道）之外，迄今为止我没有收到任何答复。

社会化商业和小额信贷的德国版本：一人公司

2009年，穆罕默德·尤努斯第三次出席展望峰会时讲道："任何人都

---

① TINA =There is no alternative. 别无选择。

可以进行公益创业。通过"社会化商业",我们可以切实解决全部失业问题。我们可以帮助人们摆脱援助,不再有人需要社会救济,人们可以自己照顾自己。"这也是他为"社会化商业"在德国推进做的宣传。尤努斯的理念和格哈特·施罗德强调的自己对自己负责的原则别无二致,这在德国已经是一种普遍流行的论调。施罗德正是利用这种理论,试图使百姓对消灭社会福利国家的系统计划《2010议程》产生兴趣。彼得·哈茨也曾慷慨激昂地谈及"剪断枷锁"和"释放新能量"。自己对自己负责的具体办法包括所谓的"一人公司"(Ich-AG),它是一种国家资助的针对失业者的创业自救形式。在柏林克罗伊茨贝格地区创办了"芥末沙龙"(Senfsalon),并把树莓芥末、大蒜芥末等一系列创意产品卖到全国各地的摄影师梅里特·沙姆巴赫(Merit Schambach)作为个人创业的知名典范,登上了所有媒体甚至平面广告。这样的一人公司,在德国共有210万个。然而许多被迫创业的人,根据德国重建信贷银行(KfW)的数据,约三分之二的微型企业属于应急创业——只能勉强糊口;将近五分之一处在贫困边缘,8.7%的独立经营者被认为是穷人。就业市场和职业研究所的弗兰克·维斯讷说,只有那些已婚的、可以依靠一份额外收入的独立经营者,生活才会改善,这部分的比例只占一人公司的20%。老人厉行节约;健康自己负责;生存拼尽全力!没办到的人,过错在自己。一人公司,这个对所有风险弃之不顾、被正面解释为"自己的主人"的表达,成为2002年年度"坏词"。

安德烈亚斯·海尼克(Andreas Heineke)是德国最知名的社会企业家之一。他本人和他的理念,被许多杂志详细报道过。在汉堡的仓库城,他举办了主题为"在黑暗中对话"(Dialog im Dunkeln)的展览。参观者在盲人的引导下,用视觉以外的感官去感受和理解这个世界。毫无疑问,这是个了不起的想法。"在黑暗中对话"拥有包括盲人在内的110名员工,在全球30个国家设有分支机构。海尼克说:"我们没有借盲人员工去打'好人牌',而是采用正常的企业经营模式。另一方面,我们是个流线型企业,为了能在市场上生存,我们必须精确核算和规划财务。"然而即便被公认为成功范例的海尼克，也对"社会化商业"的模式表示怀疑："公益创业与经济上的成功不兼容。我们必须思考，社会服务领域的创业模式是否正确。"

尽管如此，政治却对公益创业表现出极大热情。联邦政府为社会企业家提供了一个公共资助项目：在有新投资人参与经营的前提下，社会企业家可从国有的重建信贷银行获得最高20万欧元作为自有资本。欧盟也出资9000万欧元推出了公益创业基金。公益创业这个话题甚至进入了中学课堂：施瓦布基金会（其创始人克劳斯·施瓦布还创办了达沃斯论坛——一个如同G8峰会一样的新自由主义全球化的象征）、英特尔公司和各高校已经为八至十二年级的学生准备好了教学资料。这或许是要尽早让学生知道，国家是个废物，未来他们要为自己负责。2011年的展望峰会，有各种试图向孩子传授经营行为和理念的项目受邀参会。Rock it Biz项目便是其中之一，通过它学生可以学习，例如如何找到为装饰教室提供资助的投资人。某一天，地方财政吃紧，无法为学校修补破损的房顶时，学生至少知道该如何照顾自己。Rock it Biz标榜其目标："越来越多的孩子将会成为主动的、乐于接受新事物的人，他们用自信使自己和社会的生活变得更加积极。""他们越善于运用自信、独特的新理念和新视角解决这些任务，便越会感受到实现目标的轻而易举，对外部帮助的依赖也会越来越少。他们不会再被动等待，而是以身体力行的方式，鼓励他人赶上他们。"据说Rock it Biz这个协会的运营只靠捐赠，行事不依赖于任何企业和机构，"但仅限于服务性事物"。难怪2012年展望峰会的口号是"教育！"。而且现在就能想象，届时人们将对各种"教育革新项目"进行买卖洽谈，而国家保障全体公民受到良好教育的责任却不会被重视。

威斯巴登当选德国第一个"社会化商业城市"。汉斯·赖茨说服当地企业家为"社会化商业"提供资金。已建立的有"社会化商业妇女"计划，由"女性职业规划"协会的管理顾问托马斯·席尔莫主持。该计划为社会弱势妇女、单亲母亲和女性移民，提供5000和1万欧元贷款用于自救创业，利率为8%。她们还必须用贷款为项目运行期内的责任咨询支付费用。如此一来，20%的贷款外加利息就进了协会的口袋。协会是如此的安全，全部风险都由妇女们承担——自己负责！

我本人并不属于社会弱势群体，但作为自由撰稿人，我对个体经营非常了解。假如我没有领取劳动局的创业补助金而是接受贷款，那么我必须立刻拼命接活以支付生活开销，必须为老年作提前准备，并分期偿还贷款——也许我早就破产了。即便工作之余，我还兜售自制果酱和帮人遛狗，也是无济于事的。

拜政府所赐，小额信贷在德国越来越流行。德国目前已有50家小额信贷组织，它们经常与职业介绍机构或州政府进行合作。利用欧洲社会基金（ESF）的钱，德国建立了小额信贷基金（Mikrokreditfonds），自2010年1月至今，已借出3200笔贷款。联邦政府和欧盟为该基金投入了1亿欧元。讽刺的是，倡导建设生态社会的合作银行（GLS）是德国最大的小额贷款中介商。它以7.5%的利率把钱发放给小额信贷组织，这些组织再以更高的利率把钱借给借贷人。合作银行规定贷款的有效利率不得高于8.9%，联邦劳工及社会事务部和联邦经济部保障交易安全。自2010年初以来，合作银行已经发放了4500项平均金额为6000欧元的贷款。该银行因为"积极投身社会事业"获得了联邦政府颁发的"可持续发展奖"。政府甚至想以一种回扣吸引小额信贷组织，即每签订一份贷款合同，信贷组织可得800欧元。

到2015年，合作银行希望每年新增5000借贷人。而且合作银行以及小额信贷机构可以用还款率（98.7%）证明成功。这一切，显然可以被描述成一个美妙的故事，如同写在银行网站上的承诺："这里使钱变得有意义。"更为讽刺的是，一家为年轻人生产时尚高尔夫装备的企业被合作银行视为示范企业。真的吗？高尔夫？为了这项"贵族运动"，不仅大面积的自然绿地被占用，不对公众开放。而且一些炎热国家如埃及和西班牙，富人在洞与洞之间打发无聊的草坪被饮用水或地下水浇灌，这也由公众和自然买单。在发展中国家，为建高尔夫球场，一些宝贵的森林被砍伐，农民被驱赶。这难道表示钱花得有意义？

未来的"社会化精英"

"社会化商业城市"威斯巴登以西20公里,莱茵高地区的奥埃斯特里希-温克尔(Oestrich-Winkel)市镇,坐落着私立大学欧洲商学院①。该学校把自己定位为"创业家的精英高校"和"未来领导精英的顶级摇篮"。850名学生支付每学期5000欧元的精英阶层入场券。他们之中的三分之一,今后将从事税务顾问,还有三分之一将进入金融行业。

尤丽亚·弗里德里希斯为了她的书《准精英阶层:探寻未来权力者的足迹》②参加了欧洲商学院的学术交流会。邀请函上写着"适者生存";吉多·韦斯特韦勒(自由民主党成员)致开幕词,他称那些兴奋的听众——抱歉应该说是"贡献者"为"阁下"。弗里德里希斯在书中写道:在第三学期的测试选举中,80%的学生选择了自民党。不过韦斯特韦勒倒提醒学生要有"社会良知":"并非只有最强者才能生存,较弱的人和最弱者也要生存。"

欧洲商学院当时的校长克里斯托弗·雅恩(Christopher Jahn)也想把道德灌输给精英接班人。雅恩坚决倡导一种经理人宣誓,他认为后辈会以这种誓言放弃贪婪,并且在商业世界中信奉道德。然而他自己的表现实在不敢恭维:这位经济学家曾在企业咨询公司智慧网(Brain-Net)内部担任过多个职位,据检察机关调查,他为自己或者他的公司虚开发票至少达18万欧元。他以这种方式贪污公款。黑森州的公立大学都由州政府支付经费,唯独欧洲商学院由联邦政府资助。尽管爆出丑闻,创建法学院的2470万欧元仍旧进入了大学账户。校园中最新的建筑,以曾经卷入科尔(Helmut Kohl)政治献金丑闻的基民盟政客瓦尔特·莱斯勒·基普的名字命名,这再明白不过了。对于一所精英大学,聘用这类权威人士显然被看作是激

---

① European Business Scholl, EBS.
② Julia Friedrichs: Gestatten Elite. Auf den Spuren der Mächtigen von morgen.

励。贪污丑闻仅仅半年之后，欧洲商学院再次因为挪用税款登上新闻头条。该校必须偿还黑森州政府100万欧元。原因是：学校代表为了在柏林的定期活动，为自己租用了豪华轿车，他们在一家瑞士四星级酒店召开"战略会议"，在马略卡岛举办的"研讨会"上，教授们在饭店的俱乐部里戏水——多亏善良纳税人的资助。而正是这样一所高校，拥有德国首个"社会化商业"的教授职位。猜猜由谁资助，没错：达能。

"但愿你的所有债主随时找上门!"

犹太人的诅咒

第八章 小额信贷：有计划的疯狂

来自孟加拉国的报道

乔蒙尼尔哈特（Joymonirhat）古里格拉姆县（Kurigram）的一个小村庄，四周满是稻田和棕榈树。我和当地农民组织BKFS的成员巴德鲁·阿拉姆、阿卜杜勒·马楠·阿扎德和施普拉·拉尼来到村里，这是我们旅程的第一站。当地村民的生活非常简单：一眼水井为他们提供干净的生活用水，简易竹棚里有个便坑，地上的两个火堆便是厨房。瓦楞铁皮屋里有一个摆放餐具的木制柜橱，旁边有一张巨大的床，它同时兼具沙发和餐桌的用途。院子里跑着几只鸡，一只鸭妈妈带着她的幼仔摇摇晃晃地走过泥土地，一只小山羊坐在男孩的怀里。女孩们穿着蓝白校服，没有书包，几本书拿在手里，笑着跑进屋里。身穿彩色纱丽的妇女聚在院子里，席地而坐。那是一幅如画般美丽的景象，就像小额信贷宣传册中的广告画。事实上，院子里的这20位妇女全部都是小额信贷的借贷人。

小额信贷在孟加拉国的历史始于一个传说：20世纪70年代初，穆罕默德·尤努斯是吉大港大学的教授，从事农村经济发展的研究。1974年至

1975年，孟加拉国发生了一场严重的饥荒，尤努斯于是投身消除贫困的斗争。据尤努斯说，在乔布拉村，他遇到了一位名叫苏菲亚·贝古姆的年轻女子。她当时21岁，有3个孩子，和家人住在一间破旧漏雨的稻草顶土屋里。她靠手工编制竹椅为生，尽管工作辛苦却无法摆脱贫困。尤努斯发现，苏菲亚·贝古姆为了购买竹子不得不向当地一位放债人借钱。每把椅子的材料成本5塔卡，但借款利息过高，她无法靠卖椅子养活自己。那时，尤努斯曾想，"我的天哪！为了区区5塔卡她竟成为了奴隶。"于是他和一位女大学生一起收集信息，列出了一份负债家庭名单，一共42人，总负债相当于20欧元。如今尤努斯说道："我不能坐视不管。我把那笔钱放在桌上并对他们说，他们应该用这些钱把自己解放出来。"尤努斯当时让他们"慢慢来"，什么时候还钱都可以。据说，苏菲亚后来有钱为自己建房子了，而且一年后所有妇女都摆脱了债务问题。对尤努斯而言，那是发现真理的一年，他灵光乍现的片刻，至今仍被视为孟加拉小额信贷的诞生时刻。1976年，尤努斯开始构建小额信贷项目；1983年，格莱珉银行成立。

小额信贷的理念很简单，就是要让这个制度为穷人提供小额贷款。除此之外，这些人无法获得金融资本，因为没有银行借钱给他们。利用小额信贷他们可以拓展自己的生意或者建立一家新的企业，可以自谋生计顺便偿还贷款利息。这样一来，那些私人高利贷就不会有生意了。小额信贷的客户几乎都是女性，贷款有助于她们实现独立自主，而且女性被认为非常可靠。据尤努斯说，还款率近乎99%。他对此津津乐道。

全世界再没有第二个地方像孟加拉，生活着如此之多的女性小额贷款借贷人：3000万人，即总人口的五分之一，每人都在某个信贷机构有平均60欧元的债务。在孟加拉国，正在流通的小额贷款超过20亿欧元，利息额占20%至40%不等，取决于不同贷款机构。如此之多的利息，据说是因为这种小额贷款占用的行政支出格外高。凭借800万女性借款人，格莱珉银行成为了全球最大的小额贷款商。据穆罕默德·尤努斯说，在他的银行借款5年或更长时间的女性，其中有64%已经摆脱了贫穷。

社会排斥取代妇女力量

乔蒙尼尔哈特村的妇女给我讲的故事，完全是另一个版本，很遗憾与成功毫无关联。杜拉丽·贝古姆说："从前的生活艰苦贫穷，但是比今天的生活要好。现在，这里每个人只是忙于还债，债务支配着我们的生活。"在她的故事版本中，格莱珉银行1988年来到村里，邀请妇女到学校院子里开会，介绍小额信贷的优点，使她们对贷款产生兴趣。迄今为止，乔蒙尼尔哈特村的妇女已经负债超过20年，有些人甚至在多达5家不同的小额信贷机构贷款。杜拉丽·贝古姆说："我们内心的平静早已不在。"友谊被打破，家庭中争吵不断。维持社会化生活变得越来越难。

杜拉丽·贝古姆领导着一个格莱珉银行借贷人单位，共包含6个小组，每组5名妇女。

穆罕默德·尤努斯在他的《战胜贫穷》中写道："如果5名女伴中的一人想要贷款，她需要征得其余4人的同意。虽然每位借贷人对自己的贷款负责，但这个贷款小组的作用如同一个小型社交网络，成员之间彼此鼓励，在心理上相互支持，遇到实际问题时互相帮助。"

从前，任何人家遇到困难，譬如有人生病，妇女们都会互相帮助。对于生活在农村的穷人而言，一个紧密的社会网络至关重要，尤其对于几乎足不出村的妇女。如今，曾经的相互"支持"成了连坐：妇女们作为借贷人彼此担保，不能还款的人不仅受到银行的压力，还受到来自其他成员的社会压力。这对债权方而言是一种重要的安全保障。尤努斯写道："毫无疑问，格莱珉银行把借贷人组织成一个集体的设计为小额信贷的成功做出了重要贡献。积极的社会压力有助于敦促借贷人履行自己的义务。"

耻辱经济学

早在20世纪90年代，孟加拉的人类学家阿米努尔·拉赫曼（Aminur Rahman）就对小额信贷对妇女生活的影响进行了调查。他在帕斯-伊拉茵村

（Pas Elahin）对贷款妇女和银行职员进行了长达一年的跟踪采访。调查结果显示：借来的钱完全没有促进独立自主。相反，小额信贷组织对女性的弱势地位加以利用，并且维持了这种社会不公平。与男性相比，贫穷的妇女更被动、顺从且流动性低。她们认为自己对家庭幸福负有责任，所以她们也更为可靠。而在向妇女催讨还款和利息的银行职员中，男性比例高达91%。这背后的原因很卑鄙："当女性追讨欠款时，他们无法做到男性那样的严厉。"

在催讨债务上，比起尤努斯设法让妇女远离的那些私人高利贷者，银行一样下作：银行的刽子手们抢走妇女的黄金鼻环，它和结婚戒指有着同等意义而且象征着一位女性的社会地位。他们强迫妇女变卖家当甚或农田，带走她们的奶牛和山羊，砍断树木，掀掉房顶，或者拆毁整座房屋。他们在女借款人的丈夫和全村人的面前辱骂她们。他们或者亲自动手，或者"说服"债务人小组的女组长代劳。许多讨债人常常在负债人家里一坐几个小时，有时甚至过夜，用这种方式诋毁人家的名誉。我在孟加拉走访了13个村庄，在每一个村子里，我至少都听过一个这样的故事。某些情况下，上述所有暴行甚至同时发生。

带我走村串户的农民组织BKFS自80年代起致力于反对小额信贷的斗争，他们从一开始便怀疑小额信贷可能产生可怕后果。该组织的领导巴德鲁·阿拉姆清楚记得，当他们从可靠渠道听说，一位妇女被讨债人长时间殴打直至双腿骨折时，他们坚信小额信贷绝对是一场灾难。

小额贷款的高还款率往往被解读成穷人的特殊道德——"高贵野蛮人"理论的经济学版本。然而实际上，还款是残暴手段强制实现的。在俄勒冈大学任教的孟加拉人类学者拉米亚·卡里姆（Lamia Karim），在90年代末，对孟加拉西南部的数个村庄进行了为期逾一年半的调查。她说："羞辱穷人，尤其是女性，并且把它当做控制社会的手段，在孟加拉是一种久远的传统。"小额信贷机构有针对性地使用这种手段，被她称为"羞耻性经济制度"。

以扶贫的名义没收财产

乔蒙尼尔哈特村村长阿卜杜勒·卡里姆的儿媳娜斯玛，一位温柔的年轻姑娘，把树叶捆扎成的小包裹分发给妇女们。里面包着槟榔果薄片和调料，人们靠咀嚼它抑制饥饿感。古里格拉姆（Kurigram）县，乔蒙尼尔哈特村所属的地区，有20个村庄。该县位于孟加拉东北部和印度的交界处，它所在的地区是这个已经非常贫穷的国家里最贫穷的地区之一。这里经常爆发一种被孟加拉人称为"Monga"的饥荒。它通常发生在9月和11月间，古里格拉姆县的居民称这段时间为"mora kartik"①，表示"死亡和恐怖的月份"。当收割的作物已经吃完，新一茬儿的庄稼还要很久才会成熟时，这种饥荒便会席卷而来。它对生活在偏远农村地区的赤贫农民打击尤为严重：他们多数人自给自足，没有足够的钱购买粮食，而且本来就非常有限的临时工作会被迅速抢光。在9月和11月之间很多人因此逃到城市，试图在那里找到工作。那些因为年迈或疾病无法出去避难打工的人，忍受着危及生命的饥饿，吃着难以下咽的东西，生病或死亡。

杜拉丽·贝古姆很确定地告诉我："饥荒比从前更糟，几乎难以忍受。"对于小额信贷商而言，饥荒绝对是个好买卖。"爆发饥荒时，多数银行家和放债人便来到受灾地。"穷人为了购买食物不得不接受贷款，然后跌入更深的债务陷阱。

无奈之下，农户们用自己的田地作贷款抵押，反正迟早他们也会被强迫卖掉土地。杜拉丽是种植大米的农民，她已经把自己的农田卖掉了。现在她为赚钱还贷在其他农民的地里干活。"我想念我的土地，"杜阿丽边说边哭。"有时我们坐在一起，想想我们何时才能解脱。可是我们没有办法，可以拯救我们的只有死亡。"

根据孟加拉发展研究所的统计，40%的孟加拉人，生活在极度贫困和饥饿的痛苦之中，30%生活在长期贫困中。7000万人生活在贫困线以下，几乎

---

① kartik是孟加拉语的9月。

占人口比例的一半。在孟加拉经济学家阿努·穆罕默德看来，这些数字和每年必定发生的饥荒证明，小额信贷方案对解决贫困问题没有起到作用。他和他的学生从90年代起，在不同地区的15个村庄进行了调查研究。其结果令人震惊：仅有5%的小额贷款借贷人从中受益，而且唯一的原因是，他们在接受贷款时已经拥有一份稳定的收入来源。50%的借款人无法使自己的生活水平得到改善，充其量维持现状。其余45%的生活状况甚至显著恶化。阿努·穆罕默德说，绝大多数批评性研究都得出了相似的结果：从小额信贷中真正获利的借款人只有5%至10%，而且他们还不是最贫困的人。世界银行和孟加拉发展研究所的一项研究在1997年甚至得出这样的结论，仅有5%的女性借贷人能够摆脱贫困。这仅仅占国家人口比例的1%。穆罕默德说："解决贫困的前提是，所有基础条件，即自然、健康、家庭状况、交易基础等等保持稳定的良好状况。"不幸的是，在一个像孟加拉这样的国家，一个国民每天都受饥饿、疾病和自然灾害威胁的地方，工资无法保障生活，食品价格可能一夜之间翻倍。

童话村庄：乔布拉村和"希拉里村"

丹麦纪录片导演汤姆·海涅曼（Tom Heinemann）为拍摄纪录片《小额债务》[1]，走访了两个在"格莱珉传奇"中扮演特殊角色的村庄：乔布拉（Jobra），在这个村里，穆罕默德·尤努斯自掏腰包发放了第一笔贷款；麦沙哈提（Maishahati），自从希拉里·克林顿和穆罕默德·尤努斯正式访问这个村子后，它改名为"希拉里村"。2010年影片播出后受到世界瞩目，因为它证实了格莱珉银行以一种颇具争议的方式，使用了来自挪威政府的发展援助金。海涅曼曾在乔布拉村寻找1976年和尤努斯偶遇的传奇人物苏菲亚·贝古姆。这位丹麦纪录片导演见到了苏菲亚的女儿。据她讲述，她的母亲于1998年在极度贫困中去世。一位村民还在电影中说明，那座传说中苏菲亚买得起的房子其实根本就不是她的。他把摄像机带到了

---

[1] http://tomheinemann.dk/the-micro-debt/

一座粉红色的有圆柱的两层小楼前，比起瓦楞铁皮屋那几乎就是一座宫殿，他对着镜头说道："格莱珉银行总是展示这栋房子，但它属于一位邻居。""利用这样一个骗局，格莱珉银行赚了数百万。"

希拉里·克林顿1995年访问了麦沙哈提村，使各种关于经济成功的美妙故事广为流传。此外，村子里盖起了许多新房子，那也成了格莱珉银行借款人个人承诺的一部分。海涅曼而且不只他一人——在走访中发现，一些家庭由于贷款反而陷入更深的贫困。某位男性村民在影片中断言，媒体大力报道的希拉里访问纯粹是一场策划好的表演，因为在场的妇女，所谓"欢腾的孟加拉人民"，都是用车从其他村子拉来的。

阿努·尤努斯这样解释格莱珉神话的诞生："银行职员把那些刚刚用借来的钱为自己购置了房子的人介绍给村民，显然这看起来是成功的。但只要他们一两年后再次回来，就会看到真正的后果：那些房子其实都卖出去了。"

非政府组织充当资本的帮凶

我们开车前往下一个债务村庄。去往格加达霍（Ghogadaho）地区的沿途经过绿油油的稻田，水牛正在田里犁地。每一座村庄都有许多写着各种小额信贷组织名称的棚屋引起我的注意。提供小额贷款的远不止尤努斯的格莱珉银行这一家。其他两大主要贷款机构是孟加拉农村发展委员会[1]和社会促进会[2]。此外，还有许多提供借款的非政府组织。在孟加拉国，非政府组织的数量过去20年里增长了6倍。1990年有非政府组织382个，2007年已增至2156个，如今超过3000个。自上世纪70年代起，非政府组织开始在孟加拉工作。和当地农民组织BKFS一样，非政府组织长期从事动员、宣传、制定卫生计划方面的工作，致力于反对不平等、剥削、地主和农村权力结构的斗争，为妇女和没有土地的农民争取权益。然而到了90年代，促进互

---

[1] Bangladesh Rural Advancement Committee, BRAC.
[2] Association for Social Advancement, ASA.

助团结的核心职能发生了转变：非政府组织加入了小额信贷业务。主要原因是，它们可以通过这种方式摆脱对捐赠的依赖，实现经济上的可持续生存。它们把重点放在了自身的财务独立上，而非帮助对象。出于这样的经济目的，不少非政府组织小额信贷机构（MFI-NGO)纷纷成立，有些还因此发了财。

非政府组织向放债人方向的转变是发展中国家所谓"结构调整"的后果，这正是人们通常对全球化的理解。早在70年代，"经济增长"便成为发展援助的口号，捐助国在发展中国家资助大型项目如水坝或发电厂，在这些项目上获利的主要是一些西方企业。于是原先投入的钱又流回了投资国，而债务却留给了第三世界国家。由于它们无法偿还债务，80年代出现了债务危机。解决危机的当务之急是免除债务，以便为减贫、为建设可供所有人包括赤贫者使用的基础设施创造先决条件。然而世界银行和国际货币基金组织却反其道而行之，推出了所谓的"结构调整方案"。它使能源供应、水供给以及教育和卫生等等公共事业的私有化依赖进一步的贷款。在西方世界的压力下，发展中国家被迫解除了进口限制并放开了市场，贫穷国家的利率上限也被解除了。被伪装为"减贫与增长计划"的一系列措施，加大了所谓第三世界此后对西方的依赖，把穷人置于更无指望的境地：任何服务他们都得付钱。穷人忍受着生活困苦，因为国家无法为他们免费提供必要的基础设施，譬如医疗和水供给。对此，富裕的西方国家却没有丝毫兴趣：2010年7月，联合国在一项决议中宣布，对干净水的要求权属于基本人权，第三世界国家一致对该决议投了赞成票，而美国——拥有最多全球500强跨国企业的国家以及其他40个发达国家却表示反对。

孟加拉也是个债台高筑的国家。国家债务总计350亿美元，几乎等于国内生产总值的40%。然而传统的发展援助资金却在1996年至2005年之间，从2300亿美元下降到仅剩13.9亿美元，其中80%被用于支付贷款利息。传统的发展援助绝对值得批评。腐败的政府、私有化的泛滥、庞大的国家债务、逃漏税、难以糊口的工资等等——有助于西方世界财富增长的一切都与援助相冲突。但私人负债，譬如小额信贷造成的负债，难道是一个可行的选择？

非政府组织向小额信贷机构的转变（阿努·穆罕默德把MFI-NGO也称为Corporate NGO，企业型非政府组织）正好发生在世界银行资助的"结构调整方案"出台期间。世界银行于1995年成立了扶贫协商小组[①]，一个为资助穷人提供咨询的机构。它曾计划投入2亿美元用于指导小额贷款的发放。1996年，该机构为使非政府组织融入商业性金融市场提出了以下策略：一、为非政府组织的金融业务制定一个适合的框架；二、支持非政府组织创办银行；三、支持有实力的非政府组织成为贷款机构；四、支持规模较小的非政府组织成为中介机构，以便对建立和加入"信贷互助团体"进行动员。

这表明，小额信贷事业得以迅速发展，并非因为它是脱贫的良方，而是由于强大的世界银行极力推动小额信贷的流行。

私人债务作为发展援助

1997年，第一次小额信贷峰会在华盛顿举行。世界银行、美国国际开发署、美洲开发银行、联合国开发计划（UNDP）和花旗银行在会上宣布推出一种小额信贷基金。欧盟和美国已成为小额金融的核心推动者。德国政府从80年代起就开始资助小额信贷项目，截至1998年，它已为格莱珉银行资助3700万欧元。迄今为止，德国政府已把三分之一的发展援助资金，即27亿欧元投入到了遍布63个国家的小额金融系统。德国重建信贷银行已成为全球最大的小额金融公共投资者。全世界流通中的小额贷款总额达600亿美元，大约分布于7万家小额信贷机构。

作为德国发展援助部长的迪尔克·尼贝尔(自由民主党成员)首次公开亮相恰巧是和孟加拉"一人自由民主党"的穆罕默德·尤努斯在一起。尼贝尔在讲话中宣布，将主要依靠小额信贷融资，他认为此举是发展援助和消灭贫困的最经济同时也是最有效的办法之一。在他看来，穷人也能获得贷款，是这个阶层通过自身力量得以获得财富并自由生活的重要前提。他

---

① Consultative Group to Assist the Poor, CGAP.

和"公益吉祥物"尤努斯面对如暴雨般狂闪的闪光灯保持微笑,并说道:"小额贷款是实现自助的高度自由的辅助工具。"

无论何时,只要政客敦促人们自己为自己负责,则意味着所有风险将被转嫁给个人。小额信贷既不是人性化和关爱的行为,也不是传统发展援助的替代方案。相反,它使贫穷国家的高额国家债务延伸到了个人。当给予者只收获高还款率和利息(全球平均利率38%!)而不承担风险时,那些一贫如洗的借款人过得是好是坏、甚至是死是活皆由他们自己负责。私人债务给发展中国家债务的最大受害者带来了更沉重的负担。在海涅曼的纪录片中,从事发展研究的美国专家、小额信贷的批评者托马斯·迪希特(Thomas Dichter)提出了一个非常简单的问题:"我们都不希望有债务,那么,我们凭什么认为穷人就更愿意负债呢?"

发展援助组织儿童紧急援助(Kindernothilfe, KNH)为了让儿童自己做生意,甚至向他们发放小额贷款。西方人看到童工总是充满伤感,的确如此。但是,简单地把他们从农田和工厂里拉出来,绝不意味着童工生涯的终结,往往反而使他们的家庭状况更为恶化。父母贫穷,孩子才不得不工作。这是一个结构性问题。为儿童提供贷款使他们成为小老板,这种实用主义不仅模糊了问题焦点,还意味着西方世界早已默许了贫穷的合理存在。

小额贷款造成的饥饿和童工劳动

傍晚时分,我们抵达格加达霍(Ghogadaho)。落日的光辉把茅草房染成了金色,一只鸟在棕榈树的树冠上愤怒地鸣叫。妇女们聚集在村广场上,她们消瘦憔悴,身上的纱丽肮脏破旧。格加达霍也属于定期遭受饥荒侵袭的地区。更糟糕的是,这个村子位于提斯塔(Teesta)河附近。该河流经印度的西孟加拉邦,进入孟加拉后汇入布拉马普特拉河,水量很少。1995年,通过世界银行的资助,在印度建造了巨大的法拉卡水坝,距离孟加拉边境仅18公里。旱季水位低的时候,水被截流并引向加尔各答方向。这造成需要用提斯塔河水浇灌农田的孟加拉穷人严重缺水。

随后导致干旱、土地盐碱化、鱼类资源枯竭、河道无法通船。季风雨来临使河水上涨的时候，印度会打开水坝。而这种人工涨水往往使正值收获季节的孟加拉人遭遇水患。它导致房屋和庄稼被毁，人们被迫逃到地势较高的地区过露天生活。此外洪水还引起土壤腐蚀。2011年7月，该地区300人因此无家可归。

对于格加达霍的妇女而言，诺贝尔和平奖得主穆罕默德·尤努斯绝非救世主。莎希达·贝古姆说："他彻底摧毁了这里的和平。"如果询问当地妇女对尤努斯不再担任银行总经理一职有何感想，她们会鼓掌欢呼。

莎希达·贝古姆说，15年前，她在格莱珉银行贷了一笔款。当她偿还500塔卡（5欧元）的欠款和利息时，银行工作人员说："把钱放下就行了，我们把它记入存款账户。"贷款不仅要求妇女承担每周分期偿还借款和利息的义务，还意味着要先储蓄一笔小额款项。官方说法是，妇女可以随时使用存款。然而事实上，她们的私人储蓄通常被小额信贷机构当作抵押，款项超过8000塔卡，妇女必须额外支付格莱珉养老基金。总之，所有费用算在一起，债务人为贷款付出的远非只有利息。据阿努·穆罕默德估算，格莱珉银行的实际成本为30.5%，孟加拉农村发展委员会和社会促进会这两家贷款机构的成本不到45%。

15年后，格莱珉银行的另一位职员找到莎希达·贝古姆，向她索要6000塔卡。莎希达没有单据，无法证明自己早已还清债务。那位银行职员辱骂她，称她为骗子。"几乎每天都有男人来我家，他们一直待到深夜。他们威胁说要毁掉我的房子。"

"顾客不必到银行来，银行去拜访顾客。"——尤努斯的经典名言，它只能使对这背后隐藏的残酷事实一无所知的人产生兴趣。莎希达说，她最后同意接受那6000塔卡作为新的贷款，还款期限为3年。她说："我感觉自己被骗了。"

"我们比从前更加贫困，"一位名叫罗希达的妇女抱怨道。她曾在非政府组织的小额信贷机构TMSS贷款8000塔卡，打算到市场卖米。但由于市场里已经有几十个卖米的农民和商贩为了竞争争相压低报价，罗希达只能赔本销售大米。把穷人变为老板，这是对贷款模式的根本误解之一。尤其在农村地区，创业活动的可能性极为有限。人们不可能在乡村开一家"芥末沙龙"，最多开个杂货店、茶室、手工作坊或者很小的摊档，但需求量不会很大。一个村子能需要几个茶室？如果村民穷得连自己都快养不活了，怎么可能会有顾客上门？

创业还意味着一切风险必须自己承担。即便在富裕的国家，失败者也屡见不鲜。在汤姆·海涅曼的纪录片中，从事发展研究的专家托马斯·迪希特说："我们之中只有极少数人可以并且想要成为企业家，为什么我们却认为最贫困的人应该做到？"

罗希达说，她为了每周的分期还贷不得不挨饿，因为她不是每个星期都能找到工作。"但即便这样还是不够，一切只比从前更糟。"罗希达突然高声尖叫。"我们没有时间照顾孩子，甚至还打他们，这是我们从前绝没做过的事。""孩子们早就不去上学了，他们现在必须在农田里干活，得先填饱肚子才能想别的。"

阿努·穆罕默德在他的研究中证实："童工劳动正在增加。小额贷款加重了生存压力，迫使人们在有限的时间内赚到一定数额的钱。这种时间限制成为进入市场的决定因素。然后孩子们也必须参与到市场中。"罗希达说，儿童只拿到一半的薪水。有些家庭由于贷款深陷绝望的痛苦之中，不得不把孩子送到最近城市的餐馆打工。孩子们在厨房里干活，没有工资，但有饭吃，可以睡在硬邦邦的餐桌上。我们当天晚上在古里格拉姆破旧的宾馆里遇到的可能就是这样的孩子。他们拿着水壶和床上用品穿过走廊，搬运比他们自己还要高大的行李。他们很小，也许6岁，至多8岁，眼神冷漠严肃。他们不苟言笑，看上去对一切已不抱任何希望。

罗希达在愤怒之下，把另一位女性从聚集的人堆里推了出来介绍给我。她看起来非常年轻，但她自己不清楚自己的年纪，其他妇女说她20岁，在我看来可能更小。她叫莎穆斯塔，已婚，有两个女儿，但她的丈夫已经逃走了。她曾经为他的丈夫在非政府组织TMSS贷款超过1万塔卡。他用那些钱买了一辆人力车打算从事运输。然而，当地几乎无人有能力消费这项服务，因此他只好把车卖掉，而且远低于购买价。这种情况并不少见，虽然只有女性才能正式拿到贷款，但钱通常由男性支配。男人消费贷款，这一点已有大量研究证实，包括已经援引过的阿米努尔·拉赫曼和米亚·卡里姆的乡野调查。卡里姆明确指出，在她的调查个案中，男性消费贷款的比例占95%。阿努·穆罕默德也表示，只有10%的女性有权支配贷款。这一切格莱珉银行非常了解：它允许为丈夫贷款，而且只有妻子才能申请该项目。如此一来，银行可以维持"赋予女性权利"的神话。

莎穆斯塔告诉我们，某天早上，他丈夫从家里逃跑去了达卡。后来她听说他在达卡再次结婚了。这位年轻女性指着一个摇摇欲坠的小屋，告诉我那就是她现在的家，她和与自己一样贫困的哥哥住在一起。如今讨债人也纠缠她哥哥。尽管莎穆斯塔在农田里拼命干活，仍旧无法还清债务。妇女们的愤怒是显而易见的，当我们离开时，莎希达甚至朝巴德鲁怒吼："你们为什么来这里，想在这儿干什么？你们也不给我们钱！"巴德鲁着实被吓到，他说："我是你的兄弟！我没法给你钱，我只能为你战斗！"

一天后我们在拉杰巴里村（Rajbari）感受到，男性在小额贷款体系中占有怎样的支配地位。起初村里聚集的只有男性，女人们害羞地站在远处或是在田里劳动。巴德鲁费了好一番口舌才说服他们，让女人也加入谈话。"这下你看到了吧？"巴德鲁低声对我说，"妇女力量？真可笑！"男人们讲的故事也不可轻视。沙贝普·阿里匆忙地跑来村广场，他拿给我们一张已经磨损的粉红色纸条。他气急败坏地告诉我们事情的原委，神情中露出无法忽视的绝望。据他所知，孟加拉农村发展委员会（BRAC）把他告上了法庭，但他看不懂字条上的内容，他是文盲。银行向他索要5500塔卡，这笔贷款他和妻子早已偿还。但他没有任何还贷凭证，不出所料，讨债人一年后找上门来，他们拿走了他的地契。据阿里说，有些付不出钱的人，无论男女，会被就地关一夜监牢；银行和非政府组织与警方合作；催债人会向警察打听那些人的情况以便对他们进一步施压。

最后大胆走上前来的是一位年轻女性，约莫25岁上下。她有两笔贷款：12000塔卡在格莱珉银行，7000塔卡在社会促进会。当她生活在朗布尔的父亲生命垂危之际，她请求银行工作人员将以周为单位的还款期限延长，并保证一定可以还款，然而她遭到了拒绝。当她抵达朗布尔时，父亲已经被安葬了。她既没能和父亲告别，也没看到遗体，连葬礼都没能参加。这样的事我几乎在每个村子里都听到过："即便你家里有人去世，他们也不会放过你。"巴德鲁说，讨债人恰恰在有人过世时嗅到他们的机会：他们禁止没有支付分期付款的家庭埋葬他们的亲人。穷人把办葬礼的钱交给银行和非政府组织之后所剩无几，只能把逝者扔进河里。

饥肠辘辘地跌入债务陷阱

超过半数的小额贷款借贷者无法按时还款。这是卡齐·霍里古兹曼·艾哈迈德（Qazi Kholiquzzman Ahmed）在2007年的一项调查中做出的说明。他在政府资助的信贷机构PKFS担任总经理。尽管PKFS为小型非政府组织贷款机构（MFI-NGO）分发用于小额贷款的资金，艾哈迈德仍对小额信贷持批评态度。调查对象涉及2500名借款人，拥有贷款项目总计3500笔。其中四分之一的借款人拥有两家不同机构的贷款，6%的人甚至拥有三家；近三分之一的人需要额外向亲戚借钱，或者向利息最高达100%的当地高利贷借钱，所以小额信贷并没有使人们摆脱私人高利贷的魔爪。相反，它甚至助长了这种恶势力的繁衍：英国学者大卫·赫尔姆(David Hulme）和保罗·莫斯利(Paul Mosley)在他们的调查中发现，私人放债人的数量在小额贷款密度高的地区甚至有所增加。莉拉·拉什德参与创建了国家小额信贷监督局，该局成立于2006年，位于达卡。拉什德说："在多家信贷机构负债的人群比例，由几年前的40%增长为如今的70%。"监督局授予非政府组织贷款许可，521份申请已经获批，2910份被拒绝。

达卡大学的经济学家M.M.·阿卡什说，人们必须多赚20%才可能使用贷款。如果穷人不能自给自足，则意味着他们必须把收入的40%至60%用于食品支出。然而在许多情况下，失败的不只是生意。阿米努尔·拉赫曼明确指出，29%的人贷款购买食品或支付医疗费用。2001年，当拉赫曼再次回到他进行了9年乡野调查的帕斯-伊拉茵村时，他发现120名女性中只有6人从她们自己创办的公司中得到了收入。债主显然很少调查贷款的实际用途，他们只管严苛无情地讨债。这一切再次证明，小额贷款或许与扶持穷人毫无关系。

在古里格拉姆县的小村波迪亚（Boldia），我们遇到了一位年轻女性，玛琳娜。她属于所谓的弱势群体，这个群体不仅没有土地而且无家可归。对于赤贫人口，政府有相应的救助计划，另外发给他们每人一张食品卡。玛琳娜抱着一个双足残废的小女孩。她为了给孩子治病，在TMSS贷了一笔款。据巴德鲁说，这些人绝不可以获得贷款。然而小额信贷组织敦促他们的员工尽可能多地推销出贷款。发放贷款的数额以及分期付款的还款率是衡量员工业绩的标准。

高还款率还与债务重整有关：没能还款的人将被自动追加一笔新的贷款。阿努·穆罕默德认为，实际完全偿还的贷款比例最多65%。

盲目的经济学

用小额信贷减贫显然是失败的。既然如此，为何小额贷款能使数百万人摆脱贫困的传说仍不破灭？为什么经济学家、教会、非政府组织、全球化反对者和德意志银行一致支持小额信贷？为什么大量调查已经证实小额贷款真实面貌的同时，从精心制作的图册中拿出几张微笑妇女的照片、用几个激动人心的故事便足以维持那个传说？为什么对贫民的痛苦视而不见的穆罕默德·尤努斯，却能用伤感的废话使世界各地的人们激动得热泪盈眶？为什么几乎每篇文章都在重复声明，尽管根本没有具体证据，但小额贷款使数百万人摆脱贫困的事实毋庸置疑？

记者格哈特·克拉斯曾在孟加拉和印度对小额信贷这个课题，进行了广泛细致的调查。在其批评性著作《小额信贷产业：是伟大的幻想还是利用贫穷赚钱》[①]中，他对这种盲目性有如下分析："为了证明小额信贷对减贫的成效，经济学家不得不动用一种在学术领域被判定为非常狭隘的对贫穷的定义，即，以手头是否有资金作为定义贫穷的指标。但贫穷是一个非常复杂的概念，和许多因素相关联，不能单靠货币收入来衡量。自然经济，

---

① Gerhard Klas: Die Mikrofinanzindustrie. Die Große Illusion oder Das Geschäft mit der Armut.

譬如种植农作物用于自己消费而非进行商品交换——在小额信贷经济学的核算中无关紧要，起关键作用的只是那些在市场中变成货币的产品。"克拉斯认为，现有的阐释小额信贷的论文，几乎都以交换价值作为核心的金融概念为依据，而使用价值却被忽视。例如捍卫小额信贷的典范作品《贫民的组合投资——全球贫困人口如何靠每日2美元生活》[①]，其中写道："我们把家庭看作一个小型企业，为它制作预算和财务报告，并且优先关注金融行为：即资金的借进和偿还、借出和收缴、存储和提取。"人类学家和民族学家研究小额贷款社会效应的乡野调查被经济学家忽视甚至嘲笑。克拉斯提到另一位经济学家沙伊杜尔·坎克尔（Shahidur Khandker），他受世界银行委托进行研究。坎克尔断言：小额贷款女性借贷人常常送女儿上学；儿童的健康状况有所改善；孟加拉国的相对贫穷自推行小额贷款以来已降低了40%。该研究被当作支持小额信贷的基本依据。虽然经济学家乔纳森·默多克和大卫·鲁德曼对这份研究的实证性证明力表示怀疑，并批评其调查不可能经得起科学检验，但他们的论据被学术界忽视了。

2011年，英国学者莫伦·杜文戴克和理查德·帕尔默·琼斯等人发表了一份研究报告，题为"小额信贷使贫民生活得以改善的证据是什么？"，该调查由英国政府资助。几位学者对来自印度和孟加拉国的数据进行了分析，几乎对所有阐述小额信贷成功学的研究进行了调查。他们得出的结论很明确：没有证据证明，小额信贷以任何一种方式使穷人获益；肯定小额信贷的研究不可信，因为这类研究所采用的调查方法不够科学，数据和材料基础并不充分；小额信贷的成功神话充其量是由一些把小额信贷产业带入正轨的激动人心的故事维系的。很遗憾，这份将近200页的有说服力的调查并未引起很大的反响。

不单这样的报告被忽视，格莱珉银行还为小额信贷批评者的工作制造障碍。阿米努尔·拉赫曼为发表自己的研究寻找出版社，他询问了出版英文书籍的大学出版有限公司，这家出版商以"一位知名的经济学家提出反对"作为理由拒绝了他。格哈特·克拉斯在达卡约见了经济学者摩诃·米

---

① Portfolios of the Poor - How the World's Poor Live on $ 2 a Day.

尔扎。她于2004年在格莱珉银行总行进行了一个学期的实习。那时，她还是穆罕默德·尤努斯的狂热信徒。她想到坦盖尔地区进行乡野调查，因为那里密集分布着许多小额信贷组织，但她的要求没有得到批准。接受克拉斯采访时她说："他们带你去的地方只有各种成功案例，而且受访者对格莱珉银行非常忠诚；你一家家参观，你探访穷人，他们都过得不错。这些人的确可以令你相信，一切行之有效。但如果你选择一个你自己想去的地区，比如坦盖尔，那绝对是另一番景象。那里有许多人一无所有，负债累累。这些格莱珉银行拒绝承认，他们不会带你到那儿去。"据克拉斯说，如果外国访问者到来，格莱珉银行的工作人员会一路陪伴并担任翻译，如果出现有可能产生负面印象的内容，哪怕只是一点点，工作人员会朝积极有益的一面解释。

巨星的陨落

要了解格莱珉银行如何维护自身形象，必须回到汤姆·海涅曼的纪录片《小额债务》。为了这部影片，海涅曼走访了所有"样板村庄"，发现了一个可悲的现实。格莱珉基金会在华盛顿的负责人亚历克斯·康茨试图阻止挪威电视台播放这部纪录片。他对导演提出要求："在您拿自己的职业声誉孤注一掷之前，请从各方面对电影进行审查。"除此之外，格莱珉基金会委托所谓的独立电影制作人盖尔·费拉罗（Gayle Ferraro）拍摄一部为小额信贷"正名"的影片。海涅曼在他的电影中证实，尤努斯的首位贷款人苏菲亚·贝古姆死于极度贫困，号称苏菲亚用贷款建造的房子并不是她自己的，而是属于某位邻居。盖尔·费拉罗却在她的版本中再次声称，第一位借款人不是苏菲亚·贝古姆，而是一位名叫查芭·迦顿（Chaba Katun）的女性，她还活着。那人们不禁要问，为什么尤努斯反复讲述苏菲亚·贝古姆的故事？连孟加拉的报纸都报道过她的贫困致死。费拉罗曾拍摄过多部赞颂小额信贷的影片，当海涅曼看到费拉罗拍的那部"正名"作品时，他认出了里面的女翻译努尔贾汗·贝古姆，正是格莱珉银行的执行总裁。如今海涅曼真的不必为他的记者声誉担心了：他凭借纪录片《小额债务》，于2011年12月获得了久负盛名的洛伦佐纳塔利奖（Lorenzo Natali-Prize）。

格哈特·克拉斯的批判型广播专题节目，"一位孟加拉女孩：小额信贷扶贫"在德国广播电台播出时，他也蒙受了一边倒的指责。一家名为Oikocredit的教会合作社，发放小额贷款并且把贷款作为"道德投资"推销出去，其行事口号为"投资于人"，在自家网站上发布了一份"更正说明"。这份说明声称：克拉斯的报道是"片面否定的"，对积极方面避而不谈是"不恰当的"，原因可能是克拉斯在他漫长和深入的调查中并没有发现。巴伐利亚广播电台、科隆广播电台和北德广播也播放了克拉斯的专题报道。最后，尤努斯的德国代理汉斯·赖茨出面干预。他写信给科隆电台，希望"报道的部分内容向正确的角度做修正"，并且指责克拉斯对乞丐贷款免收利息的事只字不提。但乞丐贷款只是格莱珉银行信贷业务的九牛一毛，它在某种程度上是个"面子项目"，旨在展示银行具有社会责任感的价值取向。事实上，格莱珉银行95%的业务属于商业小额信贷。赖茨甚至要求北德广播不得重播克拉斯的节目。而在调查准备阶段，克拉斯向格莱珉银行和格莱珉创意实验室寄去的问题，赖茨却没有回答。

拒绝和沉默——这是应对批评的反应，海涅曼的问题也没有得到回答。最后，他试图到西班牙的一个会议上向尤努斯讨问答复，这在影片中可以看到。然而汉斯·赖茨以会方的名义拒绝了他的要求。

尽管如此，海涅曼的纪录片仍然引起了轰动。影片还揭露了格莱珉银行在90年代末挪用了挪威政府资助的发展援助金。1000万美元被转移到其他格莱珉企业；资金通过迂回的方式进入了电信供应商格莱珉电话。尽管海涅曼展示了相应的证明文件，格莱珉银行仍然称该报道为"纯属虚构"。

对小额信贷系统的指责，得到了孟加拉总理谢赫·哈西娜的支持，她把小额贷款称为"穷人的吸血鬼"。哈西娜所属的执政党人民联盟也是尤努斯的批评者之一。该党反对尤努斯的另一个原因是，尤努斯曾经公开表示所有政客都是"腐败分子"，对此他不得不因诽谤出庭答辩。2011年，孟加拉国中央银行宣布，解除尤努斯在格莱珉银行的总经理职务，其理由是，依照法律银行经理60岁必须退休，尤努斯当时已经70岁。而尤努斯认为，该决定在法律上无效，于是两次提起上诉，但均被判败诉。这一决定，实际更像尤努斯和哈西娜之间权力斗争的结果。2007年，尤努斯曾试图创建属于自己的政党——"公民权利"，并打算竞选总理职位，但他很快便放弃了这一想法。其中一个原因是，农村人口的支持率始终没能达到他的预期。

2011年春季，穆罕默德·尤努斯获得了国际社会的支持：以民主党人瑟夫·克劳利为首的26名美国国会成员，敦促哈西娜找到一个妥协办法。法国的《世界报》发文召唤尤努斯，署名为前总理米歇尔·罗卡尔和国际货币基金组织前总裁米歇尔·康德苏。联合国人权专员玛丽·罗宾逊和前世界银行行长詹姆斯·沃尔芬森发起名为"格莱珉的朋友"的倡议，得到50个非政府组织支持。为这个声援运动做联络和组织工作的是博雅公关公司（Burson-Marsteller），它曾受格莱珉银行及其追随者委托挽救尤努斯的声誉。博雅是一家专门从事危机公关的公司。陶氏化学（Dow Chemical）的子公司联炭公司（Union Carbide）曾在印度的博帕尔引起毒气泄漏，导致16000人死亡、5000人受伤。当时帮助这家公司做危机公关的正是博雅。美国黑水雇佣兵公司（Blackwater）杀害伊拉克平民后，为其提供公关咨询的也是博雅。它的客户还包括专制政府，如沙特王室、阿根廷军政府和罗马尼亚独裁者尼古拉·齐奥塞斯库。可见，为尤努斯及其信徒提供支持的是上流社会。

"贫民银行"的体系

穆罕默德·尤努斯和他"伟大的理念"在西方媒体的印象中始终是一场政治阴谋的受害者。"穆罕默德·尤努斯坐在他的银行里，位于孟加拉首都达卡的银行。70岁的尤努斯声音中透露着悲伤和无奈。这位2006年诺贝尔奖获得者、用小额信贷理念治愈了经济和发展援助伤痛的经济学家已经很久没去旅行了，法院的诉讼程序把他困在了自己的家乡里。因为格莱珉银行，尤努斯和政府发生争执。身为经济学教授的他，担心失去自己亲手打造的一切。他被指控犯有诽谤罪并被免除了职务。"这段伤感的文字是作者阿丽娜·菲希特对尤努斯采访的引言，刊登于《南德意志报》，标题下的文字很煽情："我害怕"。在另一篇关于罢免尤努斯的文章中，菲希特也大抒激情，正如那位诺贝尔和平奖得主一贯爱用的表达方式，她把事件比喻为，一场火灾席卷了尤努斯的毕生事业："仿佛火星接连飞入他的地盘引发大火；如今他面临被火吞没的危险。在一个唱着羞辱尤努斯之歌、声音响亮刺耳的合唱团中，中央银行发出了最后一个声音。"在采访中，尤努斯强调了他的担心：政客可能通过降低利息和免除债务赢得借贷人的好感，这是他们迫切需要的，但其结果可能是："我的理念不再有用武之地，一切土崩瓦解。今天，97%的股份属于我为之创办银行的贫穷借贷人。如果政客夺走权力，银行将沦为一个管理混乱、效率低下的政府机构。它将不再是那家得到诺贝尔和平奖的银行。"

银行归女性所有，这不过是信口雌黄。事实上，没有任何一位小额贷款女性借贷人对银行产生丝毫影响，至少格莱珉银行前高级经理萨达尔·艾民这样认为。他已经把自己在这家"示范银行"的工作经验写成书出版，据他介绍，小额贷款女性借贷人对格莱珉银行的不民主运作方式一无所知。

"如果银行归女性所有，为什么很少有女性在银行工作？"穆扎梅尔·胡克（Muzzamel Huq）问道。胡克最早是穆罕默德·尤努斯的紧密合作伙伴，参与创办了格莱珉银行。2011年5月，他受政府委派暂时担任银行经理。我们在他位于达卡的办公室里见了面，他笑着说："我其实从未想过再与格莱珉银行打交道。"他和尤努斯于90年代末发生分歧分道扬镳。穆扎梅尔·胡克把政府对格莱珉银行的调查报告放在了桌上，"有关银行注册那章的第一段是所有争论的基础"，他一边说一边翻到正确的页码，"这里写着：格莱珉银行大部分归国家所有。"政府在诉讼中，曾引证这段内容作为法律依据。

1983年格莱珉银行成立，当时埃尔沙德将军的军事政权统治着孟加拉国，赋予格莱珉银行许多特权的"格莱珉特别法案"就是由该政府批准通过的。在那个法案中，格莱珉银行没有使用"银行"这个名称，而是"非政府组织"，是享有免税特权的非政府组织。银行创办之初，国家持有40%

股份，借贷人持股60%。关于银行所有权的争执从未停止过：哈西娜指责尤努斯，行事作风如同银行归他私有。而尤努斯和他的信徒却说，国家持股只占6%，并不是国家转让了股份，而是借贷人的份额相应增加；国家并没有增加持股比例。哈西娜反驳道：政府多次为银行提供资助。

早在15年前，胡克便提醒尤努斯注意，银行中某些业务偏离了正轨。他曾经多次要求和尤努斯就银行的问题面谈，却遭到多次拒绝。1997年胡克给尤努斯的信中写道：40%的女性债务人拖延还款，村官们饱受挫折心灰意冷。另外，他针对格莱珉银行的子公司缺乏透明度的问题对尤努斯提出批评。据胡克说，尤努斯同时担任20家子公司的董事，有30家子公司由格莱民银行的经理经营管理。

对外，格莱珉银行和旗下的企业严格分开，但批评者认为，格莱珉银行的资金很可能也流进了那些企业里。如果情况属实，则意味着借贷人实际在为建设穆罕默德·尤努斯的企业帝国辛苦劳动。

胡克形容尤努斯是个痴迷权力的孤僻者，是个独断专行的人，"这方面人们从他71岁还没有安排接班人便能看出来。"在达卡，胡克公开表示："我认为他是个心胸极狭窄的好人，他无法向除他之外的任何人表示赞许。"

小额信贷与气候变化

我和农民组织BKFS的第二次旅行，前往孟加拉西南部，那里的人民也遭受着气候变化的折磨：天气不可预测，夏季早到，雨季迟来，导致干旱、洪水与河流侵蚀。2007年，该国经历了史上最严重的自然灾害之一：突然袭来的飓风"锡德"（Sidr）以每小时250公里的速度横扫全国，在西南海岸掀起5米高的巨浪，使沿海地区遭到严重破坏；近80万所房屋被毁，3500人丧生，25万只牲畜死亡，至今人们还生活在这场灾难带来的后果之中。

巴德鲁说："你马上会见识到新的东西，我们要乘船啦！"我曾在一本旧版的《孤独星球》旅行指南中读到过，一趟河流之旅是在孟加拉旅行最美妙的部分，当然也是最危险的：船只常常停摆，而且没有防护装置，沉船事故频发，大多为严重超载所造成。河运是连接南北最短、最便宜的交通方式，是农民进城的主要途径。另外，仍有海盗在某些宽不见岸的河段胡作非为。

我们要搭乘的船停泊在达卡的Saddarghat港口，河水散发着腥臭味。这艘船将航行一整夜，两间船舱几乎被挤爆，幸好我们在为数不多的包厢中预订到两间。日出时，我们抵达孟加拉湾海岸附近的港口城市巴里萨尔（Barisal），迎接我们的是当地的闷热高温。巴里萨尔的农民领袖哈伦·班达里（Harun Bhandari）自豪地把我们接到他家中，在等候带我们进村的司机时，哈伦·班达里向巴德鲁展示一本厚厚的彩色书，里面全是他收集的有关农民组织BKFS的文章，但他自己没法阅读。在孟加拉，几乎一半的人口属于文盲，女性的文盲比例更是高达四分之三。尽管如此，他们之中的许多人都是政治活跃分子。班达里在房子的一角贴满了BKFS示威者的图片，旁边蓝绿色的墙上挂着马克思和切·格瓦拉的照片，他们喻示着，这里的人民希望拥有的绝非债务和创业，而是所有人的团结、安全和公平。

下午，我们终于来到了贝特摩尔-萨特克（Betmore-Satkar）村，我们和索比塔及其她妇女坐在一栋淡蓝色木制房子的门廊上。索比塔讲述风灾那天的情景：当他们被一声巨响从睡梦中惊醒时，惊讶地看到眼前是一片漆黑的夜空，"锡德"风暴已经卷走了房子的屋顶；他们走到屋外，水已经漫到了臀部，然后在黑暗中，惊慌失措地摸索着游到了山上；次日水便退了下去，就像它来时那般迅速，于是人们回到了村里；但村庄已是废墟一片，他们的房屋被彻底摧毁，家当被冲走了，农田遭到严重破坏；他们在村里发现6名死者，有些死者几天后才被找到；"我们哭了三天，饿了八天，直到救援终于抵达，"索比塔回忆着，此刻坐在她身边的妇女默默地看着地板。那场噩梦彻底改变了她的生活，而且它还远未结束。政府的大米和紧急救援抵达后，银行又来到了村里，确切地说：非政府组织和格莱珉银行的讨债人造访废墟中的贫民。他们索要到期的分期贷款及利息，就好像什么都没发生一样。因此，在村民重建房屋前，政府的紧急救援物资已经被用掉了。在这场使孟加拉南部遭遇重创的风暴发生之前，这里大部分村民，已经因为小额信贷身负债务。索比塔曾向格莱珉银行借款1万塔卡，灾后她请求延期还款，但没有得到银行的批准。村长试图对非政府组织和银行施加影响，以便免除村民的债务。他们希望政府至少在受灾当下整治一下讨债的问题。相反，穆罕默德·尤努斯却站出来表示，人们无论如何都不能放弃偿还贷款，并呼吁大家对此表示理解："格莱珉银行在它存在的31年里，已经亲历了许多场自然灾害。但是，如果我们现在把债务勾销，那么今后只要房子着火或发生点别的事情，人们都会想要免除债务。"而且孟加拉是个事故和灾难多发国家。不过，尤努斯慷慨承诺，还款期延长三个月，并为新贷款的发放提供优惠条件。

索比塔继续接受社会促进会和格莱珉银行提供的贷款，除此之外，她说她没有别的选择。灾后许多人失去了土地，不是由于洪水把垃圾和有毒污泥冲到了农田上，就是为了偿还债务不得不变卖田产。有些家庭为了躲避讨债者整日藏在林子里，直到他们再也坚持不住。家长巴鲁说："这里的一切，只围绕着两件事转：填饱肚子和为了贷款赚钱。"两个孩子的学费和书本费，他都无力支付。

一个绿色的牌子在树木间闪着光，孟加拉农村发展委员会和欧盟的标志清晰可见。巴鲁说，人们以"重建援助"的名义送给农民种子，但不是正常的，而是一种只能用一季的转基因种子。一些种子公司，如先正达和嘉吉，打着扶贫的旗号蜂拥而至，于是，用于购买种子的小额贷款项目应运而生。"但是收获的庄稼是没用的，彻底亏损，"巴鲁骂道。当他向农村发展委员会诉苦时，得到的只是托词：都是供货商的过错。如今，巴鲁必须每年购买种子、化肥和除草剂，农村发展委员会把这当作进一步贷款的条件。在这个面积还不足1万平方米的地方，经济性的世界援救充分展示了它的真实面目——残忍。真想呐喊！

我们继续开车前行，经过一条无尽的、遍地坑洼的泥土路，我们来到卡里普尔（Kalipur）村。施普拉出生在这个村子，她的母亲和哥哥现在还生活在这里。当身在达卡的施普拉，获悉家乡被飓风摧毁，便立刻动身。从达卡到卡里普尔村需要3天时间，乘船程、坐公交车、最后几公里的步行，她始终不知道家人是否还活着。灾难发生时，施普拉的母亲紧紧抓住一棵大树，坚持长达数小时才幸存下来，精神严重受创，当施普拉终于回到村里时，她已经认不出自己的女儿。母亲在风暴和洪水中失去了一切，现在住在一间应急竹棚里；原先他们房子所在的那块地方，现在只是个土丘，至今为止，他们都没钱盖新房。

棕榈叶做的棚子下摆放着午餐：鸭蛋配辣酱，这个时候，邻居们聚到阴凉的屋顶下，他们当时也被暴风席卷一空。一位名叫鲁芭拉的女性说，她在格莱珉银行有一笔贷款，讨债人几乎天天堵在门口，夜里她无法睡觉。她曾经希望儿子能找到工作，但他患有心脏病不再适合劳动，所以她必须在田里辛苦干活，赚的钱只够最必需的开销。

许多家庭为了找工作逃到达卡，或者第二大城市吉大港。鲁芭拉猜想，有些人在那里充其量有个做乞丐的机会。另一位名叫克尔博娜·拉尼的女性告诉我，她从前过得很不错，在自己的土地上他们种了一片槟榔树，但后来孟加拉农村发展委员会、社会促进会和格莱珉银行纷纷而至向他们提供贷款。拉尼说，她为当初同意接受贷款悔恨万分。如今，她的债务已经累积达到20万塔卡，相当于2000欧元，这在孟加拉是个天文数字。一夜间，她的丈夫离家出走，为了躲避讨债人消失了四个月。回家后，他卖掉了最后一块土地，现在，他们不得不作为临时工，受雇于那块地的新主人。克尔博娜·拉尼说她想去印度，作为印度教徒的她或许在那里会有机会。这是个危险的计划，甚至得赌上性命：印度和孟加拉国之间的边界守卫森严，一个两米高的、部分通电的铁丝网将两国分隔开，5万名印度士兵把守着危险地带。据孟加拉人权组织Odhikar统计，2000年1月至2011年7月，已有976名孟加拉人在边境被杀害，990人受伤，226名难民被逮捕，14名妇女被强奸，184人至今下落不明。

阿卜杜勒·卡里姆·穆罕默德·希鲁说，他带着妻子逃到了吉大港。他们分别在六家信贷机构欠有债务，其中包括格莱珉银行、农村发展委员会和社会促进会。他在城里的建筑工地拼命干活，讨债人最终还是找到了他，因为银行职员一直对他的兄弟进行恐吓，直到他们透露他的藏身之处。现在家里人已经闹翻，"家中没完没了地发生争吵，"阿卜杜勒愤怒地说道，"我们已经给了他们很多钱，现在该满足了！"妻子充满怒气地嘟哝对他表示赞同。

此后不久,出现了一个看上去不像本地人的年轻男人,他坐到我们旁边,村民们瞬间沉默望着地面。这个男人介绍自己是约翰,想知道我们这里发生了什么事。巴鲁和施普拉疑惑地看着他,只简短回答了这个陌生人的提问。约翰终于离开了,怨恨的目光追随着他。这是谁?我问道。他从前叫别的名字,施普拉解释说,离这里不远有一个天主教会,声称:如果人们受洗,它将帮助人们摆脱贫困,教会想用这个承诺吸引人,这就是那个现在名叫约翰的人做的事情。施普拉说,从那以后他便得到资助,他用那些钱从许多因为贷款陷入贫困的农民手中买下土地。调查这个故事相当困难。即便心怀无限不满的村民可能夸大其词,毕竟他们如今还是在从前属于自己的田地里干活,这足以证明,贷款对乡村生活的破坏是多么严重。

紧急救援用作还贷

回到巴里萨尔后,我第一次遇见两位从小额信贷中受益的女性。我们步行穿过城市的手工业区,茅舍后堆放着大量木材,用于制造手工家具;穿过一座桥,我们来到一个茅舍区,孩子从桥上跳到水里,高兴地把船拉走。我们探访的一间茅舍中,放着一台电视和一个冰箱,橱柜里摆满了漂亮的餐具,女主人尼汝·贝古姆明显露出自豪的神情。她的丈夫是在建筑工地工作的设计师,收入不错。尼汝·贝古姆向格莱珉银行借了钱,但在她的小组中,至今只有5名女性成功做到还贷。我向她询问其中的原因,她回答说:"不晓得,他们刚用贷款买了东西而没有进行投资,这是他们自己的过错,但这样的人从没成功过。"那她会给他们什么建议呢?尼汝·贝古姆说:"如果他们没有能力支付,那就该把东西卖掉。"小额信贷制度正是如此挑拨离间的,"个人过错"成为该制度中胜者的辞令,用来解释他人的失败,而非对不平等提出质疑。当我们离开时,尼汝·贝古姆骄傲地说:"很快我会建造一栋新房子,这不是每个人都可以的。"事实上,我的确没有遇到任何成功做到这件事的人。

一处名叫"Sabojbag"的贫民窟，位于孟加拉湾沿岸城市博杜阿卡利（Patuakhali）的郊区，简陋的小茅舍直接搭建在红树林里。尽管人们要求多年，这里仍旧没有一座能够保护居民的水坝，他们只得任凭洪水侵袭，雨季时土地经常被淹没。这里曾有超过百人在风暴"锡德"的袭击中死亡。拉莉·贝古姆坐在茅舍旁，你很难判断她的年纪，她瘦弱不堪，牙齿、整个口腔呈现血红色，那是嚼槟榔造成的，槟榔果把口腔黏膜和牙齿染上了颜色。拉莉一定非常饥饿，她的右臂软弱无力地向下垂坠着，手是僵硬变形的。某次发洪水，她被水卷走时，手撞到一个铁皮屋顶，神经和肌肉被金属割断，现在她的右手已经不能活动，几乎无法工作。拉莉在四家贷款机构负有债务，分别为格莱珉银行、农村发展委员会、非政府组织Shanapur和Udipon。"锡德"风灾发生前她接受了贷款，用它建了个杂货亭，运转良好；之后飓风袭来，不仅卷走了她的杂货亭，还摧毁了丈夫阿卜杜勒·马利克的捕鱼事业：渔船被飓风彻底损毁，鱼被驱散一空，拉莉和丈夫就像他们的邻居一样，从此一无所有，然而讨债人却日复一日地上门催款。阿卜杜勒·马利克充满绝望地说："他们还不如把我们关到监狱里！我们在那里都比现在这样好！"

阿比布尔·拉赫曼，一位和当地许多穆斯林一样头发花白、胡子用指甲花染成红色的老人，气愤地说："当'锡德'过后非政府组织来到这里时，我们总算松了口气，以为援助终于来了！但他们不是来帮助我们的，而是想要我们的钱！"他指着自己的小屋，一间木板搭成的房子，用空米袋遮盖着，几乎无法抵挡任何风雨。从前建有许多茅舍的山丘上，在"锡德"过去四年后，仍然遍布这类用帆布、废金属板和纸板搭建的应急住所。阿比布尔·拉赫曼说，这里大多数人没有重建新房，因为他们把政府分发的救济金用去偿还债务。

行动援助（Action Aid）证实了这一情况，它是孟加拉的国际非政府组织中少数始终不发放小额贷款，并对其表示反对的其中之一。风灾发生一年后，行动援助对南部和西南部受灾最严重的12个地区进行了调查，当时那些地方生活着150万小额信贷借贷人，总债务相当于1.168亿欧元，分布于42家小额信贷机构。调查报告说明："非政府组织为了迫使那些几乎一无所有的'锡德'受害者支付分期还款,对他们百般刁难,巨大的压力导致一些债务人卖掉各种救援物资。还款压力来自大规模的贷款机构,如农村发展委员会、社会促进会和获得诺贝尔和平奖的格莱珉银行。即使在重灾区,债务人也被要求每周偿还贷款以及约定的利息。"此外行动援助还发现,许多人被迫使用政府提供的用于建房的5000塔卡赔偿费偿还贷款,还有许多人再次向非政府组织借款,用来支付其他贷款;妇女们不堪忍受讨债人的无休纠缠,被迫卖光本来已所剩无几的家当,以便偿还贷款。

从华尔街到铁皮屋

开始孟加拉南部的旅行之前我拜访了阿努·穆罕默德,他在贾罕吉尔纳戈尔大学①教授经济学。该大学位于距达卡一小时车程的萨瓦尔县,穆罕默德·尤努斯的纺织厂也建在那里。大学校园很美,棕榈和热带树木之间散落着许多大小各异的湖泊,粉色的睡莲在湖水中闪耀,一些地方安放着革命纪念碑。大学始建于1971年,即解放战争后不久,当时是一栋砖砌建筑。绿底红圈构成孟加拉国旗图案,它们象征着肥沃的土地和初升的太阳,寓意新的起点。阿努·穆罕默德是个戴眼镜的和蔼亲切的男人,是新自由主义全球化的批评者,自然也是穆罕默德·尤努斯和小额信贷的反对者。在阿努·穆罕默德眼中,那个"拯救"经济世界的顶梁柱是个很普通的商人,"他善于谈论贫穷,善于用站不住脚的论断博得信任。"

此外,阿努参与到"抵制贱卖矿藏"运动中,竭力反对开发位于普尔巴里(Phulbari)的露天煤矿,该工程将会导致10万人失去住所。在达卡举行的一次大规模示威游行中,阿努被警察殴打致重伤住院;2008年,他甚至受到死亡威胁,在轮椅上坐了一个月,但之后仍旧继续公开露面,继续上课。

拜格莱珉银行所赐,阿努还经历过文字审查。当他批评小额信贷的文章在孟加拉《Meghbarta》日报发表后,格莱珉银行立即出面干预,并且要求

---

① Jahangirnagar University.

进行讨论：银行将发表一篇"正名"文章，阿努可以就该文做出答复。然而"正名"文章刊印之后，格莱珉银行强迫报纸主编道歉，否则他将失去工作；阿努则不允许对格莱珉银行的文章做出回应。阿努说："格莱珉帝国对这个国家的媒体有很大影响力。"如果你问他，为什么存在诸多否定小额贷款的事实，人们依旧对这个理念充满热情，他会笑笑说："人们患有梦想症，他们绝对愿意相信那些，他们对批评不满，这令他们不安。"

阿努说，多数情况下获利的是全球性金融资本："在经济危机中，小额信贷作为'上帝的礼物'、作为一个解救资本的办法出现。"很长时间以来，利润率呈下跌趋势，资本需要寻找新的、有利可图的市场，小额信贷正是一个有广阔前景的市场：少量的投入却能带来安全的收益，在西方世界，借款人受法律保护，而穷人却没有任何保障，追债人追讨债务天经地义，穷人除了付钱别无它择。小额信贷绝非一个次要的附属品，"它是世界资本的一部分"。阿努指出小额信贷的三个主要目标："首先，它向金融市场展示了庞大的穷人群体对资本感兴趣；其次，各国政府以及像世界银行这样的机构，用小额信贷替代发展援助；第三，小额信贷把市场经济带到了世界最偏远的地方，穷人也可以消费。总之，小额信贷证明，资本主义对贫民也起作用。"最显著是，它赋予有钱的扶贫者某种魅力："中产和上层阶级感到自豪，但他们不了解发展中国家的现实，他们满意地生活在自己封闭的世界里。"

一条直接路径从华尔街通向穷人的铁皮屋：如今穷人可以说是金融市场的拯救者；德意志银行、荷兰银行、摩根士丹利、花旗银行和瑞士信贷已经入伙小额信贷这个大买卖。

小额信贷评级机构的存在，也证明了小额信贷是商业金融市场的一个重要组成部分。位于华盛顿的小额信贷信息交流中心[①]是最重要的评级机构，格莱珉基金会也在华盛顿，它为许多大规模的小额信贷机构提供支持，并肩负着把小额信贷理念传播到世界各个角落的任务；它对高利润率充满兴趣，德意志银行是其资助者之一。小额信贷信息交流中心对小额信贷机构

---

① Microfinance Information Exchange, MIX.

的贷款总量和还款率进行评估,格莱珉银行常常位居排行榜的前十名,这对于找到为贷款提供资金的投资人很重要,贷款的利息收益由投资者和银行提留。关于"社会贡献"的问题,由小额贷款机构自行在问卷上作答,像多重负债和贫困化这样的后果,自然不会出现在他们自己的回答中。对小额信贷信息交流中心而言,利息增长超过30%且获得高额股权回报率的小额信贷机构,属于最有收益的贷款机构。

在德国,自2007年起,私人投资者可以投资商业小额信贷基金,德意志银行迅即推出了多个基金品种,以6%至9.5%的收益率,承诺投资人其产品为同类中的最佳投资选择。银行以"社会化投资"的名义进行推销,以便西方的投资人可以心安理得收获利润,而穷人却因此陷入贫困之中。德意志银行还与孟加拉小额信贷机构ASA开展合作,该机构拥有超过700万名女性借款者,年利润在1000万至1200万美元之间。小额信贷机构在交易所上市也不再是稀罕事,连同灾难性的后果一起推向市场。

印度和孟加拉的自杀事件

德意志银行、德国复兴信贷银行和世界银行已进驻印度——仅次于孟加拉的全球第二大小额信贷国家。在印度小额信贷业务中,商业投资者所占的份额从2006年的630万美元增至2010年的3.91亿美元,短短几年内,涨幅超过50倍。2010年7月,前麦肯锡顾问维克拉姆·阿库拉领导的小额信贷机构SKS挂牌上市,标榜股权收益率为24%。通常只有投资银行才承诺如此之高的回报率。世界各地的投资者如红杉资本和亿万富豪乔治·索罗斯纷纷出手,SKS股票的销售迅速冲到3.5亿美元,换句话说,亿万富豪们在利用穷人的钱。小额信贷机构的上市,还得到华盛顿格莱珉基金会的支持,该基金会发言人卡米拉·内斯特说:"我们确信,上市可以满足小额信贷机构的资金需求。"

SKS上市仅三个月后,小额信贷市场陷入一场严重危机,其后果导致54名高额及多重负债的借贷人自杀:他们喝下农药、上吊、自焚或是投井,其中在SKS贷款的有17人。为《小额信贷产业》这本书曾在印度进行过调查研究的格哈特·克拉斯，描述了小额信贷机构的工作人员如何以卑鄙的方式向妇女催讨债务，其恶劣程度比孟加拉有过之而无不及：他们不仅强迫妇女卖掉自己的全部财产，还"建议"她们卖淫和盗窃；他们甚至劝说绝望的人自杀，因为人死贷款也就勾销了。

2010年11月，德国《时代报》就印度的自杀事件采访了穆罕默德·尤努斯，他说："很多人滥用小额信贷这个概念，他们接受这种方式是为了尽可能多地赚钱，他们吸引投资者而且想要上市，这是错误的！必须严厉谴责！在印度发生这样的事，恰恰说明SKS的问题，它是一家上市机构，想要吸纳自资金，要发财，这根本不是我的理念。"但华盛顿的格莱珉基金会不是当时也对SKS给予了支持吗？尤努斯甚至对妇女因负债而自杀表示怀疑："您真的能够证明人们是出于对贷款债务的绝望而自杀？妇女自焚在印度已出现了很长时间，有各种原因，很可悲的。"尤努斯还说："如果一笔小额贷款把人逼死，那它的设计一定是错误的，它和我最初的理念毫无关系，我的想法不会要何人的命。"

教授先生估计错了，因为在孟加拉也有一些人因为同样的原因自杀。格哈特·克拉斯探访过一个孟加拉家庭，这家男主人由于在格莱珉银行的高额债务上吊而死。我在博格拉市也遇见过一个母亲服毒自杀的家庭：她叫曼努达·贝古姆，去世时56岁，曾在非政府组织小额信贷机构TMSS接受了贷款；这家机构位于博格拉，据说总裁霍斯娜-艾拉·贝古姆拥有可观的财富和大量的地产，批评者如库什·卡比尔用腐败和贪婪形容她。曼努达·贝古姆在两个儿子双双失业，没有其他选择的情况下接受了贷款；当她再也无法忍受压力，想缓解儿子负担的时候，她喝下了毒药。TMSS试图阻止记者报道此事，而文章刊出后，TMSS立即召开新闻发布会，表示一切对该机构的指责都是捏造的。

劳动力市场的奴隶

在达卡大学，我采访了经济学家阿卡什（M.M. Akash），他认为"穷人需要的是帮助而不是贷款"，他称小额信贷为一种新自由主义战略，"它维持低工资水平,并且培养出一支庞大的廉价劳动力后备军"。如果人们看看穷人为还贷付出的努力,便会意识到,他们只能通过更少的消费和更多的劳动实现还款。据阿卡什说:"孟加拉通过迅速发展的纺织业取得了40%的高经济增长率,因此需要大量劳动力;这是一种很古老的资本主义的转型史:所有的工业革命都用过这种策略。"纺织业把目标对准农村人口,尤其是用人成本更低的女性。

事实上,负债者放弃了自给自足的小农经济而为了找工作涌向城市,这是小额信贷导致的后果之一。再想返回农村过原来的生活已经不再可能,因为许多人已被迫卖掉了自己的土地,如今,他们一切都得用"购买"实现。那些没有条件为满足自身需求种植蔬菜和粮食、畜养动物的人,必定得从他们微薄的收入中,至少拿出一半购买食品,而且这发生在一个食品价格一夜间可能翻倍的国家。穆罕默德·尤努斯或许并不介意孟加拉经济增长导致"自给农业逐步衰退",在《战胜贫穷》一书中,他以赞许的口吻写道:"2005年,农业以外的就业取代农业就业,成为农村地区最重要的收入来源,并且在服务产业创造出国内生产总值的50%。"

巴鲁、马楠、施普拉和我挤在一辆电动三轮车上,前往达卡的某一棚屋区。棚屋区在达卡不计其数,它有点像连排住宅式的贫民窟——绝对贫困的预备阶段。我们探访的居住区紧临河边,黑色的河水散发着难以忍受的恶臭,毒物、腐烂和粪便混合在一起,刺激得人几乎流出眼泪。这个城市每天产生上万吨垃圾,其中大部分都堆积在了河里,有动物尸体、港口的油、制革厂的有毒废料、工业产生的化学垃圾、生活污水和医疗垃圾。孩子们在岸边一座不断往河里滑落的垃圾山上玩;几头牛拴在桩子上,在这块没有草只有垃圾的地方翻刨食物;几米远的帆布棚之间躺着一只肿胀的死狗;河面上许多渡船工在各自的木船上等候着客人,这里没有桥通往对岸、通往内城和工作区域。

穿过一条水泥通道,我们来到了单元屋:16个小房间里居住着120多人,共用2个厕所和6个厨房。住在这里和其他贫民窟的都是从农村逃到城市的人,他们是失去土地的人,是背负债务的人,是躲避自然灾害的难民,是生存斗争的失败者。据官方统计,每天至少2000人涌向这座有1700

万居民的特大城市。贫民在这里的生活条件比乡村更恶劣：有些人常常睡在大街上、小木板房里或塑料布下，他们没有可以求助的社会网络，没有任何能力抵抗犯罪团伙的暴力和盗窃，强奸案也并不少见。

在一个大约10平方米住着8个人的房间里，我们坐在床上。几分钟前停电了，这里每天断电数次；风扇停止转动，整个房间弥漫着热气和从河里飘来的令人窒息的恶臭。

"这里的生活不好，饭菜和水都很差，"沙莉娜说道，15年前她从南方来到这里。她曾经生活在达卡和巴里萨尔之间、帕德玛河畔的马达里布尔县，拥有房子和土地，然而受土地侵蚀影响而变得不可预测的河流夺走了她的财产。在达卡，沙莉娜为了丈夫能够造条木船，从事渡船工的工作，从农村发展委员会贷了款。但她丈夫却患上了重病，为了治疗，她不得不继续贷款，现在他们已经债台高筑而且不知道如何才能还清欠款。渡船工之间的竞争压力很大，但赚钱的可能性很低，毕竟依赖摆渡的只是穷人。从黎明到深夜，沙莉娜的丈夫在散发着毒气的水里运送客人过河，一天也只能赚2000塔卡。沙莉娜说："第一件事就是还款，然后我们才能考虑吃饭问题，"饥饿日日陪伴着她。居民管这个居住区叫"飞行员港"，据说它归一位富有的飞行员所有；一间棚屋的月租金为2000塔卡，而且不断涨价。"虽然我们在这儿住了这么久，但乡村生活我们无法忘记，"沙莉娜低声说道。

这里不仅仅是他们的终点站，还有十年前为躲避讨债人从巴里萨尔地区逃到达卡的罗希玛一家。在家乡时，她向某非政府组织借贷了1万塔卡，那家机构的名称，她已不记得了，罗希玛既不会阅读也不会写字。然而有一天池塘空了，所有的鱼都被偷走了，她和丈夫一夜间一无所有。当她无法偿还贷款的时候，非政府组织的工作人员找上门来，对他们进行威胁，并且抢走了她的鼻环，最后全家留下仅剩的一点东西逃到了达卡。

罗希玛瘦弱憔悴，面颊凹陷。现在她在4个家庭做保姆，每月收入1600塔卡，约等于16欧元，根本不够负担生活；她的丈夫也生病了，不能再工作。多数来到这里的人无非几种生存选择：在条件极度恶劣的工厂里打工；收集和处理垃圾；做流动小商贩、三轮车夫或者在建筑工地当临时工。总之，竞争激烈，工资很低。罗希玛的女儿法蒂玛在纺织厂工作，是个非常漂亮的女孩，母亲说她18岁。官方规定，18岁起才可以到工厂工作，而法蒂玛非常瘦小柔弱，看上去也就15岁。她只读到小学五年级，因为之后就得缴学费了。现在她在一家血汗工厂做计件工活，月收入3500塔卡。法蒂玛早晨7点出门，深夜才回家，加班没有报酬；以工会形式团结起来的人会被开除，没有完成目标的人得挨骂，"有时"，法蒂玛用她那细弱的嗓音说道："老板甚至打我们后背。"如今和昔日生活的差别是什么呢？"乡村的生活也艰难贫穷，但在那儿，我们至少能呼吸新鲜空气；这里一切都很嘈杂、肮脏和昂贵，但已经没有回头路了。"说这番话时，泪水涌上了她的双眼。

中午，我和一位在达卡工作的德国女士约好一起吃饭，我们在德国俱乐部见面，那是一家位于达卡富人城区古山区（Gulshan）的私人会所。在古山区生活着富裕的外国人和富有的孟加拉人，有多家为投资人和贸易商提供住宿的五星级酒店，坐落着各种国际非政府组织，还居住着穆萨·斌·沙姆谢尔（Moosa Bin Shamsher）——拥有250亿美元财富的孟加拉唯一的亿万富豪。他封自己为王子，他的财富版图涵盖建筑企业、军火贸易以及一家把廉价孟加拉劳工高价卖到中东地区的中介公司。

德国俱乐部在一条安静的侧街，是一栋有人守卫的建筑，到这里来的人都是受到邀请的。刚刚我还在散发着臭味的贫民区，和八个人坐在一张脏兮兮的大床上，现在我闻着游泳池中氯气的味道，听着网球场传来的击球声，手中捧着菜单，这里不仅提供意大利红酒，还有奶酪面疙瘩；一张桌子旁，三个肥胖的西方男人懒洋洋地卧在藤椅里，格子衬衫紧绷在装满油水的肚子上，厚厚的手表在他们的手腕上闪耀；他们说话大声且刺耳，以至于你可以听辨出他们说的莱茵地区方言；他们点啤酒的时候发出猩猩般的笑声，盘中残留着没有吃完的半生牛排。"这些是什么人？"我问。"纺织业的买家，"邀请我的女士回答道。这一路旅行，目睹的令人悲痛震惊的画面使我不得不产生这样的猜测：或许他们正在庆祝一桩可以生财的买卖，一桩使工厂工人过地狱般生活的买卖。

载我回酒店的电动三轮车，在下班高峰期的拥堵交通中慢慢移动，在古山区，路上的汽车多过三轮车。孩子在汽车之间跑来跑去，他们有的乞讨，有的卖书。在他们递到车窗边的一叠书中，放在最上面的一本是《穷人银行家：格莱珉银行创始人穆罕默德·尤努斯传记》。

"请增长自己的知识,因为我们所有人需要你们的智慧;请行动起来,因为我们需要你们的全部热情;请团结起来,因为我们需要你们的集体力量。"

安东尼奥·葛兰西(Antonio Gramsci)

第九章 把美好生活拿来

为什么只有我们作为一个社会整体才能为公平的富裕而斗争

当11月的冬雾笼罩法兰克福时，站在美茵河畔的"曼哈顿"望向天空，已经看不到那些闪闪发光的银行大楼；如果在摩天大楼的高层，坐在老板椅上向窗外望去，看到的是蓝色的天空、太阳和陶努斯山，它们下方只有浓密的云雾。

云雾下方，欧洲中央银行前的草坪上，人们仿效"占领华尔街"运动，在德国金融都会的公共空间安营扎寨，尽管11月气温已经很低，仍然还有100顶帐篷；人们在那里过夜，用五颜六色的板子、床垫和睡袋御寒。许多普通市民都来到这里，和示威者讨论或是为他们提供食物。据营地居民讲，没有完全抛弃错误认知的银行家有时会在深夜造访，他们既想要交谈，又感到不适。

绝大多数媒体抱持尊重和默默钦佩的态度对这一运动进行了报道，即便有些人对这种在宿营地争取基层民主的努力加以嘲笑，并指出抗议者无法提供解决方案、要求不够明确。但是，还有比要求一个公平的经济秩序更清楚明确的要求吗?

"占领法兰克福"运动只被少数人当作发泄怨恨,以及确认自身优越感的机会,康斯坦丁·马格尼斯,新基督教著作《一代人的信条:年轻人告诉你为什么有信仰》[①]的作者,便是这少数人之一。他在宿营地度过了4天,闻到了"潮湿的毛衣、出油的头发、香烟甚至偶尔还有大麻"的味道,并且为经济自由主义和右翼保守派的杂志《西塞罗》(Cicero)写了一篇报道,关于被帐篷绊倒的醉汉和伤感的革命宣言;这位32岁的男士,在文章标题中便预先说明了他的浅薄认识:"宿营地上的世界革命如何失败。"在柏林和法兰克福同时有几万人示威,反对银行和企业的强权。在法兰克福,抗议者组成人链包围了金融区。在美国,抗议运动蔓延到全国各地,占领者甚至在警察的野蛮驱逐后又返回营地。

某些事注定要在同一时间来临:2010年12月,隆冬时节的突尼斯,一场以年轻人为主导的抗议运动使"阿拉伯之春"的蓝色丝带飘扬在空中,它激起了人们潜藏已久的怒火,并且迅速蔓延到中东和北非国家,独裁政权受到空前威胁。这场名为"阿拉伯之春"的运动还促使其他国家的革命花蕾盛开绽放;在西班牙,愤怒的反抗者在58个城市展开示威活动,反对金融危机的反社会后果,反对青年人的高失业率,支持真正的民主;在马德里,示威者占领了太阳门广场;在巴塞罗那,加泰罗尼亚广场成为了具有象征意义的"塔希尔广场";在希腊和俄罗斯,同样有大规模的抗议运动迅速蔓延。恶劣的气候还会降临,娇弱的幼苗能否抵挡它的侵袭,我们拭目以待,因为新的"萌芽"已经破土而出。

彻底抛弃病态制度才是关键

在德国,成千上万人走上街头反对核电,重新找到了反对企业权力的力量。两本煽动性书籍不仅登陆德国,甚至还登上了畅销书榜:抵抗运动人

---

① Constantin Magnis: Generation Credo. Warum wir glauben - Junge Menschen erzählen.

士斯特凡·黑塞尔通过《愤怒吧！》①呼吁人们进行反抗（该书提出核心口号："创造新事物意味着进行反抗；进行反抗意味着创造新事物。"）；分析型杂文《即将到来的起义》②，作者叫作"隐形委员会"。两本书的成功源于潜藏在百姓心中的巨大不满，源于一种被这两本书用文学语言表达出的渴望。

然而，《即将到来的起义》同时也引起了许多猜疑，《日报》以"忧郁的革命"为题，发表了贬低该书的书评："这本书是给极左政治戴上一张迷人面具的最新尝试。无政府主义、自治主义和朋克情怀被混合加工成一本表达简洁有力的论战性小册子"；总之，"不赞成是很容易做到的"。

人们可以对实现无政府状态的呼吁进行批评；一旦权威被剥夺，一切都将走上正轨，这种想法人们也可以批评；也就是说，《即将到来的起义》的最后一部分，人们绝对可以批评。但是，有什么理由反对"情怀"和"忧郁"呢？当我们要为我们所有人，如何在这个世界上和平生活这个问题想出主意时，我们需要的不正是这种浪漫主义情怀吗？我们不是更应该成为天真的梦想家，而不是适应冷漠的、只意味着停滞的实用主义吗？

市场经济的冰冷逻辑却专门扼杀一切具有人性光芒的东西：精神、想象力、渴望、梦想、闲情逸致、悲伤、正义感和同情。自由市场经济的特权把竞争带入到生活中的一切领域，它毒害了人与人之间的相互关系，它让我们成为胆怯的竞争对手，挑唆我们互相斗争。恐惧和绝望不是一个社会的基础，它们阻碍个人发展，破坏团结、相互理解和安全感。难怪市场经济捍卫者傲慢地把团结思想斥为"声名狼藉的好人理论"、讥讽为"政治正确"，仿佛资本主义就是民主的代名词一般。英国学者凯特·皮克特（Kate Picket）和理查德·威尔逊（Richard Wilson）在他们的著作《平等就是幸福：为什么公平的社会造福所有人》中搜集了所有相关研究，得出不可否定的结果：不平等会导致不幸福、患病和产生攻

---

① Stéphane Hessel: Empört euch!
② Der kommende Aufstand.

击性。表明社会从世界任意地方的自由竞争中以任意方式受益的证据，却导致了其捍卫者的过错。

我们被告知，银行具有"系统重要性"。然而一个什么样的系统会拿穷人的粮食作赌注？一个什么样的系统不帮助最贫困的人，却把他们变成"企业家"？什么样的系统会用私人债务消灭贫穷？什么样的系统把富人塑造成受害者、把穷人指认为肇事者？什么样的系统使全世界的人成为企业赚钱的工具？这是一个对"我们"有重要意义的系统吗？

人们使我们相信，经济对我们而言太过复杂。这体现在每天晚上的新闻中，当我们被长达几分钟的股市报告烦扰时。它真的很复杂吗？世界经济体系使穷人更穷、富人更富的事实很难被看穿吗？

人们告诉我们："没有别的选择。"然而，目前使少数人获利，却为大多数人造成破坏性影响的经济结构真的是别无选择吗？这真的是我们可以在这个世界上共同生活的唯一途径吗？

制度受益者总是要求其批评者拿出一个"解决办法"，这样的办法，在这里当然也无法呈现。办法不只唯一，有许多能够解决问题的意见：某些犯罪行为，譬如投机买卖食品，是可以立即制止的；还有第三世界的债务，财富自上而下的分配，这都是可以迅速解决的问题，而且在历史中或许也能找到相关事例。在贫穷国家发生的使人们能够实现自给自足的土地革命；无条件的基本收入；地区货币；提供作为公共财产的土地、水、能源、食品和资源；合作社取代私营企业——我们有许多选择，它们与建立在剥削人和榨取资源基础上的流行经济增长理念毫无关联，而是有关集体和独立自主的理念。为了把这些想法变成具体的解决方案，我们必须进行讨论；我们不能只是希望，我们必须坚信，借用社会团体ATTAC的格言，可以实现一个新世界。经济精英只有唯一的信念：私有化、反对国家对经济的干预以及削减社会福利支出——"自由市场的三位一体"（纳奥米·克莱恩[①]定义）。

[①] Naomi Klein，加拿大记者、作家，以批评全球化著名。（译者注）

绝望的愤怒

恐惧使人沉默，屈辱激发反抗。2011年夏季的英国，被边缘化的年轻人郁积以久的怨恨在盲目破坏中爆发；那场"伦敦骚乱"激起了愤怒，导致他们不可能认清自己想要的是一场反对权贵阶层的光荣起义。闹事者破坏自己的社区，他们使其他穷人遭受暴力和痛苦，焚毁房屋，毁掉了普通百姓的生活；他们用暴力，回应几十年来给他们和他们的家庭带来痛苦的社会结构性暴力。制度再次以同等的严酷予以回击，方式是严厉的惩罚：偷三瓶矿泉水被判半年监禁，因为法官想要杀一儆百，防止堕落的青少年效法。保守党领袖戴维·卡梅伦对闹事者进行恐吓，他要消除这个国家仅存的一点社会福利，认为社会福利国家只会让那些游手好闲之人得到好处。卡梅伦是国王威廉四世的后裔，父亲是一位股票经纪人，太太也是贵族出身，他对那些青年的日常生活岂止遥远陌生；和那些拒绝对导致贫穷、排斥以及最后产生心灵创伤的结构性问题提出质疑的人一样，他把责任归咎于社会边缘的不良道德。

每5个18岁至24岁的英国人中便有一个失业者，王子信托基金（Prince's Trust）2009年的一项调查表明，在如此年轻的阶段失业，会对情绪产生巨大影响：抑郁、自卑、不安全感，甚至可能导致自杀。

一定是这样的负面情绪积聚过多，才会发生类似"伦敦骚乱"的事件。该事件的起因是，警察枪杀了29岁的黑人平民马克·达根（Mark Duggan）。黑人在英国受到歧视，尤其青少年格外受到警察的"照顾"。类似的情况在德国是不可想象的。然而歧视和排斥是暴力的形式，对暴力行为的产生影响巨大。把人区分为优等和劣等必定催生挫败感，最终导致攻击性行为，就像神经生物学家约阿希姆·鲍尔，在他的同名著作中阐述的：这种区分触痛了"疼痛界线"，超过这条界线没有同情。排斥摧毁的不仅是个人，还是整个社会。

"消费社会的疯狂要求如同紧箍咒，把我们的恐惧与渴望社会参与的贪婪牢牢夹住，想要摆脱这种束缚不必掌握新的本领……关键在于敢于采取一种平庸态度：我们每个人都是人类的孩子，依靠仅有的一个受尽折磨的星球生活。一旦学会倾听内心安静的声音，学会克服恐惧和贪婪，就会发现我们内心蕴藏着丰富的同情、想象力、灵感和感性，"心理学家沃尔夫冈·施密德鲍尔（Wolfgang Schmidbauer）写道。我们是一个群体，只能依靠我们自己；我们团结起来便足够强大。让我们不要在富人对抗穷人的战争中充当佣兵，而是团结起来进行反抗。